MINERVA 歴史・文化ライブラリー 6

イギリスの表象

ブリタニアとジョン・ブルを中心として

飯田　操　著

ミネルヴァ書房

イギリスの表象――ブリタニアとジョン・ブルを中心として　目次

目　次

目次

序章　イギリスの国家表象

愛しのブリタニア

ブリタニアは、ローマ占有時代のイギリスの古名であり、ドイツのゲルマニア、フランスのマリアンヌなどと同様に、この国を象徴する女性の名前でもある。ヘルメットをかぶり、三つ又の矛とユニオン・フラッグをあしらった盾をもつこの女性像は、現在の通貨である五〇ペンス硬貨（図1）にその典型的な姿が見られる。このような出で立ちのブリタニア像は一七世紀に硬貨に現れ、その後帝国形成期のイギリスにおいて、硬貨の意匠だけでなくさまざまな形で一般化する。イギリスにおいて民衆娯楽の場として独特の発達をとげ、今も人々の生活に根ざしているパブの名前にも散見できるし、ウィスキーのラベルにも登場する。

図像だけではなく、詩歌や政治パンフレットなどにも、ブリタニアは頻繁に現れる。代表的なものに、とくに帝国形成期のイギリスにおいて、国内や植民地のあちこちで第二の国歌のようにして歌われた「ルール・ブリタニア」がある。ほかにも、ブリタニアは、国王の即位を祝う頌歌や国民的英雄

図1　現在の50ペンス通貨

の死を悼む哀悼歌などに歌い込まれる一方、一八世紀に流行した政治風刺のパンフレットや一九世紀に隆盛をみる『パンチ』に代表される週刊誌や新聞に、その図像とともにさまざまな形で登場するのである。

かつてイギリス王室が所有していた豪華ヨットや、世界一の貨物輸送量を誇るイギリスのチャーター便航空会社に「ブリタニア」という名前が付けられた。このような古名の使用には国威を誇っているかのような印象がある。かならずしもそれは排他的な愛国心を表すものであるとはかぎらないが、国家表象として使われるブリタニアには、イギリスの人々の自国意識が見て取れる。

一九九七年、トニー・ブレアの率いる労働党政権は、創造的、商業的、科学的成果を重視するという能力主義の新生イギリスを目指し、「クール・ブリタニア」というスローガンをかかげた。この言葉は、国歌の「ゴッド・セイヴ・ザ・キング」と並んで、ときには愛国心の高揚をはかって意図的に演奏され、歌われることのあったあの「ルール・ブリタニア」にちなんだものである。また、これより先、その年の五月に労働党が地滑り的勝利をおさめたとき、ブレア政権によるイギリスの再生的変化を期待した各メディアに、「蘇ったブリタニア」の文字が踊った。

ブリタニアは、五〇ペンス硬貨のブリタニアのもつ盾の意匠に見られるユニオン・フラッグ同様、この国の統合の象徴なのである。『タイム』をはじめとするメディアがことさらに帝国形成期のイギリスの表象であるこのキャラクターを用い、ブレアが新政権のスローガンとして「ルール・ブリタニア」をもじった「クール・ブリタニア」を用いた背景には、「グレイト・ブリテンおよび北アイルランド連合王国」というこの国の正式名、そしてそれを略した「連合王国」という呼称にうかがえる複合多民族国家としてのこの国の複雑なあり方とその歴史がある。

複合多民族国家イギリス

「ブリタニア」にはこの国が、イングランド、ウェイルズ、スコットランド、アイルランドに分裂する以前の一つの国であった頃のイメージがある。ブリテン島やアイルランド島には古くから先住民族が住んでいたが、その後さまざまな民族が海を越えて渡来する。紀元前八〇〇年頃からケルト人が渡来しはじめ、この島の広い範囲に住むようになる。その後、紀元前五五年のシーザーの遠征を皮切りに、この島は、ローマ軍によって征服され、支配される。このときグレイト・ブリテン島の南部地方に住んでいたケルト人がブリトン人と呼ばれ、この地方はブリタニアと呼ばれた。この言葉の語源には、「入れ墨をした者の住む国」に由来するとか、ローマから追放されてここに新しい国を建設したトロイア人ブルータスにちなんで名付けたものであるとか、この地方を占有したローマ人たちが自分たちの女神である「ブリタニア」の名を占有した新たな領地につけたのだとか、諸説ある。しかし、いずれにせよ、現在イギリスの人々が自分たちの国を呼ぶときに使う「ブリテン」は、この「ブリタニア」に由来するものであり、この古名と同じ名前をもつ寓意的なキャラクターとしてのブリタニアは、この国の統合の象徴としてさまざまな形で利用されてきたのである。五世紀半ば、ローマ帝国そのものの崩壊とともにローマ軍が撤退すると、さまざまな民族が次々とやって来る。

まず、北ドイツに住んでいたアングル族のほか、サクソン族やジュート族などのゲルマン人が大陸から渡来して、現在のイングランドを中心に広く居住し王国を形成する。「イングランド」という呼称は、そのうちでもアングル族が大きな勢力を誇ったことから、この地域を「アングル人の土地」と呼んだことに由来している。これらのいわゆるアングロ・サクソン人によって、それまでの居住地域を追い出された先住民のケルト人は、ウェイルズ、スコットランド、アイルランドなどの辺境の地に次第に追いやられ、いわゆる「ケルト辺境」を形成する。

八世紀頃には、デンマークからノルマン系デーン人であるヴァイキングなど、さまざまな民族がこの国に侵入する。そして、一〇六六年には、もう一つの大きな歴史上の変化である「ノルマン征服」がある。対岸のノルマンディに住んでいたノルマン系フランス人が侵攻し、その後数百年の間、ノルマン人が支配階級としてこの国に君臨し、農民を主としたアングロ・サクソン人は被支配階級となる。公用語はフランス語になり、それまでこの島に住んでいた人々は、いわば自らの国語を失うことになる。中世を通じて、このような支配・被支配構造があった。

しかし、一三世紀の初め、ジョン王の治世のときにノルマン人の本国とも言うべき大陸の領土を失い、ノルマン人はブリテン島で生きてゆくことを余儀なくされる。しかし、このとき、大陸の領土を奪還しようとするジョンに協力することにイングランド諸侯は積極的ではなかったと言われる。一種の自国意識がすでに生まれていたと言える。階級間の移動も起こり、アングロ・サクソン人とノルマン人の融和が進行していた。一三三七年、フランス内のイングランド領をめぐる紛争と母親の相続権を根拠にしたエドワード三世のフランスの王位継承権の主張に端を発した、いわゆる英仏百年戦争が起こる。一四五三年まで続いたこの戦争は、確かに、フランスの一貴族であるイングランド王とフランス王の争いに両側の貴族が荷担した封建貴族の勢力争いであったと言える。しかし、結果的には、この戦争によって王権が強まり中央集権化が進行する。フランスという外敵の存在によってイングランド国内に同胞意識が育ったことは否定できない。一五世紀頃には、それまでのノルマン人によるアングロ・サクソン人の支配という構造は崩れ始め、イングランドとしての自国意識が生まれていた。

統合の象徴としてのブリタニア

英仏百年戦争が尾を引いた形で、一四五五年、イングランド貴族たちがヨーク家とランカスター家のいずれかに味方する形で、二派に分かれて戦うバラ戦争が勃発する。この三〇年におよぶ内乱状態は、ボズワースの戦いでヨーク家のリチャード三世が戦死し、その二ヶ月後王位についたランカスター家のヘンリー七世がヨーク家の反乱を制圧することで終止符が打たれる。この内乱によって貴族たちは共倒れになり、王権はさらに強固になるのだが、ヘンリーは、ヨーク家のエドワード四世の娘エリザベスと結婚することで両家の統合をはかる。さらに、ヘンリーは、ここで、王権の正統性を主張し、国内統一をはかるためにブリタニアをもちだす。つまり、自らがウェイルズの出身であることを利用し、自分を古代ブリトン人の末裔だと称し、妻にこの国がブリタニアと呼ばれた時代の首都ウィンチェスターで出産させ、生まれた嫡男をブリトン人の伝説的な王にちなんで「アーサー」と命名するのである。統一の象徴としてのブリタニアの利用がここにすでに始まっているのである。

イングランドの勢力の拡大政策は、ヘンリー八世に引き継がれる。彼はローマ教会からの離脱を宣言し、それまでの教会の税収入を王室のものとし、王権の拡大をはかる。エリザベス女王の治世の一五八八年にはスペイン無敵艦隊の撃破によってイングランドは西洋列強への仲間入りをする。また、文化面でも、ルネサンスの思想が到来し、折からの印刷文化の発達によって情報が行き渡る。社会、政治、経済、文化どの分野をとってもきわめて不安定であったが、スペインやフランスのカソリック大国を外敵とする自国意識が高まるのである。イングランドが主導権をもった大英帝国の形成は一八世紀に入ってからのものだが、その萌芽はこの時代にあると言える。

この時代に、ブリタニアは、歴史書のタイトルとして登場する。ウィリアム・キャムデンが一五八六年にラテン語で発行し、一六一〇年に英語版が発行されることになる『ブリタニア』である。その一六〇〇年版および一六〇七年版の口絵には、海に囲まれたブリテン島の地図が付されているが、この頃には、イングランドを中心にした国内地図が盛んに制作されるようになる。イングランドを含む、ブリテン島内のウェイルズとスコットランド、そしてアイルランドを一つにした豊穣の島ブリテンとしての国家意識が芽生えた時代であった。その背景には、ポルトガルやスペインの後を追うようにして、オランダと争いながら、世界貿易に乗り出したイングランドの国力の発展があった。エリザベス女王をブリテン（イギリス）の国王とする機運が起こり、イングランド中心の自国意識が盛り上がったのであった。

しかし、エリザベス女王の時代にブリテンの統一は結局実現せず、一六〇三年、エリザベス女王の死後、スコットランド王ジェイムズ六世がイングランド王ジェイムズ一世として即位していわゆる同君連合が成立し、一七〇七年にイングランドとスコットランドの合同が両国の議会において承認されたときにそれは実現する。すでに一五三六年、ヘンリー七世の治世のときに「合同法」が成立して辺境領が解体され、ウェイルズはイングランドに併合されていたため、ウェイルズを内包したイングランドとスコットランドの合併により、グレイト・ブリテンが成立するのである。その後、一八〇一年には、国内での抗争を解消してナポレオンに対抗するため、アイルランドとの間で「合同」の決議がなされる。さらにアイルランド共和国の独立を経て、現在の公式名を「グレイト・ブリテンおよび北アイルランド連合王国」、通称を「ブリテン」とするこの国が生まれる。

しかし、「ブリテン」はこのように人為的、政治的なものであった。そこで、民族的にも、言語的にも、文化的にも異なる四つの地域をまとめるために、はるか昔の分裂以前の国のイメージをもつ「ブリタニア」が使用されるのである。それを視覚化したブリタニア像が現れ、印刷技術の発達によるメディアの発展のなかで次第にそのイメージを固めてゆくのである。また、言語文化に属する詩や演劇にも、この頃の国民意識を反映した「ブリタニア」がしきりに登場するのである。

リンダ・コリーの考察にしたがえば、国内の統一をはかり人々の自国意識を高めるために、つまり統一国家「ブリテン」の形成のために、フランスを主とした大陸諸国を外敵として仮想し、その脅威をあおり、これらのカソリックの外国に対してプロテスタントとして団結する方策がとられたのである。そのような歴史のなかで、ブリタニアはこの国およびこの国の人々を表象するものとなってゆくのである。

さまざまな統合の象徴

ブリタニアのほかにも、この国を表象するものはいくつもある。典型的なブリタニア像の出で立ちのうち、その盾の意匠に見られるユニオン・フラッグもその一つである。イングランドの聖ジョージ旗、スコットランドの聖アンドルー旗、アイルランドの聖パトリック旗を巧妙に重ね合わせたこの連合旗には、複合多民族・連合国家としてのこの国の成立の歴史が如実に物語られている。統一の象徴であるこの旗は、統一をはかるための道具としても使用されながら、帝国主義的・植民地主義の時代に、七つの海にまたがる帝国のあちこちでも翻った。

国旗と密接な関係をもち、同じように、自国意識の表象として用いられたのが国王紋章である。国旗が戦場や海上での識別の記号として用いられたように、紋章は本来個人の帰属と出自を物語る記号であった。それは、国家が王侯貴族の婚姻により成立していた時代の国家のあり方を物語る記号であるが、立憲君主国という政体の変化のなかで、人々の自国意識の象徴として重要な役割を果たすのである。通貨の表面に用いられた国王や女王の肖像をはじめとして、王侯貴族の肖像画や写真が人々の自国意識を創造するのに一役買ったが、その身分証明書ともいうべき紋章もまた大きな役割を果たした。

国旗や国王紋章と同様に、国歌も人々の心を一つにする重要な道具であった。イギリス国歌「ゴッド・セイヴ・ザ・キング」は、世界で最初の国歌であるとされるが、立憲君主国というこの国のあり方を反映している。明らかに王権称揚の歌であるが、それは、決してお仕着せのものではなかった。むしろ、民衆の間で誕生したものであった。しかし、艦船や商船の帰属を明らかにするために用いられた国旗が次第に国民の愛国心発揚のためにも用いられたように、文字どおり国王称揚のこの歌は、肖像画や紋章と同じく、国威を発揚し国民の団結心を高めるために用いられるようになった。声を合わせて歌う斉唱は、心を一つにするのに格好の道具であり、狂信的な愛国心をあおる軍国主義の道具として利用される側面もあった。

「ゴッド・セイヴ・ザ・キング」とともに、国歌に準ずるものとしての「ルール・ブリタニア」がある。直接ブリタニアを歌うこの歌は、その内容によって帝国形成期のイギリスの隠喩ともなる側面をもっていた。国内のみならず海外植民地のあちこちで、帝国の威容を誇示するかのように盛んに歌われたのである。硬貨の意匠としてだけではなく、この歌が成立した頃、政治パンフレットやその後に発達したジャーナルにおいて、ブリタニアは、風刺画や詩や演劇作品など、図像によっても言葉によっても盛んに登場するようになる。国家表象として国のあるべき姿を表す統合の象徴として、さらには国土拡大の象徴として利用されるが、それだけでなく、国民の代表として政治的な意味を帯びて

図2　ハロッズの宣伝ポスター

登場し、民衆意識を代弁するものともなる。

民衆意識の代弁者としてしばしばブリタニアと並べられるジョン・ブルも忘れてはならない。ジョン・ブルの起源は、一七一二年に発行されたジョン・アーバスノットの『ジョン・ブル物語』にある。この物語の主人公ジョン・ブルは、フランスを向こうにまわして国益を守る典型的なイングランド人として登場する。その後、さまざまな風刺画やパンフレットにジョン・ブルは、スコットランドやフランスに対抗するイングランドを擬人化した人物として登場する。さらに、民意の代弁者として、ときにはまったく正反対の政治的な立場や信条を主張するために利用されるようにもなる。このようななかで、根本においてイングランドの利益を守る典型的なイングランド人であるジョン・ブルは、帝国形成期にはイギリスの代表者としての役割も帯びるようになる。ハロッズの宣伝ポスター（図2）に見られるように、山高帽をかぶってブーツをはき、乗馬用のムチをもち、ベストのボタンがはじきとんでしまいそうなほどに腹の出た、恰幅のよい紳士が一般的なジョン・ブル像として定着するのである。そのキャラクターの変遷には、ブリタニアの場合と同様にこの国の歴史が語られている。

イギリスあるいはイギリス人を表象するものとして、ブリタニアの傍らに横たわるライオンも無視できない。アーバスノットの『ジョン・ブル物語』がイングランドを雄牛（ブル）に、オランダをカエルに、フランスを雄鶏に擬した政治風刺の物語であるように、ほかにも、ロシアのクマや、インドのトラ、オーストリアのワシなど、国家表象として動物を用いることは定着していた。その背後にはさまざまな意匠を用いる紋章をはじめとするエンブレムの伝統があった。イングランドのバラやオーク、スコットランドのアザミ、ウェイルズのリーク、あるいはフランスのユリなどの植物による表象についても同じことが言える。

本書は、ブリタニアを中心にイギリスを表象するさまざまな事物について、その発展と変化を辿り、そこに込められた意味を探ろうとするものである。そこには、イギリスの歴史と人々の自国意識の変化だけではなく、この国の特異な成り立ちが如実に語られているからである。この国の「ブリテン」としての発展は、「イングランド」のヘゲモニーのもとに構築され続け、イングランド優位の支配構造は温存されたままであった。さまざまな機会に繰り返し現れるこれらの表象は、人々の自国意識の表出であるだけでなく、人々の自国意識を醸成するものであるが、複雑な社会を単純化して示し、人々に自国意識を刷り込む役割を果たした。これらの表象に対する風刺や揶揄も繰り返されたが、「新生国家」の建設をうたう労働党党首ブレアのかかげた「クール・ブリタニア」というスローガン、ブレアをもちあげた『タイム』の「蘇ったブリタニア」という特集、いずれにも「ルール・ブリタニア」の痕跡をとどめた「ブリタニア」が健在であることを示している。これらの表象は、そこからイギリスが見える格好の素材である。

明治期に近代国家としての国内統一と海外進出の手本まで、その多くをイギリスに学んだわが国において、この帝国システムの方法は陰に陽にわれわれの自国意識に影響を与えている。イングランドのヘゲモニーを容認した時代の名残である「イギリス」あるいは「英国」という言葉をきわめてあいまいに使い続けるわが国の現状は、皮肉にも、イギリス国内にもいまだに残っている「イングランド」と「イギリス」の混在を許す現実と一致している。しかし、それをいわば過去の痕跡として、自らを表すのに「ブリテン」という言葉を用いることが広く定着しているのは紛れのない事実である。それにもかかわらず、われわれがこの国の呼称に無頓着であり続けることは、この国の真の理解を遠ざけるものであり、楽天的にすぎると言えよう。

第1章　イングランドのブリタニア——一六世紀以前

1　自国意識の誕生とブリタニア

ブリタニアの登場

現在流通している五〇ペンス硬貨の裏面（図1）の意匠は、典型的なブリタニアの姿をほぼ余すところなく伝えている。ローマ風の寛衣をゆったりとまとい、頭にはヘルメットをいただいている。一方の手には長い矛を握りしめ、もう一方の手でオリーヴの小枝を差し出している。足元には、ユニオン・フラッグをあしらった盾が置かれ、傍らにライオンが侍っている。ちなみに、この五〇ペンス硬貨の表面は、王冠をいただいた現女王エリザベス二世の横顔の肖像である。表・裏両面にイギリスを表象する二つの像が描かれているのだ。貨幣に治世者である国王の像が彫られることはごく普通のことであるが、ブリタニア像もまた繰り返しイギリスの硬貨に登場する意匠である。

このような意匠のブリタニア像がイギリスの貨幣に初めて使用されたのは、一般にチャールズ二世

図3　1672年発行の硬貨

の治世の一六七二年であるとされている。この硬貨（図3）のブリタニア像のモデルは、王の寵愛を受けたリッチモンド公爵夫人、フランシス・ステュアートであると言われる。

彼女は、スコットランドのステュアート家の一族であったブランタイア卿ウォルター・ステュアートの孫娘であった。当時の上流階級の娘の多くがそうであったように彼女も、フランス王弟と結婚しオルレアン公爵夫人になっていたチャールズ二世の妹ヘンリエッタ・アンのもとで宮廷女性としての修養を積み、一六六三年チャールズ二世の王妃キャサリン・オヴ・ブラカンザの侍女として帰国した。青い目を輝かせ、金髪の巻き毛を揺らして快活に振る舞う彼女の美しさは、たちまち宮廷人の目をひき、「ステュアートの佳人」と呼ばれるようになる。その浩瀚な日記によって当時の世相を後の世に残したサミュエル・ピープスは、彼女の美しさを「あんなに美しい方を見たことがない。ステュアートさま。そう、あれほどの美人にはお目にかかったことがない」と嘆息まじりに書き残している。

当然ながら、この絶世の美人は、名うての女好きであったチャールズ二世の心をとらえた。すでに何人もの愛人がいたが、チャールズは彼女を追いかけまわすようになる。一六六三年、王妃が病の床に伏したとき、万一王妃が亡くなることがあれば、次の王妃はフランシスであるという噂でもちきりであった。

チャールズ二世のフランシスへの執心を物語るのが、彼女をモデルにしたイギリスの表象であるブリタニア像の出現である。一六六七年にオランダとの海戦で勝利を治めたとき、チャールズ二世は戦勝記念のメダルにフランシスをモデルにしたブリタニア像を刻ませたのであった。ピープスはこのことを次のように日記に記している。

行きつけの金細工商の店で、王さまの新しいメダルを目にした。このうえなく見事にステュアートさまのお顔が彫られてあった。なんと、陛下は、ブリタニアを表すのに彼女のお顔を選ばれたのだ。

このように王のフランシスに対する思いは強く、彼女に土地や財産、地位を与え続けた。寵愛を負担に思い始めた彼女は、ちょうどその頃、彼女の前に現れたもう一人のチャールズと秘密裏に結婚する。やはりステュアート家の貴族で、王の遠縁にあたる第四代リッチモンド公爵であり、第六代レノックス公爵でもあったチャールズ・ステュアートである。このことを知った王は激怒するが、王妃の取りなしもあり、不思議にその怒りも治まる。

その後も、王のフランシスへの執心は消えなかったのか、オランダ海戦の戦勝記念のメダルに刻まれたブリタニア像を、今度は一六七二年発行の硬貨の意匠として用いるのである。これが硬貨の意匠としてブリタニアが用いられた最初であると、一般に広く知られている。

図4　1665年発行の硬貨

しかし、実際にはそれ以前に、ブリタニアはすでに一六六五年に発行された硬貨（図4）と一六七一年に発行された硬貨に現れている。つまり、意匠は一六七二年の硬貨のものと基本的には同じである。つまり、ブリタニアは長い流れるような寛衣を身にまとって、右足はあらわにして、地球の上に腰掛け、足元には聖ジョージ十字と聖アンドルー十字が重ねられた楕円形の盾が置かれている。上向きに肘を曲げた右手にはオリーヴの小枝が持たれ、盾の上に置いた左手には長い矛がゆったりとかかえられている。しかし、一六七二年発行の硬貨のブリタニア像に比べると、これらのブリタニア像は、ふっくらとしており、むしろ年配の女性の印象が強い。

このブリタニア像についても、一六七二年発行の硬貨のブリタニア像とともに、一六六四年に描かれたフランシスの肖像がもとになっているという指摘がある。しかし、実は、硬貨のブリタニア像には、実在の人物のほかにも、その原型とも言えるモデルがある。ローマ占有時代のブリタニアの硬貨に彫られたブリタニア像である。一三八年から一六一年までの間ローマ皇帝であったアントニヌス・ピウスの時代に鋳造された硬貨（図5右）の裏面に、球形の台座の上にゆったりと座って左手を傍らの楕円形の盾の上におき、右手には笏をもったブリタニア像が浮き彫りにされているのだ。チャールズ二世によって発行された硬貨のブリタニアの意匠の原型と言ってよいほどその意匠は似通っている。さらに、その姿勢は異なっているが、ブリタニア像の意匠をもつ硬貨は、一一七年から一三八年まで

図５　ローマ時代の硬貨

ローマ皇帝の座につき、一一二〇年から一一三年にかけてハドリアヌスの長壁を築いたことで知られるプブリウス・アエリウス・ハドリアヌスの治世にすでに現れている。右足を岩の上にのせ、右手の上に傾げた頭をおき、左手には矛をかかえ、傍らに大きな円形の盾をおいたブリタニア像が登場するもの（図５左）である。

これらの硬貨のブリタニアは、ローマ神話の女神に由来するものと考えられる。この国の古名ブリタニアが、その時代の占有者であったローマ人たちの崇拝した女神と何らかの関係をもっているとすれば、自分たちの新しい国の硬貨に守護神としてその女神の姿を刻んだとしても不思議はない。

しかし、チャールズ二世発行の硬貨のブリタニアの意匠が、このローマ占有時代の硬貨の意匠を下敷きにしているとはかぎらない。硬貨の意匠としては、むしろ、抽象的な概念を視覚化するイコノロジーの伝統の大きさを考えるべきかもしれない。それぞれの国旗の意匠にその国の成り立ちやかくあれかしと願う国是が込められているように、ブリタニアの意匠には、自由や正義、智恵といった美徳を示す意味が含まれている。このような祈願的な意味を含む何らかの象徴的意味をもつイコノロジーの伝統がすでに存在していたことは、一六一一年に出版されたチョザーレ・リーパの『イコノロギア』によって確認できるが、イングランドにおいても、一五八六年のG・ホイットニーの『エンブレム選集』や一六一二年のヘンリー・ピーチャムの『ブリタニアのミネルヴァ』などの出版に見られるように、抽象的な概念や寓意を視覚化する伝統の影響は大きかったと言える。フリジア帽をかぶせた矛と自由のための戦いの象徴である矢の意匠のついた盾を右手にかかえ、左手に勝利の象徴であるヤシの葉と平和の象徴であるオリーヴの小枝とをささげもつ、古典的なヘルメットをかぶって寛衣に身を包んだ年配の女性として描かれているリーパの「リバティー」（図6）は、「ブリタニア」と大きく重なるものである。足元にはライオンではなく、自由を象徴する猫が侍っているが、意匠としては同じような姿勢でライオンを侍らせているブリタニア、さらに言えば、先に見たブルドッグが足元に控えるジョン・ブルの図像にも連なるものである。

図6　リーパの「リバティー」

確かに一六七二年のチャールズ二世発行の硬貨に浮き彫りにされたブリタニアは、フランシス・ステュアートの肖像を下敷きにしたことをうなずかせる細身の女性像である。しかし、一六六五年の硬貨のブリタニアはむしろリーパのリバティーに見られるふくよかな年配の女性の姿をしており、むしろ母なる自然につながるブリタニア像である。

ブリタニアの消失と再登場

当然ながら、ローマ占有時代の硬貨に刻まれたブリタニア像は、ローマ軍の撤退とともに姿を消す。ほかのブリタニアに対する言及も、アングロ・サクソン族の群雄割拠の時代、ウェセックス王エグバートによるアングロ・サクソン王国の成立、そしてノルマン征服を経た後も長らく歴史の表舞台には登場しない。征服王の死後、王位継承に関する紛争が後を引き、実質的にはフランスのアンジョー帝国に組み込まれたプランタジェネット朝が始まる。いわば、それは、フランスの貴族によるイングランド領統治の時代であったと言える。ところがこの時期の一一三六年に、次のような叙述で始まるジェフリー・オヴ・モンマスの『ブリテン国王史』が書かれている。

ブリテン、西の大海上、フランスとアイルランドの間に位置する最良の島、南北八〇〇マイル、東西二〇〇マイル。人の役に立つあらゆるものを無尽蔵に産する。あらゆる種類の鉱物に富む。広い畑と丘陵は、土地が肥沃なため豊かな作物を生み出す。季節ごとにあらゆる作物が育つ。

このような叙述は、七三一年に書かれたビードの『イングランド教会史』などの歴史書に繰り返されているものであるとは言え、自らの国を豊穣の国として語るその叙述には愛国的な感情が込められている。イングランド王国とは名ばかりで実質的にはフランスの一豪族の領地とも言えるような状況にあったと言われるが、自らの国をブリタニアとして捉える意識がすでにこの時代に育っていたのである。

しかし、より積極的にブリタニアが自国意識を表出するようになるのは、百年戦争の敗北によってブリテン島内の統一に力が注がれることになってからである。一五世紀末にヘンリー七世の即位によってバラ戦争に終止符が打たれた後、テューダー朝に入るとイングランドによる国家統合が進展し、人々の自国意識が高まる。その意味では、『ブリテン国王史』が一五〇七年にラテン語で出版された事実の方が重要であるかもしれない。

イングランド王によるブリテン島の統一の進展に呼応して、国家意識の醸成に大きな役割を果たすものとして、国内地図の作製や歴史書の編纂が盛んに行われるのである。イングランド、そしてイギリスの国家形成の祖とされるヘンリー七世のブリタニアに対するこだわりについて先に触れたが、ヘンリー八世そしてエリザベス女王の時代になって、イングランドの勢力がさらに増大し、ウェイルズやスコットランド、アイルランドへの支配が強まるにつれてイギリスとしての国家意識がさらに強くなる。これは、イングランドにおける自国意識の高揚を示すものにほかならないが、そのようななかで「ブリタニア」が再登場する。一五八六年に初版がラテン語で出版され、一六一〇年に英語版の出るキャムデンの『ブリタニア』である。英語版の出版自体が自国意識の表れであるが、一六世紀後半に入ると次々と歴史書が公刊される。

『ブリタニア』は、この島の先住民であるブリトン人をローマがその支配下においたところから始まり、その後この国に移住してきたさまざまな民族の説明を経て、その分裂に至るまでのこの国の歴史の説明と、ブリテン島およびアイルランド島の地理的な豊かさの説明を含むものである。これはジェフリー・オヴ・モンマスの『ブリテン国王史』の冒頭と同じ、この国の由緒正しい歴史と豊かな自然の説明を試みたものである。

書名に「ブリタニア」の名前はないが、エリザベス女王の肝いりで一五七七年に発行されたラファエル・ホリンシェッドの『イングランド、スコットランドおよびアイルランド年代記』も同種のものである。イングランドおよびスコットランドの歴代の王の治世の編年史の体裁をとる章に先立って、その第一巻の第一章は「世界の分割について」と題されたものであり、「ブリテン島の位置、沿海地域、形状および数量」と題された第二章では、海に囲まれたブリテン島の地勢についての人文地理的な説明がなされる。

このような歴史書公刊の目的は、イングランドの勢力を誇示しその拡大をはかることにあり、自国意識を涵養することにあった。これらの歴史書における歴史の捉え方は決してイングランドという狭い地域に限定されたものではなく、ローマ占有時代にさかのぼるブリタニアの歴史であり、ヨーロッパ的視野での捉え方であった。しかし、それは自らの歴史をブリタニアの歴史と位置付け、さらにローマ帝国につながる自らの覇権を主張する試みであった。

イングランドの興盛とブリタニア

このような歴史の捉え方と自国の地理への関心は、イングランドにおけるその勢力の増大と自国意識の高まりを背景にしたものであった。したがって、イングランドとイギリスの混同が当たり前のようにして起こっているのである。エリザベス女王の治世の末期、一五九五年頃に上演されたとされるウィリアム・シェイクスピアの『リチャード二世』における次の言葉にはそれが端的に表れている。追従者の甘い言葉に溺れたリチャード王に、自らの命を振り絞るようにして諫言する叔父のランカスター公爵ゴーントの憂国の言葉である。現在に至るまで、イギリス人が愛国心を吐露するときに決まったように引き合いに出される台詞である。

この歴代の王の玉座、王権によって治められた島
この王の尊厳の行き渡る地、軍神マルスの領土
この世のエデン、地上の楽園
悪疫と外敵を防ぐために
自然によって築かれたこの砦
この幸福な民、この小宇宙

不幸のために妬みにとりつかれた外敵に備える
防御壁の役割を果たし
家を守る堀ともなる
白銀の海にはめ込まれた宝石
この祝福された地、この大地、わがイングランド
この乳母、代々の王を産んだ母胎
その生まれのゆえに恐れられ、その血統ゆえに名高く
頑迷なるユダヤの地から、救世主
聖母マリアの御子の墓を取り戻すため
また、キリストの教えと真の騎士道のため
はるかに離れた地まで遠征したことで有名な
あの尊い王たちの国、この尊い、尊い国
世界中に名の通ったこの尊い国

海に守られた豊穣の国、エデンとして自らの国を捉えることは、ジェフリーの『ブリテン国王史』やキャムデンの『ブリタニア』に連なるものである。海に囲まれた島国として、つまり「ブリテン（イギリス）」として自国を捉える一方で、歴代のイングランド王の正当性を滔々と語るのである。こ

れは、キャムデンやホリンシェッドなどの公的な歴史書の叙述の仕方と同じである。ここには、イングランドでイギリスを代表させるイングランド中心の自国意識が語られている。ヘンリー八世の治世の一五三四年、「国王至上法」によってローマ・カソリック教会と絶縁し、反カソリックの島国として新たな段階に進んでいたが、スペイン無敵艦隊を駆逐したことによって人々の愛国心はいやがうえにも高まっていた。ここには、エリザベス朝のイングランド人の高揚した自国意識がのぞいている。イングランドでイギリス全体を代表させるイングランド中心主義の考えは、この時代に始まっているとも言える。

もちろん、このような自国意識は、広く民衆の間に自ずからわき上がったものだとは言い難い。むしろ、この時代に次々に発行された歴史書や人文地理書は、為政者側の意向を強く含むものであった。この当時成立し、商業として成り立った演劇も例外ではなかった。民衆娯楽として権力を風刺し、批判する力をもっていたが、一面でパトロンを必要とする弱い立場にあり、時の権力を無視できない側面もあった。ホリンシェッドの『年代記』をシェイクスピアはその史劇の粉本として大いに利用したことでも知られており、時の権力称揚の枠組みからは抜けてはいなかった。先に見た『リチャード二世』を含むシェイクスピアの一連のイギリス史劇は、エリザベス女王に直接つらなるテューダー政権称揚の劇であると言える。そのような自国意識を涵養する媒体であった歴史書や人文地理書、そして演劇もまた、単純に人々の自国意識を表すものではなく、すでに情報操作による王権の称揚の意味をもっていたのである。

エリザベス女王とブリタニア

この時代の自国意識の高まりは、エリザベス女王の存在と無関係ではない。その治世の二年目にあたる一五五九年に「すみやかなる結婚」を嘆願する議会に対して、「イングランド王国と結婚した」ことを表明した処女女王には、国家の象徴である女性像ブリタニアと結びつく素地があったと言える。一五七七年に発行されたジョン・ディーの『完全なる航海術全般に関する貴重なる覚え書き』の表題頁（図7）に見られるエリザベス女王にひざまずくブリタニアの姿に、このような変化が象徴的に語られている。イギリス近海における海賊の一掃と外国漁船の締め出しのために海軍の整備と増強を求める嘆願書とも言えるこの書物のなかで、エリザベス女王は「ブリテンの君主」として言及されている。この内容を寓意的に語るのが表題頁の図版である。

GENERAL AND RARE MEMORIALS
pertayning to the Perfect Arte of
NAVIGATION:

図7『完全なる航海術全般に関する貴重なる覚え書き』表題頁

右寄りの中央に描かれた帆船の船尾におかれた玉座に座っているのはエリザベス女王である。豪華な衣装を身にまとった女王の左手には笏が握られ、右手は前方に差し出されている。一方、岸辺には、このエリザベス女王に嘆願するように、ひざまずいて両腕を広げるブリタニアが描かれている。

図8　サクストン『全国地図』口絵

図9　『ディッチリーの肖像画』

彼女の手には、「完全装備の遠征艦隊」と書かれた長いリボンが握られている。さらに、左寄りの中央にある岬の頂には、片手で自分の前髪を指さし、もう一方の手に握ったオリーヴの小枝をエリザベス女王の方へ差し出す女性像が描かれている。いったん好機を逃がしてしまうと、後から追いかけてもつかむべき後ろ髪をもたない運命の女神である。海に乗り出すイングランドを代表するエリザベス女王にブリテン（イギリス）の統治を委ねる寓意がここにはある。この帆船の舵と書名を囲む枠組みの頂には国王紋章が描き込まれている。この枠の左右のバラは、テューダー・ローズである。先のゴーントの台詞には海という防御壁に守られた至福の島としてブリテン（イギリス）が描かれ、それがイングランドによって代表されていることを見たが、ここには、より明確に、イギリスをイングランドに代えるイングランド中心の国家意識が表れているのである。ある意味ではエリザベス女王をブリタニアとする寓意である。

その意味では、一五七九年にクリストファー・サクストンが女王の命を受けて作成した『イングランドおよびウェイルズ全国地図』の口絵（図８）も興味深い。中央に、左右の天球儀と地球儀をもった地理学者に挟まれたエリザベス女王の写実的な絵が描かれ、後方の門の屋根にはライオンとドラゴンのサポーターを伴った王室大紋章が仰々しく描かれている。この門は文字どおりこの書物全体への入り口であり、以下に続く本文にその地図を描かれたブリテン島および各州は女王に属するものであることの意思表示であるととれる。仰々しい紋章は各州地図の一隅にも描かれており、いやが上にも女王の権威を誇示し、国家意識、国民意識を高揚するものとなっている。

一五九二年にマーカス・ゲイラート弟によって描かれたとされる『ディッチリーの肖像画』（図９）にも同じような政治的な含意が感じられる。まるで一五七九年のサクストンの地図の口絵をより明確に視覚化したかのように、エリザベス女王によるこの国の支配が、ブリテン島の地図の上にたたずむ女王の全身肖像によって示されているのである。この絵は、オックスフォードシャーのカントリー・ハウス、ディッチリーの当主であったヘンリー・リーが女王を迎えて開いた盛大な祝宴を記念して描かせたものだと言われる。地球を暗示する球面に描かれたブリテン島の地図の上に、豪華な衣裳に身を包んだ女王が立っており、左上の背景には陽光に輝く青空、右半分には暗い空に走る稲妻が描かれている。太陽は女王の栄光を、雷光は権力を暗示する。女王の絶対的な力を視覚的に表したものであ

図10 『無敵艦隊の肖像画』

り、この国に君臨する女王の権勢を示している。女王およびテューダー朝の称揚がここにもある。

一五八八年にジョージ・ゴーによって描かれた、『無敵艦隊の肖像画』（図10）として知られるエリザベス女王の肖像画にも同じような意図が読み取れる。女王の肖像の背景にスペイン艦隊壊滅の様子を描いたこの絵は、明らかに強国スペインに勝利して高揚した自国意識を語っている。さらに、豪華な衣裳に身を包んだ女王が地球儀に手をかけ、その手は植民地ヴァージニアを抑えている点でも、新大陸に対する女王の野望を語り、人々の自国意識をかき立てたと考えられる。女王によるイングランド、イギリス、そしてヴァージニアの統治は、女王の顧問官たちの求めた方向であった。女王の肖像画は、このような政治的意図をもったアイコンでもあった。

2　紋章と国旗の誕生

国王紋章による自国意識の涵養

高価な宝石をちりばめた華美な衣装を身にまとった女王の肖像画とともに、国王紋章も、王権の称揚と自国意識の涵養をはかるために盛んに用いられた。サクストンの『全国地図』だけでなく、一六一一年に発行されたジョン・スピードの全国地図集成『グレイト・ブリテン帝国の劇場』にもさまざまな形でステュアート王家の紋章が描かれている。さらに、地図や歴史書に勝るとも劣らず、人々の自国意識をあおり、女王の権威を高めるのに有効な聖書にも、女王の肖像と紋章が当然のごとく現れる。一五六八年発行の『主教聖書』の表題頁（図11）にも、中央のエリザベス女王の肖像の上にイングランド王の盾の紋章が描かれている。その左右にアイルランドを表象するハープとスコットランドを表象するライオンの紋章が描かれ、女王の肖像の台座を国王紋章のサポーターである王冠をかぶったライオンとドラゴンが支えている。

図11　『主教聖書』表題頁

しかし、一方で、宗教上の態度を明確にしなかったことや狡猾な外交を行ったことなどから、エリザベス女王の主権が強調されればされるほど、それに対する反発も強かった。エリザベス女王をおとしめるようなさまざまな肖像画が巷に横行するのに業を煮やした当局は、一五九九年、偶像崇拝を禁ずる布告を出している。しかし、その数ヶ月後には、今度は、国王をはじめとする貴人の肖像画や記念物を破壊することを禁ずる布告を出している。すでに肖像画や紋章が権威を象徴するものとなっており、エリザベス女王の治世を批判する勢力は、それらを攻撃の対象としていた。たとえば、一五九一年には、エリザベス女王の紋章が引き裂かれ、引きずりおろされる事件がサセックスで起こったのをはじめ、その直後には、極端な清教徒のグループとかかわりのあった麦芽製造業者がその徒弟とともに、ロンドンのさる人物の屋敷で、女王の紋章にあるドラゴンの眼を潰して辱め、さらに女王の肖像画を鉄製の道具で傷つけて廃位を要求したと伝えられている。これを、法務長官は狂気として片づけようとしたが、女王付きの法務次官は女王個人、その紋章、あるいは英国国教会への敵意を表すだけではなく、当時の社会全体に対する攻撃であると断じた。少なくとも女王の肖像画や国王紋章は、権力の遍在をはかるものであることが容認されていたことが分かる。

また、すでに、そのような権威づけを容認しない民衆の声が生まれていたのである。高貴なる王のライオンの権力をものともしないマキャヴァリストのキツネの登場する『キツネのレイナードの物語』は、本来フランス生まれの寓話であるが、一四八一年に刊行されたウィリアム・キャクストンの翻訳やジェフリー・チョーサーの『カンタベリー物語』の「尼院侍僧の物語」などによってイングランドでも広く知られていた。

エリザベス女王の紋章を傷つけた民衆に対する法務長官と法務次官の見解の相違は、期せずして紋章のもつ社会的意味の変化を物語っている。紋章は本来個人に帰属する一種の識別のための記号であると言える。それは、元々、戦闘や馬上槍試合において使用者の出自や地位、身分を表すために盾に描かれた意匠であった。紋章のことを「コート・オヴ・アームズ」と呼ぶのは盾の意匠が鎧の上に羽織る陣中着にも描かれたことに由来する。戦いに臨んでその意匠に魔術的な力を期待して祈願的な意味が込められたり、自らやその家系を誇示する意味合いが加わるのは当然の成り行きであると考えられる。個人を識別するための記号ではあるが、その出自や帰属する集団を象徴する意匠も必然的に含まれているのである。一国を代表する国王の紋章がその国の象徴になり、またその国の人々の自国意識を表すことがあるのは当然である。すでにこの時代に、紋章による集団意識の誘導があり、それに対する民衆の反発があったと言える。

紋章のもつ象徴的意味の大きさは、エドマンド・スペンサーの『妖精の女王』に登場する赤十字の騎士のもつ盾の魔力についての言及にもうかがえる。

この盾にはどんな魔法も通じず、大胆不敵な魔法使いが唱えるどんな残忍な呪文も効き目はなかった。見かけどおりでないものは皆、この盾の前にたつと力を失い、たちまち倒れてしまうのであった。暴徒の群をこらしめるときには、この盾を用いて人間を石に、石を土に、土を無に変えることができた。そして、もっと傲慢な者たちを屈服させようと思うときには、これを見せて盲目にしたり、別の姿に変えたのであった。

この盾の力をさらに霊験あらたかにするものが、そこに描かれたさまざまな図案や図形であった。『妖精の女王』に登場するアーサーの盾を飾っていたのは聖母マリア像であったと伝えられている。

盾とその図案の寓意的意味は、騎士道物語の世界にかぎられるものではない。リーパの『イコノロギア』に描かれた、「疑念」の盾にはトラが描かれており、「防御」の盾にはヤマアラシが描かれている。盾の具象図形は、これらのアレゴリカルな人物を物語る意味をもっていることは明らかであり、全体が寓意を成していると言える。イギリスとしての国家統合の象徴として登場するブリタニアの盾のユニオン・フラッグの起源はここまでさかのぼれるかもしれない。

確かに紋章には識別の道具としての役割がある。世代交代をしても変化しない日本の家紋とは異なって、イギリスおよびヨーロッパ諸国においては、基本的には紋章は個人に属するものであり、相続や姻戚関係によって地位や財産が引き継がれるとともにその事実は紋章に残され、時代をくだるとともに紋章は次第に複雑になる。具象的なものであれ、抽象的なものであれ、さまざまな意味を込められた盾の意匠はさらに発展し、装飾を加えられたり単純化されたりしながら多様性を増し、やがて一定の法則のもとに出自や身分、地位を表すものとして制度化されるようになる。

イングランドではすでに一二世紀の中頃に紋章制度は始まっていたと言われる。すなわち「ヘラルド」と呼ばれる紋章官が、紋章に関する事柄を掌握し、それを司る役割を認められていた。ヘラルドは本来、戦いのときに相手側との交渉にあたる軍師を意味するのだが、敵味方の身分に通じている必要があり、やがて紋章の一切を扱う役職になってゆくのである。このヘラルドは、実際の戦いだけではなく、馬上槍試合や、決闘などの立ち会いなどを引き受けた。紋章制度の確立は、実際の戦場においてよりはむしろ、一種の疑似戦闘の場である馬上槍試合においてであると考えられている。

英語に「紋章を説明する」ことを表す"blazon"という語がある。この語は「ホルンを吹く」という意味のドイツ語である"blasen"に由来し、フランス語の"blason"を経て、英語に入ったとされている。ヨーロッパで一番古い紋章の記録は、一〇一〇年のドイツの貴族の墓に刻まれた紋章の記録であるとされているが、一説には、紋章の始まりはドイツの馬上槍試合にあると言われている。すなわち、そこに参加した騎士たちは紋章を描いた盾をもって登場し、その儀式の進行と審判をつとめるヘラルドが、ホルンの合図で、それぞれの騎士の名前と身分、紋章を紹介したというのである。

シェイクスピアの『リチャード二世』の冒頭部分に中世の馬上槍試合の様子がうかがえる。後のヘンリー四世、ランカスター家の嫡男ボリンブルックとノーフォーク公爵モーブレーが、互いに相手を大逆罪で訴え、わが身の潔白を主張する。この両者に、リチャード王は、騎士道に則った決闘によって決着をつけることを求める。ヘラルドの役割を兼ねる式部官がこの決闘を取り仕切り、ラッパの合図とともに両者が登場し、古式に従って自らの名前、身分、戦いの理由を述べる。

盾が身を守るという実用的意味を離れ、戦闘が儀式化するとともに、中世の階級社会で個人の出自や身分を表すものとして、その意匠も洗練され、装飾的になっていったと考えられる。当然ながら、紋章官の仕事は厳正であることが求められた。イングランドではリチャード三世の治世の一四八四年に、紋章の許認可、紋章係争の審判など、紋章にかかわる事務を統括する紋章院が創設される。このようにして、識別の道具としての紋章は制度化されてゆく。しかし、象徴に自己を同一化し、本来複雑である自己と他者の区別を単純化する紋章の利用には、単なる利便性を越えた危険が潜んでいると言える。また、時とともに新たな意匠を生み出す紋章には、常に新たな意味が加わるのである。

イングリッシュ・ライオンの起源

イングランドにおけるもっとも古い紋章は、現在分かっているかぎりでは、アングロ・サクソン系のエドワード証聖王のもので、ヘンリー三世の時代に石に刻まれ、ウェストミンスター寺院に残されている。十字の図形のまわりに鳩らしき鳥が五羽配置されたものである。この意匠は、後にリチャード二世によってその紋章に組み入れられるが、証聖王に続く王たちに継承された形跡がない。紋章らしきもの、すなわち自らの象徴として何らかの意匠を用いたものとしては、アングロ・サクソン系の王やデンマーク王の時代にもさまざまな象徴が使用されており、ウィリアム征服王やヘンリー一世は二頭のライオンを、スティーヴン王は半人半馬のサギタリウスを象徴として用いたと言われる。しかし、これらの意匠も継承されなかった。継承性という紋章の大きな要素からすれば、これらの象徴は紋章とは言えない。

その意味でイギリスの最初の紋章であると言えるのは、ヘンリー二世の庶子で、ソールズベリー伯爵ウィリアム・ロンゲイペイの紋章である。国王紋章の重要な要素であるライオンの意匠がそこにあり、これが現在に至るまで継承されているのである。ロンゲイペイの墓像に「青色の地に金色のライオン六頭」の描かれた盾が見られるのだ。この盾の意匠は祖父のアンジョー伯爵ジョフロワから受け継いだものだと考えられている。ジョフロワはヘンリー一世の娘マティルダの再婚相手で、男子出生の願いを込めて、ヘンリー一世は彼に「六頭のライオンを刻んだペンダント」を与えたと言われる。その願いが叶い、マティルダは男子を生む。後のヘンリー二世である。

アンジョー伯の「六頭のライオン」が実子のヘンリー二世に引き継がれず、孫であり、しかも庶子のロンゲイペイに引き継がれたことは、今日の紋章に関する常識からははずれている。このことから、当時はまだ紋章の継承制は確立していなかったことが分かる。しかし、一方で、旗や盾に個人を象徴することが流行しはじめていたこともうかがえる。実際、このロンゲイペイの盾は、彼の死後、妻のアディラが引き継ぎ、さらに、後にウォリック伯爵となった娘のアディラに継承されるのである。この継承の事実によって、アンジョー伯の使用した「六頭のライオン」の意匠が、イギリスの最初の紋章とされるのである。

ロンゲイペイの異母兄にあたるリチャードがヘンリー二世の後を継いでリチャード一世となり、ライオンの紋章を使い始める。リチャード一世がはじめ用いた紋章の意匠では「一頭の立ち姿のライオン」であったと言われるが、これが現王室の紋章に継承されている「三頭の歩き姿のライオン」になったことについては次のような伝承がある。

当時、すでに、重要な手紙や文書にはシールすなわち紋章を利用した印章や証印が用いられていたが、王のシールはとくに「グレイト・シール」と呼ばれて、法令や外交文書、叙位叙勲証などの公的文書に添付されるものになっていた。十字軍遠征に参加したリチャード一世は、留守中の国内の統治を任せた弟のジョンが王権をほしいままにし暴政を行っていることを聞き、急いで帰国しようとする。ところが、途中ヴェネチア近郊の海で海難事故に遭い、さらに陸路ではオーストリア公に捕まり、神聖ローマ皇帝ハインリヒ六世に引き渡され、莫大な身代金を要求される。身代金の半分を支払い、残りの半分は帰国後に支払うという約束を取り付け、艱難辛苦の後、十字軍遠征に出発してから六年後にやっと帰国する。この年に、それまでの「一頭の立ち姿のライオン」のシールに代えて、「三頭の歩き姿のライオン」の意匠を使うのである。

その理由は、王が不在の間に出された布告や条約、そして契約のすべては王の与かり知らぬところであり、それまでに使用したグレイト・シールは海難でなくなってしまったいま新しいグレイト・シールを定め、これまでの古いシールによる布告や契約はすべて破棄するという一方的なものであった。この真偽はともかく、リチャード一世が三頭のライオンをシールに用いたのは事実であり、この三頭のライオンの紋章は、その後、ジョン王、ヘンリー三世、エドワード一世、エドワード二世、エドワード三世と六代にわたるイングランド王によって使用される。途中ヘンリー三世の時代に彩色され「赤地に金の歩き姿のライオン」になる。また、この時代に親子の紋章を区別する「ディファレンス」という方法が始まる。つまり、継承される実質的な部分はそのまま残し、彩色を変えたり、「チャージ」と呼ばれるライオンやワシなどの具象図形や「オーディナリー」と呼ばれる幾何学図形に変化を加えたり、あるいは線の種類や形を変えるなどして、親子・兄弟などの紋章を差異化することが始まるのである。

聖ジョージ旗の遍在

紋章は本来個人に属するものであるが、とくに国王の紋章の場合は事情が異なる。国王紋章は王権の象徴となるだけでなく、人々の間に自国意識が生まれるとともに国家の象徴として容認されるようになる。紋章と深い関係のある国旗についても同じことが言える。典型的なブリタニア像のかかえる盾に描かれたユニオン・フラッグは、後に詳しく述べるように、イングランドの聖ジョージ旗とスコットランドの聖アンドルー旗そしてアイルランドの聖パトリック旗を組み合わせたものである。ブリテン島内でイングランドとスコットランドが抗争をくり返していた一四世紀頃にはすでに、イングランド国旗として白地に赤の十字の聖ジョージ十字が使われ、スコットランド国旗として青地に白の斜め十字の聖アンドルー十字が使われていたと考えられている。

自国意識の高まったテューダー朝およびエリザベス朝のイングランドにおいて国王紋章が国王の権威を表すものとして象徴的に使われていたことを見たが、イングランドにおける聖ジョージ十字の使用についても同じことが言える。一五四五年頃に描かれたヘンリー八世の持ち船の絵において、中央のマストには国王紋章旗が掲げられ、その下には聖ジョージ十字の付いた細長い三角旗であるペノン・ストリーマーが翻っている。さらにその船縁にはいくつもの聖ジョージ十字の意匠が描かれている。先に見たゴーの『無敵艦隊の肖像画』においても、エリザベス女王の肖像の背景に描かれたスペイン無敵艦隊を撃退するイングランド軍の艦船のマストに聖ジョージ旗がへんぽんと翻っている。この絵も、エリザベス女王の肖像画の多くがそうであるように、女王の権威の称揚をはかるものであり、聖ジョージ旗は、国王紋章同様、女王の権威の誇示、体制維持のために使われたものであると言える。しかし、王室の高揚にとどまらない、国民意識を表すものになっているとも言える。イングランドの旗としての聖ジョージ旗の使用には、本来個人に属する紋章の使用には見られない、あらたな自国意識の芽生えを見ることができるのである。

では、イングランドを表象するものとしての聖ジョージ旗の使用は、いつ、どのようにして始まったのであろうか。一一世紀にヨーロッパの国々で十字軍の遠征が始まったが、その際に、それぞれの騎士団は、白いローブの上に赤い十字をつけた「聖堂騎士団」や「テンプル騎士団」、白のローブに黒い十字をつけた「テュートン騎士団」という風に、そろいの十字のついた制服を着用して遠征の途についたと伝えられている。このような慣行を背景に、第三次十字軍の始まる前年の一一八八年にフランス、イングランド、フランドルの国王が協議して、それぞれの所属を十字の旗で表すことを取り決め、フランスは「白地に赤の十字」、イングランドはその逆の「赤地に白の十字」とした。ところが一二七七年に、イングランドはフランスの旗とされていた「白地に赤の十字」を使い始めるのである。しかし、そこで悶着は起こった形跡はないのである。国旗を定め、それを自分たちの国の表象とするような国家意識はまだ強くなかったと考えられる。

「白地に赤の十字」がイングランドの旗として使われるようになった背景には、一二七六年に始まったエドワード一世のウェイルズ遠征があった。戦地に向かうイングランドの兵士たちが、腕や槍の先に白地に赤の聖ジョージ十字をつけたのが始まりであるとされる。十字軍の用いた白地に赤の十字と聖ジョージ信仰が何らかの形で結びつき、一種のお守りのようにして兵士たちが腕の防御布に聖ジョージ十字をつけたらしい。イングランド兵にとって、文字どおり「外国」を意味するウェイルズへの侵攻は、十字軍遠征同様、遠い異国の地への出陣であったのだ。エドワード一世は兵士たちのこのような気持ちを利用し、これをイングランドの旗とし、戦意を鼓舞したのである。

この後、聖ジョージ旗がイングランドの国旗として定着したかどうかは定かではない。しかし、信仰を利用し、ウェイルズの他者性をあおることによって、その戦いが十字軍の遠征と同じ正義の戦いであるとして自己の行為を正当化するうえで、この表象は効果的であった。

ところが、聖ジョージ旗の由来となった聖ジョージという聖人については、よく知られていない。パオロ・ウッチェロの『聖ジョージとドラゴン』などで有名であるが、トルコ領カッパドキア出身の騎士で、キリスト教を信仰したために三〇三年頃ローマ皇帝の命令で処刑されたと言われているくらいで、イングランドとこの聖人の直接のつながりを示すものはない。ただ、「娘を襲うドラゴンを退治した」という伝説から、娘を教会、ドラゴンを悪魔とみる寓意が生まれ、キリスト教社会では広く

図 12 『「真実」が女王に槍を差し出す』

敬愛された聖人であった。十字軍遠征がこの信仰をより強めたと考えられる。ジェノヴァやパドヴァなど、古くから聖ジョージ十字を市章や紋章に使っている都市もある。

イングランドでは、エドワード一世の弟であるランカスター伯爵エドマンドを描いた絵にはすでにはっきりと、聖ジョージ旗と聖ジョージ十字の盾をもった聖人と並んで立つ彼の姿が描かれており、一三世紀末にはイングランドにおいて聖ジョージを守護聖人とする信仰があったことがうかがえる。また、ファヴァシャム港のシールにはエドワード時代の軍船が描かれており、船尾に聖ジョージ旗と思われる十字の旗が描かれている。すでに、その頃、イングランドの旗として聖ジョージ旗を使うことが定着していたことが分かる。

さらに、中世のイングランドでは戦いの際にスタンダード、すなわち長い三角形の軍用旗を用いることが慣行になっていたが、その意匠に聖ジョージ十字を初めて用いたのがリチャード二世だとされている。国王旗手であった人物の墓像には、リチャード二世のスタンダードをつけた旗竿をもつ彼の姿が描かれている。また、彼の両肩の鎧の前当ての部分には聖ジョージ十字がつけられており、その護符としての慣行もうかがえる。

この守護聖人としての聖ジョージ信仰とイングランド旗としての聖ジョージ十字の使用はテューダー朝、とくにヘンリー八世およびエリザベス女王の時代に頂点に達する。トマス・セシルによる一六二五年の銅版画――『「真実」が女王に槍を差し出す』（図12）はその名残を伝えるものである。エリザベス女王を聖ジョージになぞらえ、ローマ教皇を表す怪物ヒュドラから、「真実」を救出する寓意画である。ヘルメットをかぶり、盾と矛を持ったエリザベス女王の姿は、リーパの描いたリバティー像を想起させるが、ローマ占有時代の硬貨の意匠にあるブリタニア像との重なりも感じさせる。また、スペンサーの『妖精の女王』では、アーサー王とともに悪と戦う白地に赤い十字の盾をもつ赤十字の騎士が活躍する。アーサー王伝説を包み込んでエリザベス女王を称揚するこの物語において、イングランドの守護聖人としての聖ジョージ信仰を加えることによってブリタニアとエリザベス女王が重ねられている。

シェイクスピアの『ヘンリー五世』にも、テューダー朝における聖ジョージ信仰の定着がうかがえる。歴代のイングランド国王のなかでも名君の誉れの高いヘンリー五世のフランスに対する勝利、その主な舞台となったアジャンクールの戦いを描くこの作品の第三幕第一場、人数においてははるかに劣り、連日の戦いに憔悴した兵士たちを奮い立たせるために、愛国心に訴えるイングランド王ヘンリー五世の有名な台詞である。

そして、諸君

イングランドで五体をつくられた郷士たちよ
ここで君たちの牧場が育てた勇気を発揮し
さすがにイングランド育ちだと叫ばせてくれ
私は信じて疑わない。君たちの目は勇気に輝き
卑怯卑劣な者は一人としていないことを
革ひもでつながれた猟犬のように
心はやっているのが分かるぞ
さあ、獲物が飛び出したぞ。勇気だ
さあ、突撃だ。「神よ、ハリー王に味方を
イングランドよ、聖ジョージよ」と叫ぶのだ

アジャンクールの戦場でヘンリー五世が実際にこのような兵士を鼓舞する演説をしたかどうかは分からない。しかし、史実はどうであれ、エリザベス朝のイングランド人にとって、聖ジョージは国の守護神であったことは間違いないし、イングランドの国旗として聖ジョージ十字はいたるところで用いられていたことは事実である。シェイクスピア作品の多くが初演された木造の円形劇場で、『ヘンリー五世』のプロローグにおいて「この木造のオー」と言及されているグローブ座の屋根に聖ジョージ旗が翻っているのが見えるロンドン俯瞰図もある。

第2章　グレイト・ブリテンのブリタニア――一七世紀

1　グレイト・ブリテンの誕生

同君連合の成立

一六〇三年にエリザベス女王が死去すると、スコットランド王ジェイムズ六世がジェイムズ一世としてイングランド王に即位する。ここに王位においてイングランドとスコットランドが合体する同君連合が成立する。しかし、これは決して円満な連合ではなかった。ジェイムズ六世のイングランドへの即位は、彼がエリザベス女王の父ヘンリー八世の姉でスコットランド王ジェイムズ四世と結婚したマーガレットの曾孫であったことや、父方にヘンリー七世にさかのぼれるイングランド王家の血統があったことによるが、当時イングランドとスコットランドは友好関係にあったわけではなかった。マーガレットの孫であり、ジェイムズ六世の母であるメアリーはかつて、エリザベスが庶子であることを理由に、むしろ自分の方がイングランド王位継承者として優位に立っていると主張していた。結局メアリーは、エリザベス排除の陰謀にかかわったとして一五八七年処刑され、ジョン・ノックスによる宗教改革がスコットランドで勢力をもつにつれて、カソリック教会とフランスは攻撃の対象になり、親イングランド的な雰囲気がスコットランド国内に拡がる。しかし、スコットランドにおける親カソリックの感情は根強く、民族的にも異なるこの二つの王国の間には、民衆感情においても対立が続いた。イングランドの人々には拭いがたい優越感があったし、誇り高いケルト系の民族が多く住むスコットランドの民衆にはイングランドに対する根強い敵対心があった。両国の歴史は対立の歴史だと言える。

ケルト語の「森林」を意味する言葉にちなんで「カレドニア」と呼ばれたこの地方には、ケルト人を主としたさまざまな民族が住んでいたが、八〇年にブリタニア総督のアグリコーラが侵攻し、やがてほぼ全域を支配下におく。しかし、結局、ローマ軍は、この地に確固とした支配権を築くことはできず、四世紀末までに撤退する。その後、六世紀にアイルランドからスコット人が西部地方に移住し、ダルリアダ王国を築く。それまでこの地方に住んでいたピクト人は北部地方に移住し、南西部にはウェイルズからブリトン人が移住してくる。また、六世紀後半にはアングル人が東部地方に移住してくる。やがてスコット人が勢力を得て、まずピクト人を統合してアルバ王国を建設し、九世紀の半ば頃、ほぼこの地域を支配下においたスコットランド王国が建設される。

シェイクスピアの『マクベス』に登場する、ダンカン、マクベス、マルコムの国王は、このケルト系の王室の王である。しかし、マルコムがイングランドから王妃マーガレットを迎えたことにも一因があるが、マルコムの三人の息子たちが王位につく頃からイングランドの影響が強まる。一二九六年にはイングランドのエドワード一世が、イングランドによる直接支配を要求する。これを契機に独立を求める動きが激しくなる。一三二八年、力を得たロバート・ブルースは、イングランドのエドワード三世から独立を勝ち取り、ロバート一世としてスコットランド王に即位することを認めさせる。その後、ダンカンの血統が絶え、一三七一年ロバートの息子がロバート二世として王位につき、ステュアート朝の開祖となる。ロバート二世は、イングランドに対抗するため、イングランドの宿敵であるフランスとの結びつきを強める。ジェイムズ五世は、王妃をフランスから迎え、その娘メアリーはフランス皇太子と結婚する。長男エドワードとメアリーを結婚させ、スコットランドにおける支配権を強化しようとするヘンリー八世の計画に対する対抗策でもあった。

しかし、メアリーは、夫のフランソア二世が死亡したため帰国し、イングランド国王ヘンリー七世の血をひくダーンリー卿と結婚する。封建君主制の常套手段である婚姻による支配権拡大策の攻防であった。そして、メアリーとダーンリー卿との間に生まれたジェイムズ六世が、エリザベス女王亡き後のイングランド王位を兼ねることになる。なんとも皮肉なことに、エリザベス女王に託された「ブリテン」としての国家統一は、このような形で実を結ぶことになるのである。

ジェイムズ一世は自らを「グレイト・ブリテン王」あるいは「ブリテン王」と名乗り、一六〇三年のイングランド議会での最初の演説で、「余はこの国の頭であり、全島はわが身体である」として自らの王権を身体のイメージで次のように語る。

したがって、何人も、私を頭とするこの国が分裂した怪物のような身体をもつなどという無分別なことを考えるものでないことを願う。そもそもスコットランドとイングランドの両国は君主をいただく王国であり、頭をもたない身体などということはあってはならないことである。頭は常に離れ難く胴体に接合されているものであるから、頭のない身体など考えようはないのである。いずれの王国においても敬意は君主である私に向かうものであり、特権は余から切る離せるものではないのである。それらは、両国に等しく恵み深い頭をもつ私の身体において統合されているのである。

一六〇四年にも、議会に対して「ブリテン王」であることを繰り返し主張している。

王の称号としてイングランドとスコットランドという別々の呼称を用いないことにするのが適正であると考える。今後は、儀礼においても文書においても私に関して「ブリテン王」という呼称と称号を用いてもらいたい。これが全島を統治するという事実にも即していると考えるからである。

ちなみに、日本との通商を求めて一六一三年平戸に来航した、イギリス東インド会社派遣のジョン・セーリスの携えてきたジェイムズ一世の徳川家康に宛てた親書の冒頭では、「私、ジェイムズは、神の恩寵により、ここ一一年にわたってグレイト・ブリテン、フランスそしてアイルランド三国の国王である」と自らを名乗り、最後の署名部分では「グレイト・ブリテン王」という称号を用いている。

最初のユニオン・フラッグ

ジェイムズ一世は、一六〇六年に、船舶の掲げる旗に関して南北両ブリテンすなわちイングランドとスコットランドの間に齟齬のあることに言及し、無駄な諍いを回避するため、「今後、グレイト・ブリテン諸島ならびに王国の臣民は、主柱のマストの最上部に聖ジョージの赤十字と聖アンドルーの白十字を、紋章官によって定められた形に従って組み合わせた旗を掲げること、ただし、南北いずれかの所属を示すのには聖ジョージ十字あるいは聖アンドルー十字の旗を前部マストに掲げること」という布告を出す。

図13　聖ジョージ旗，聖アンドルー旗そしてユニオン・フラッグ

聖ジョージ十字がイングランドの国旗として用いられた経緯については先に述べたが、ここで、聖アンドルー十字が

スコットランドの国旗として用いられた経緯について簡単に説明しておこう。聖アンドルーはガラリアの漁師からキリストの使徒になった人で、ギリシャ南部のバートレで殉死した。その処刑のときに使われた十字架が斜め十字であったことから、聖アンドルー十字が聖アンドルーを象徴するものになったと言われている。スコットランドとのかかわりは、三七〇年に、レギュラスという修道僧がバートレに埋葬された聖アンドルーの遺体をコンスタンチノープルに葬るために出帆したが、途中嵐にあって遭難し、スコットランドに漂着したという言い伝えにある。ほかには、七三五—三六年頃、ノーサンブリア王の侵攻に対して立ち上がったピクト族の王アンガス・マク・ファーガスが、決戦を前に見上げた青空に白い斜めの十字のかかっているのを目撃し、それを聖アンドルーの加護の徴だと信じて戦い、勝利したことにちなむとも言われている。

このように聖アンドルーとスコットランドとの関係、聖アンドルーと「青地に白の斜め十字」の因縁は定かではない。しかし、一四世紀後半には、スコットランドにおいて聖アンドルー十字が使用されていたことは、ジェイムズ・ダグラスが用いた軍旗、すなわちスタンダードに斜め十字が認められることからうかがえる。このダグラスは、シェイクスピアの『ヘンリー四世・第一部』に登場して、ホットスパーと一戦を交えるあの勇者である。また、一四〇六年から三七年まで在位したジェイムズ一世の時代には、聖アンドルー十字のついた硬貨が発行されている。さらに、ジェイムズ四世が一五〇六年から四年の歳月をかけて建造させた戦艦グレイト・マイケル号のメイン・マストにはスコットランド国王旗が、その他のマストには聖アンドルー旗が掲げられていたとされる。ジェイムズ一世、すなわちスコットランド王ジェイムズ六世の時代には、聖アンドルー十字はスコットランドの国旗として定着していたと考えられる。

さて、連合旗の使用を促すジェイムズ一世の布告とこの連合旗の成立の過程は、まさしく連合王国というこの国の特異なあり方を反映するものであった。グレイト・ブリテンという国家が政治的で、人工的なものであったように、連合旗も政治的な合成物であった。対等な立場での連合を表すためにさまざまな試行錯誤が重ねられたが、結局、それは、イングランド優位の意匠をもつものであった。つまり、スコットランドの聖アンドルー旗の上にイングランドの聖ジョージ旗を重ね合わせたものであった(図13)。この意匠は、現実の政治・経済状況を反映しているがゆえに一層、誇り高いスコットランドの人々には我慢のならないものであったし、イングランドの優位を疑わず、聖ジョージ十字に愛着を覚えているイングランド人にはこのような形での合成も不満であった。これに逆らって、愛国的なスコットランド人の間では、イングランドの赤十字の上に白の斜め十字をおいた愛国的な旗が故意に使われることがあったと言われる。

実際、ジェイムズ一世の布告はなかなか実行に移されなかったようであるし、当初、この旗は、「ブリテン旗」の名で呼ばれることはあったものの、「ユニオン・フラッグ」すなわち「連合旗」と呼ばれることもなかったと言われる。これが「ユニオン・フラッグ」と呼ばれた現存するもっとも古い記録は、皮肉にも、一六二五年のジェイムズ一世の葬列に使用された旗の一覧表に記されたものである。連合旗の不評は、南北両ブリテンの人々の間には、いまだグレイト・ブリテン国民としての自国意識はなかったということの証左である。

しかし、イギリスの海外進出の発展とともに、この旗は、その明確で美しい意匠のゆえもあるだろうが、国旗として定着してゆく。ジェイムズ一世の布告にあるように、そもそも、この旗は船の所属を示す識別のための記号として出発したが、この旗の通称である「ユニオン・ジャック」にも同じような意味が含まれている。「ジャック」は本来指小辞的な意味をもっており、一説には、この旗が海上での信号や国籍などの識別のために船の舳先にあるジャック・スタッフと呼ばれる短い旗竿の先に付けられる小さな旗であったことに由来すると言われる。

「ジャック」という用語は一六六〇年五月一日の議会で最初に使われたという記録があるが、一六六六年には海軍総司令官の布告として、「海軍の保護を受けんとする商船の持ち主はその船に国王のジャックを掲ぐべし」という記録があり、この旗とこの国のその後の在り方が象徴的に示されている。ジェイムズ一世のブリテン体制の確立への焦燥を表すかのようにして制定された観のあるこの旗は、ジェイムズ一世の思惑をはるかに越えて、海軍力を背景にした自由貿易によるこの国の海洋国家としての発展を象徴するものとなる。大英帝国の旗として、世界の七つの海に翻るようになるのである。

ライオンとユニコーン

同君連合の成立とともに、国王紋章も大きく変化する。第一および第四クォーターにそれまでのイングランド王の紋章である「歩き姿の三頭のライオンとフラ・ダ・リー」の意匠がそのまま組み込まれ、第二クォーターにスコットランド王位を象徴する「立ち姿のライオン」、そして、第三クォーターにアイルランド王位を象徴する「ハープ」が配置される（図14）。この「シールド」と呼ばれる盾の図形部分を、左側からイングランドを象徴する「ライオン」、右側からスコットランドを象徴する「ユニコーン」が支える。紋章学で文字どおり「サポーター」と呼ばれるものである。ほかに、盾の上におかれたヘルメットやマント、冠などの装飾や、台座に書かれたモットーなどをすべて含んだ大紋章を「アチーヴメント」と言うが、この大紋章の使用においても、同君連合は微妙な使い分けを引き起こすことになる。

　イングランド王としてジェイムズ一世はイングランドでは先に見たように、第一および第四クォーターにイングランド王の紋章、第二クォーターにスコットランド王の紋章、第三クォーターにアイルランドの紋章を用いた。しかし、スコットランドのジェイムズ六世としては、優位の第一および第四クォーターにスコットランドの「立ち姿のライオン」を、第二クォーターにイングランドの「歩き姿の三頭のライオンとフラ・ダ・リー」の紋章を用い、第三クォーターにアイルランドの「ハープ」の意匠を用いた。そして、サポーターについても、左側の優位の位置に王冠をかぶったユニコーンをサポーターとして用いた。ここには、個人としての識別や主

図14　ステュアート朝の国王紋章

張を表すだけではなく、国民意識に配慮した国王紋章の扱いがある。

しかし、連合旗同様、同君連合によって制定された国王紋章もスコットランド人にとっては屈辱的なものであった。「マザー・グースの歌」という名でも知られているイギリスの伝承童謡集に次のような歌が収録されている。

ライオンとユニコーンが
　王冠を争った
ライオンがユニコーンを
　町中たたいてまわった

白いパンをやる人もいたし
　茶色のパンをやる人もいた
プラム・ケーキをやって
　太鼓をたたいて町から追い出した人もいた

ライオンとユニコーンの対立自体は、多くの国で古くから語られていると言われるが、この歌は、同君連合の際の紋章の統合にまつわるスコットランドの人々の感情を代弁していると言われている。

それまでのスコットランド王の紋章では、中央の盾の部分を王冠をかぶった二頭のユニコーンがサポーターとしてささえていたが、連合により左の優位の位置にはイングランドのライオンが配置され、スコットランドのユニコーンは右側に甘んじることになったからである。しかも、ユニコーンの頭にはそれまでかぶっていた王冠はなく、左側のライオンの頭には王冠が置かれているのであった。盾の意匠についても、優位の第一および第四クォーターをイングランド王の紋章に奪われ、スコットランド王の紋章である「立ち姿のライオン」は劣位の第二クォーターに置かれたのである。

ジェイムズがイングランド国王に即位するについては、スコットランドはもちろん、イングランドでも大きな反対があった。紋章の使い分けは、そのような国民感情を反映しているのだ。このようにスコットランドではスコットランド優位の紋章を用いる習慣は一時中断していたが復活し、現在のエリザベス女王もそのような紋章の使い方をすると言う。イングランド覇権の大きかった大英帝国の時代には、そのような配慮は鳴りをひそめていたのだと考えるのはうがちすぎであろうか。

アイルランドの軽視

最初のユニオン・フラッグの意匠とその成立の経緯、そして国王紋章の変化と微妙な使い分けに象徴されるように、イングランドとスコットランドの連合は、イングランドの覇権を許すものであった。実は、この同君連合の時点で、イギリス王の紋章にアイルランドを表象する「ハープ」が加わる。しかし、そこに明確な政治的な変化があったからではない。イングランドのアイルランドに対する支配はより苛酷なものであった。アイルランド生まれで一九世紀末から二〇世紀初めにかけてロンドンで活躍したバーナード・ショーが『ジョン・ブルのもう一つの島』というタイトルを付けた劇作品で愛憎を込めて語るイングランド支配の構造は、長い歴史をもつものであった。

この島には紀元前七世紀頃から、何らかの先住民族がいたと考えられている。その後、紀元前五世紀頃からケルト系の民族が渡来し、先住民族を支配してケルト社会を形成する。四世紀頃、アイルランド人はローマに支配されていたブリタニアを襲撃する。この時にローマ人の若いキリスト教徒が捕虜としてアイルランドに連れてこられた。彼はこの地で次第にアイルランド人を教化し、やがてアイルランドの守護聖人、聖パトリックとなるのである。この伝説の信憑性はともかく、この頃アイルランドはキリスト教化するのである。八世紀末から一〇世紀にかけてヴァイキングの侵略を受けるがやがて融和してゆく。一一世紀頃から一二世紀にかけて群雄割拠の時代を迎え、そのうちの一人レンスター王が、イングランド王ヘンリー二世に武力援助を求める。

これが、アイルランドの悲劇の始まりであった。アングロ・ノルマンの貴族ストロングボウがアイルランドにとどまってレンスターの王位につき、ほかにも多くのアングロ・ノルマンの貴族がこの島に陸続と移住し、一二五〇年頃には全島の四分の三がアングロ・ノルマンの貴族のものとなる。その後、次第に彼らもゲール化し、オールド・イングリッシュとしてアイルランド人よりもアイルランド的な反イングランド勢力となる。イングランドの支配が及ぶ範囲は「ペール」と呼ばれるダブリン周辺の地域だけになってしまう。この状況に業を煮やしたヘンリー八世がアイルランドの完全征服を目指す。諸侯に領地を一旦返上させた上で新たにそれを与えるという方法によって融和をはかるとともに、アイルランドにも英国国教会の制度を強要する。このようなヘンリー八世のやり方に多くのアングロ・ノルマンの貴族やケルト系の族長の強い反対が起こる。エリザベス女王の時代にも何度となくイングランドに対する反乱が起こるが、一六〇三年に制圧されてしまう。グレイト・ブリテン王となったジェイムズ一世は、アルスター地方にプロテスタントを多く入植させる。これが、現在の北アイルランド問題の遠因である。この後、共和制の時代にオリヴァー・クロムウェルが情け容赦なくカソリックの土地を没収する。その結果、住民の大部分を占めるカソリックは小作農となり、イングランドからやってきたプロテスタントの地主と対立するようになる。これがアイルランドの不幸な社会構造の元凶となる。アイルランドの歴史もまた、イングランドの抑圧に対する抵抗の歴史であると言える。

さて、一六〇三年のイングランドとスコットランドの同君連合の成立時に、アイルランドを表象するハープが国王紋章に加えられた。当時、アイルランドの表象を加える政治的変化がなかったことについてはすでに触れた。一一七一年のヘンリー二世の遠征以来、リチャード二世のアイルランド遠征をはじめとして、イングランドはアイルランドに対して間断なくその支配権を示してきた。ジョン王以来、イングランド王は「イングランド王」のほかに「アイルランド卿」の肩書きをもち、アイルランド支配の首長であることを示していたが、その支配を強めたヘンリー八世は、一五四一年に「アイルランド王」を名乗る。本来ならば、この段階でアイルランドの紋章も加えるべきであったが、ジェイムズ一世の紋章改訂までそれが持ち越された。アイルランド軽視ともとれるし、アイルランド人の独立の気持ちを逆なですることを避けたとも考えられる。

ここでハープを使用した理由については、ハープがアイルランドに古くからある民族楽器であるからとか、ローマ法王から贈られたハープに由来するものであるとか言われている。しかし、ヘンリー二世による侵攻以来、イングランド支配下のアイルランドでは、国章としてイングランドが決めた「三つの王冠」が使用され、通貨の意匠にもこれが使われてきた。ヘンリー八世は、この国のイングランドによる統治者の称号をそれまでの「アイルランド卿」から「アイルランド王」に改めたとき、「冠をつけたハープ」の意匠をもつグロート貨をアイルランド貨幣として発行した。アイルランドを表象するハープの起源はここにあるとされる。そうであるならば、このアイルランドの表象も、イングランド主導のものであったわけである。

ウェイルズの不在

現在のイギリスの正式名に「ウェイルズ」の文字は含まれていないし、過去にそれが含まれた痕跡もない。ユニオン・フラッグにもウェイルズの国旗は含まれていない。一六〇三年のイングランドとスコットランドの同君連合の時点で、すでにウェイルズはイングランドに組み込まれていたからである。イングランドの覇権を許したという点では、ウェイルズの場合はスコットランドやアイルランドの場合よりもより悲惨であると言えるかもしれない。ウェイルズに関しても、イングランド支配は成功しているとは言えないのだ。アイルランドやスコットランドに勝るとも劣らず、ウェイルズの人々の間にはイングランドに対する強い抵抗意識がある。

ウェイルズにも、アイルランド同様、先史時代からケルト人が住み着いていたが、一世紀から五世紀初めまでローマに支配される。その後、さまざまなケルト系の王国が復活し、勢力争いを繰り広げるが、五世紀の半ば頃より、アングロ・サクソン人の侵入により、ブリタニアのブリトン人も次第にウェイルズに押し込められる。「ウェイルズ」は、侵略者のアングロ・サクソン人の言葉で「異邦人」を意味する語に由来する。

七世紀の前半にはキャドワロン王のノーサンブリアに対する勝利、九世紀半ばには、ロードリ王のイングランドに対する果敢な戦いはあったが、ウェイルズは、ローマ人、アングロ・サクソン人、そして九世紀から一〇世紀にかけて海を渡ってやってきたヴァイキングに、つぎつぎと侵略された。そして、九世紀末、イングランドがアルフレッド大王によって統一された後は、ウェイルズの族長たちのほとんどはイングランド王の支配下に組み入れられていった。

一〇六六年イングランドを征服したウィリアム一世は、ウェイルズとイングランドの国境付近に三つの辺境領をおき、ウェイルズ支配を強めた。しかし、イングランド王によるウェイルズ支配は、決して徹底しなかった。スティーヴン王の時代にはイングランドおよびフランスでの王侯貴族の勢力争いに乗じてイングランドから自立したし、ヘンリー二世の時代にも激しく抵抗した。しかし、結局、ヘンリー二世の融和策に取り込まれ、アイルランド同様、民族意識の分裂を起こすことになった。

一三世紀には、イングランドの支配が強まったが、勢力を盛り返したルウェリン・アプ・グリフィズが国内の力を集め、ジョン王とヘンリー三世に激しく抵抗する。その子ルウェリンが、イングランドが内乱で混乱している間にウェイルズを統一し、自らを「ウェイルズ大公」と称し、イングランド王に抵抗するが、結局エドワード一世に敗れる。この時、エドワード王は、ウェイルズ人の有力者たちに、「ウェイルズ征服後のウェイルズ大公はウェイルズ生まれの者にする」、と約束して懐柔をはかったと言われる。しかし、実際にウェイルズ大公となったのは、彼の長子エドワード、後のエドワード二世であった。エドワードは遠征中にウェイルズのカーナヴォンで生まれていたのであった。この一件は、また、エドワード王が「英語を話さない大公を立てると約束した」という形でも伝えられている。つまり、英語を話すイングランド人ではなく、英語を話さないウェイルズ人を大公にするとほのめかして服従を引き出しておいて、幼くてまだ言葉を話せない息子を大公にしたというのである。実際には、すでにエドワード王子は一〇代になっていたのであり、英語を話さないわけではなかった。しかし、このような言い伝えが残る背景には、イングランドによるウェイルズ支配の姑息さに対する憤懣やる方ないウェイルズ人の気持ちがある。英国皇太子の称号として「ウェイルズ大公」を用いる、現在も続いている慣行はここから始まった。

その後も、一五世紀初めにあったオーウェン・グレンダウアーの反乱と呼ばれる抵抗を含め、ウェイルズは決してイングランドに完全に征服されたわけではなかった。だが、一四八五年、ヘンリー七世がリチャード三世を破って王位についたとき、ヘンリー七世がウェイルズ人の血を引いているということもあり、多くのウェイルズ人が彼の味方につき、その即位を助けたと言われる。ヘンリー七世は、先に見たように、妻にブリタニアの古都ウィンチェスターで産ませた息子を「アーサー」と呼んだほか、現在のウェイルズ国旗にみられるブリトン人の象徴である「赤いドラゴン」を王室の紋章の一つに用いるなど、ウェイルズとイングランドの融合を進めた。そして、ヘンリー八世による治世の一五三六年の「合同法」によって、ウェイルズとイングランドの合体が成立する。

このように、ブリテン島におけるイングランド覇権の基盤はテューダー朝に築かれたが、「異邦人」としてウェイルズ人をみる見方は根強かった。シェイクスピアの『ヘンリー四世・第一部』では、王に刃向かう反乱軍に荷担したウェイルズの武将オーウェン・グレンダウアーが、「なに英語だって話せる。これでもおれはイングランドの宮廷で育った人間だ」といってイングランド覇権に追従する言葉を吐く。また、『ヘンリー五世』では、イングランドの英雄的な王ヘンリー五世のフランス遠征を助けるウェイルズの将校フルーエリンが登場し、しきりにヘンリー五世と自らがともにウェイルズ人であることを訴えるが、それがときには冷ややかに揶揄される。『ヘンリー四世・第一部』では、イングランドの兵士の体に加えられた「ウェイルズの女性たちの蛮行」も伝えられる。シェイクスピアの客観的な視点は挿まれているが、エリザベス朝のイングランド人のウェイルズ観は、概して、野蛮と結びついた「異国性」から抜け出していなかった。イングランドとの一体化はその後も進んだが、イングランドへの追従を拒絶できないことへの自己嫌悪、支配者層に顕著なイングランド化されるウェイルズ人への不信、表面的には同胞であることをうたいながら心からの同胞意識を共有できないイングランド人に対する警戒が、ウェイルズ人の心のなかに深く根を下ろしていた。

「グレイト・ブリテン王」の空回り

グレイト・ブリテン王、ジェイムズ一世を取り巻く状況は、このように不安定で、厳しいものであった。王権神授説によってその力を強調しても、グレイト・ブリテンの統一は雲をつかむようなものであった。一六〇三年のイングランド議会での最初の演説は、はからずも、この国は頭の支配の元にはなく身体の各部所が勝手に動く怪物のような存在であったことを物語るものであった。治世が二〇年を経た後もジェイムズ一世の「グレイト・ブリテン王」の主張は、パンフレット作者によって笑いものにされていたのが現実であった。

振り返ってみれば、すでに老齢に達した処女女王エリザベスの後継者問題が次第に現実問題となりつつあった一六世紀末、それまでのさまざまな確執にもかかわらず、スコットランド王のジェイムズ六世をイングランド王に迎えざるを得ない可能性はきわめて高いものとして取りざたされていた。この頃、イングランド人の自国意識を大いに高揚させたのが先に見たシェイクスピアの『ヘンリー五世』である。イングランド中興の名君ヘンリー五世とエリザベス女王を重ね合わせる点でも自国意識高揚の側面をもっており、随所でイングランド賛歌が繰り返されるのである。同時に、ウェイルズのフルーエリン、スコットランドのジェイミー、アイルランドのマクモリスらの将校がイングランド王のフランス遠征に参加するという、史実にはない連合体制を描くのである。

しかし、その一方で、フルーエリンとマクモリスの諍いに示されているように、そのような協力体制がぎくしゃくしたものであることが暗示される。エリザベス朝の現実においても決して確立していなかったそのような連合体制の嘘を暴くシェイクスピアのまなざしがあったと言えよう。事実、当時アイルランドは遠征の対象であり、エセックス伯爵のアイルランド遠征の失敗は、伯の反逆と刑死につながっただけでなく、エリザベス女王の政府を大きく揺るがし、劇作家シェイクスピアはこの『ヘンリー五世』の改作を余儀なくされるのである。この作品には定本として広く用いられている二つ折り版のほかに、これを大幅に削除・縮小した「悪しき四つ折版」と呼ばれるもう一つのテキストがある。改作の理由はさまざまに論議されているが、当時の上演台本はむしろ、二つ折り版に含まれていた当時の政治状況への批判的な部分を捨象したこの四つ折版の方であったと言われる。この改作がシェイクスピア自身によるものでなかったとしても、それを必要とする危うい社会状況があったことがうかがえる。

スコットランドとの関係も大同小異であった。この劇中でも、スコットランドの将校ジェイミーへの表向きの信頼は語られるが、ヘンリー王は次のような言葉を口にする。

　　フランスを攻めるために軍備をととのえるだけでなく
　　スコットランド人を防御するためにも

軍備の手配をしておかねばならない
私の不在に乗じて侵入してくるのに相違ないから

これに続くイーリー司教の台詞のなかには、イングランドに喩えられるワシの卵を狙う油断のならないイタチ、あるいは猫の目を盗む姑息で貪欲なネズミに喩えられるスコットランドへの言及がある。

しかし、古い格言で真実をつくものにこういうのがあります
「フランスを得ようと思えば
まず、スコットランドからはじめよ」
イングランドというワシが餌をあさりに出かけると
スコットランドというイタチが、守る者のいない巣に
忍び寄って、王者の卵を吸い尽くすからです
猫の居ぬ間のネズミのように、食い切れないのに
無惨に囓り殺すのです

このイーリー司教の言葉には、スコットランド人に対するイングランド人の根深い不信とともに、エリザベス女王の後継者として取りざたされていたスコットランド王ジェイムズ六世のイングランド

王への即位に対するイングランド人の切実な不安が重ねられているとも考えられる。自ら「グレイト・ブリテン王」を名乗ったジェイムズ一世の主張は、イングランドの勢力に飲み込まれてしまうことを恐れたスコットランド王ジェイムズ六世の必死の努力を示すものであったという指摘もある。

2　新たな自国意識の芽生え

ブリタニアの復活

イングランド王としてのジェイムズ一世の王権は、「エリザベス・カルト」と呼ばれたエリザベス女王のもっていた権力には比べるべくもなかった。しかし、エリザベス朝において女王の肖像画や称揚の言葉が巷に溢れたようには彼の肖像画や彼を称える詩歌は現れなかったが、彼の「グレイト・ブリテン王」の主張に呼応するかのように、「ブリテン（イギリス）」としてこの国を捉える地図や人文地理書は次々と現れた。この風潮のなかで、「ブリタニア」が新たな自国意識の表象として復

図15　『ブリタニア』口絵

活する。

一五八六年にラテン語による初版が発行されていたキャムデンの『ブリタニア』の新しい版が一六〇七年に発行される。当時の書物の慣例にしたがって、その内容を語る口絵（図15）がついている。中央に海に囲まれたブリテン島が描かれ、その左右に立つ海の神ポセイドンと穀物の神ケレースが両方から「ブリタニア」という書名を支えている。この書名の上には小さな楕円形の枠があり、地図に描かれたこの国を表象するかのように、ローマ占有時代の硬貨とほぼ同じ意匠のブリタニア像が描かれているのである。この口絵自体については、その素朴な原型は一六〇〇年版にも見られる。しかし、内容を充実させ、その後の版の定本となるこの一六〇七年版では、注目すべきことに、それまでの地図にはつきものの国王紋章が激減しており、自国意識の変化が読み取れる。その意味では、一六一〇年にラテン語に代わって英語による『ブリタニア』が発行されたことも、自然で民衆的な自国意識の表れであると言える。自国語である英語への愛着と信頼が高まるのである。

THE
THEATRE
OF THE EMPIRE
OF GREAT
BRITAINE:
IOHN SPEED.
IMPRINTED AT LONDON
図16 『グレイト・ブリテン帝国の劇場』表題頁

一六一一年には、スピードの『グレイト・ブリテン帝国の劇場』が発行される。口絵の次にはジェイムズ一世の大紋章が大きく描かれ、本文の各州の地図にも国王紋章が描き込まれているが、口絵には、サクストンの『全国地図』の口絵に描かれた大紋章をいただいたエリザベス女王の肖像のような、グレイト・ブリテン王であるジェイムズ一世の肖像は描かれていない。その表題頁（図16）には、イギリスの成り立ちを率直に物語る形で、「ブリタニア」と銘打たれた台座の上に矛を持ってブリトン人が立ち、その右下にはノルマン人、その上にサクソン人、左下にはデーン人、そしてその上にはローマ人という風に、この国を構成する四つの民族を代表する像が描かれている。

一六一二年に発行されたマイケル・ドレイトンの『多幸の国』の口絵（図17）には、ブリタニアと紛うべき女性が登場する。キャムデンの『ブリタニア』の口絵に描かれているイギリス地図の部分に、

図17　『多幸の国』口絵

「グレイト・ブリテン」と銘打たれた女性が、帆船の行き交う海を背景に、右手に笏を、左手に豊穣の角盃を手にして座している。この女性が右肩からかけたローブには、本文に挿まれている各州の地図に描かれているのと同じ山や川の記号が描かれている。古代ローマの豊かさのアイコンを継ぐこの女性像は、ブリテン島の上に君臨する『ディッチリーの肖像画』のエリザベス女王像や、『無敵艦隊の

図18　ピーチャムの「ブリタニア」

肖像画』の植民地であったヴァージニアに手をかけたエリザベス女王像に代わって、さまざまな自然の表象を描いたローブをかけた豊穣の女神の姿で描かれているのである。韻文で豊穣の国ブリテン（イギリス）をうたいあげるこの書物の口絵に描かれたこの女性像は、「母なる自然」の伝統に連なるブリタニアであり、この国を表象している。

一六一二年には、もう一つ、明確な形でブリタニアが登場している。ピーチャムの『ブリタニアのミネルヴァ』に登場する寓意画の「ブリタニア」（図18）である。左手に笏をもったローブ姿の女性が岸辺に立ち、右足で船を蹴って撃退しようとしている。この寓意画には韻文の説明が付いており、この女性は髪を振り乱して苦悩する嘆きのブリタニアだと言う。かつてローマ人に侵略されたこの国の歴史に言及し、ジェイムズ一世の治世ではそのような憂き目に遭うことはないと解説する。押し寄せる外敵の不安を語り、海に浮かぶ島国を守るグレイト・ブリテン王を称えるという点では、ディーの『完全なる航海術』の口絵に示された、エリザベス女王にこの国を委ねようとするブリタニアの寓意画と同じ趣旨の王権称揚がある。

このように、ジェイムズ一世の王権に対する期待がないわけではなかった。しかし、強制されたものであれ、それに対する反発であれ、かつてのエリザベス・カルトのような熱狂は人々の間に起こらなかった。王権神授説を唱え、自ら「グレイト・ブリテン王」と名乗ったが、ジェイムズ一世の王権は空回りしていた。ジェイムズ一世の治世には、後の市民革命につながる王権の否定、民衆意識の誕生、宗教と王権をめぐる混乱などを暗示するものがあるが、この時代に王権と直接結びつかない、新たな自国意識が生まれていることは確かである。

このことについて、エリザベス朝に高まった王権の力がステュアート朝に入って衰退するとともに、自然で、民衆的な愛国意識が生まれたのだという指摘もある。しかし、海洋時代に入って、海に囲まれた島国の国民として、この国の人々の間に新たな自国意識が生まれつつあったことも確かである。時代は着実に、ブリテン島内での統一を求め、海の向こうの敵に対する段階に進んでいたのである。エリザベス朝におけるイングランド中心の愛国意識の高まりとブリテン（イギリス）としての国家形成への必要のなかで、民衆的な国家表象あるいは国民の代表としてのブリタニアは新たな意味、すなわち国家統一の象徴としての意味を帯びてゆくのである。

ブリタニアにひざまずくクロムウェル

不安定で脆弱な政治基盤を補うために、ジェイムズ一世は、国王の権力は神によって賦与されたものであるという王権神授説をもちだし、国教会体制を強化した。しかし、一方で、スペイン、フランスのカソリック大国に対して従属外交を展開した。また、すでにエリザベス女王の時代から逼迫していた財政を立て直すために、特定の産業や商人に独占権を乱発した。これは、当時、商工業において大きな勢力をもち、議会においても大きな影響力をもっていたジェントリー階層の反発を強めた。つまり、ジェイムズ一世の治世は、宗教的にはピューリタンを退け、議会を軽視するものであり、起源をマグナ・カルタにさかのぼることができるコモン・ローの考え方をないがしろにするものであった。議会との対立、宗教的立場に対する不信というステュアート王家の宿命とも言うべき問題は、すでにここに胚胎していた。

一方、一六〇五年、カソリック教徒が議会に爆弾を仕掛け、国王を議員もろとも殺害しようとした火薬陰謀事件が発覚し、カソリックの脅威が新たに認識される。反カソリック意識は、ヘンリー八世によるローマ教会からの離脱、エリザベス女王による国教会の確立にさかのぼれるが、親カソリックの治世をしいたメアリー一世時代のプロテスタントの迫害を描いたジョン・フォックスの『殉教者の書』などによって、広く民衆の間にも広がっていた。反カソリック意識と結びついた自国意識はかつて、奇跡的とも言える一五八八年のスペイン無敵艦隊の撃退によって頂点に達したことがあったが、この火薬陰謀事件は、スペインやフランスに対して従属的な外交を進めるジェイムズ一世に対する苛立ちの表れであった。この事件は、この反カソリック意識と自分たちを「神に選ばれた国民」だとするプロテスタントの選良意識が根深いものであることを新たに明らかにした。

一六二五年ジェイムズ一世が死去すると、息子のチャールズが即位する。父王と同じようにチャールズ一世も王権神授説を唱え、議会を無視した政策を展開した。これに対して議会は一六二八年三月に「権利請願」を提出する。王はこれをいったん受諾するが、翌年議会を解散し、以後一一年間議会を開催しないで専制政治を行う。一六三五年、それまで開港都市にのみ限定されていた船舶税を全国に拡大したのをはじめ、騎士強制税を新設したり、独占権を乱発したりした。一六四〇年、スコットランドに国教会の祈祷書と儀式を強制したことに端を発した抗争解決のための戦費を得るため、やむをえず議会を開催するが混乱を来す。結局、議会派と国王派に分かれて内乱状態になる。

この混乱の背景には、国王の宗教政策に対する国民の不安があった。チャールズ一世はフランスからカソリックの王妃アンリエッタ・マリアを迎え、親フランス的、親スペイン的政策を行った。これが、ピューリタンの大きな勢力であったジェントリー階層やロンドンの新興商人層に大きな不安を与えた。彼らは、経済的な力を蓄え、議会においても大きな発言力をもつようになっていた。一六四一年アイルランドで数千人のイングランド人が殺害される内乱が起き、それが誇張されて伝えられ、アイルランド人やカソリック教徒が武装蜂起するという風評が飛び交い、反カソリック意識があおられる。ついに一六四二年、国王派と議会派の間で内戦状態に入る。当初は国王派が優勢であったが、クロムウェルの「鉄騎隊」の活躍もあって、結局議会派が勝利し、一六四九年一月チャールズ一世は処刑される。以後、議会派を勝利に導いた立て役者であるクロムウェルの共和政の時代になる。

共和政の時代になると、国王紋章の代わりに国章が用いられた。それは、これまでの国王紋章の構成を引き継いだものであった。つまり、第一および第四クォーターにはイングランドを表す「三頭のライオン」に代えて「聖ジョージ十字」、第二クォーターにはスコットランドの「聖アンドルー十字」そして第三クォーターにはアイルランドの「ハープ」を配し、さらに中央にクロムウェルの紋章であ

図19　オランダのメダルに現れたブリタニア像

る「立ち姿のライオン」を加えたものである。アイルランドを表象する「白地に赤の斜め十字」はまだ存在しなかった。これが用いられるのは、一八〇一年の連合の成立時のことである。

国旗にも変化が起こる。それまでのグレイト・ブリテン旗に代わって、スコットランドの聖アンドルー十字がその意匠から消失し、左半分に聖ジョージ旗、右半分にアイルランドを象徴するハープが描かれた共和国旗が使用される。これは、イングランドとスコットランドの同君連合を解消し、スコットランドは別国として扱い、アイルランドを共和国に組み入れることを明示したものである。しかし、実態は、アイルランドを領有下におくものにほかならなかった。クロムウェルは一六五三年に護国卿に就任すると軍事独裁政権の体制を固め、アイルランド人に対する弾圧を強めるのである。そして、一六五八年、スコットランドが共和国の統治下におかれるとスコットランドの聖アンドルー旗が復活し、従来のグレイト・ブリテンの連合旗の中央にアイルランドのハープが描かれるのである。

クロムウェルは、反革命勢力を一掃するという理由で、スコットランドとアイルランドに遠征し、とくにアイルランドでは過去のカソリック教徒によるプロテスタントの迫害に対して残虐な報復をし、徹底的に土地を収奪する。海外に向けても厳しい政策をとり、一六五一年に「航海法」を制定し、オランダの海外覇権に挑戦するのである。このように、クロムウェルの共和制は軍隊の士官とピューリタンによる軍事独裁政権にほかならず、やがて国政は分裂し、外交問題も行き詰まりを見せるようになる。

このような折、一六五五年に、オランダで作られた円形のメダルに浮き彫りにされたブリタニアが登場する（図19）。まるで母に甘える少年のようにひざまずいてその膝に顔をうずめているのはクロムウェルである。背後にいるのはフランスとスペインの大使で、護国卿のクロムウェルを後ろから襲って自分のものにしようとして争っていると言われる。つまり、サン・ドミニゴでのスペインに対する敗北、フランスとの協定という屈辱的な経験に打ちひしがれたクロムウェルを風刺したものであるとも考えられている。ヨーロッパ列強との勢力争いにおいてクロムウェルは厳しい状況におかれていただけでなく、国内においても、平等派やクエーカー派などの反対勢力は依然根強く残っていたし、国王派の巻き返しも次第に強くなっていた。外国で作られた、風刺的なメダルに登場するものであるが、ここには国を守る、母親のようなブリタニアが描かれている。

踏みつけられるブリタニア

一六五八年九月、クロムウェルが病死すると、三男のリチャードが護国卿になるが、議会と軍隊を掌握することができず、翌年の五月に辞職する。無政府状態のなか、仮議会が招集され、亡命中であったチャールズ一世の遺児チャールズを迎えることが決議される。その際に、チャールズは「ブレダ宣言」を発表し、信仰の自由や革命に関与した者の大赦などを認め、一六六〇年、歓呼のうちに

図20 『ブリタニア第1巻，あるいはイングランド王国とウェイルズ領の図』口絵

チャールズ二世として戴冠式を挙げる。俗にいう「王政復古」である。王位についたチャールズ二世は、ジェイムズ一世によって改定され、チャールズ一世によって引き続き使用された紋章を使用する。

硬貨の意匠についても、表面にクロムウェルの肖像、裏面に国章がついた共和制時代のものに替わって、表面にチャールズ二世そして裏面にブリタニア像のついた硬貨が登場する。硬貨の意匠に君主の肖像が現れるのは、それまでは意外に少なく、エリザベス朝にエリザベス女王の肖像があるほかは、ほとんどすべて王冠や紋章の一部、バラの意匠である。チャールズ二世時代の硬貨について、先に見たモデル問題の逸話が興味本位に伝えられているが、その真偽のほどは別にして、ブリタニア像が硬貨に使用されるについては、時代の要請があったとも考えられる。つまり、ブリタニアの持つ盾の意匠にあるユニオン・フラッグとともに、イングランド、スコットランド、ウェイルズそしてアイルランドに分裂する以前のこの国の古名と同じ名前をもつこの女性像が国家統一の象徴として使われるのである。

この時代に、この国において、それまでの手工業的な作業に代わって機械による貨幣の鋳造が始

図21　オランダの風刺画に登場する「ブリタニア」

まったこともあって、それ以後、圧倒的な数のさまざまなヴァリエーションのブリタニア像が現れるのである。エリザベス朝におけるエリザベス女王の肖像や国王紋章の遍在が自国意識を涵養するために利用されたように、人々の日常生活により密接に結びついた貨幣に、この新たな国家表象が使用されるのである。

この頃、「ブリタニア」というこの国の古名をその名とする女性像が新たにこの国を表象するようになったことは、一六七五年にジョン・オギルヴィの『ブリタニア第一巻、あるいはイングランド王国とウェイルズ領の図』が発行された事実にもうかがえる。測量と地図製作の様子を描いた口絵（図20）にこの書物の内容が暗示されているように、これはロンドンから各州の主要都市へ、さらにそこから別の地方都市への路程を説明する地図帳である。口絵に描かれた塔の上にはイングランド国王のスタンダードがたなびき、その次の頁にはチャールズ二世への献辞も付いている。ベネディクト・アンダーソンのいう「公定ナショナリズム」醸成の道具としての国内地図の伝統がここにも生きていると言えよう。塔の上に翻る国王紋章旗からも推し量れるが、続刊を予想させる書名からイギリス全体の路程図が計画されていたと考えられ、国内の流通や交通が整備され、実質的にも統一が進みはじめた一つの国としての新たな自国意識のあったことがうかがえる。

もう一つ、この時期にブリタニアがこの国を表象するようになった兆候を示すものがある。一六七二年に世に出たオランダの風刺画に描かれたブリタニア像がそれである（図21）。中央で仰向けに倒れているのがブリタニアで、彼女を踏みつけている女性はオランダを表象している。ブリタニアが右手にかかえているのはクジャクである。高慢の象徴をかかえたブリタニアの僭越がオランダによって戒められているという寓意である。前面には、イギリスを象徴する勇猛果敢な犬、マスティフがオランダ人によってその尾を斧で斬られている。ライオンや雄牛とともに、ブルドッグあるいはマスティフがイギリスを象徴する動物であったことは、シェイクスピアが『ヘンリー五世』でフランスの将軍に「イングランドのマスティフは比類がないほど勇敢だ」と言わせていることからもうかがえる。

すでに硬貨の意匠という公定ナショナリズム醸成の手段に登場していたブリタニアは、このように海外においてもイギリスの国家表象と見なされていたのである。皮肉なことに、この虐げられ、辱められるブリタニア像は、他者の揶揄や風刺としてではなく、イギリス国内において、イギリス人自身の手によって、「自由を奪われ、虐げられる、無垢な女性」というイメージで、ときには外国の脅威をかき立て、あるときには国内の統一を阻むスコットランドやアイルランドの理不尽な抵抗を非難するものとして登場する。当然ながら、国内政治における政争のプロパガンダに利用されるようにもなる。

反カソリックのブリタニア

フランシス・ステュアートへの執着にとどまらず、チャールズ二世は、ほかでも数々の浮き名を流し、国民の評判は決してよくはなかった。また、議会との約束にもかかわらず、カソリック寄りの政治を行い専制を復興させようとする。結果として、議会内にもトーリー党とホイッグ党の二大政党の成立に連なる対立が生まれる。このような情勢のなかで、一六八二年に、世相を映し出すブリタニア像が登場する（図22）。

中央に描かれた女性の頭上部分には「ブリタニア」の銘がある。この女性には、天井の雲間からのぞく眼からの光が照射されている。この眼は、伝統的に「神の摂理」の象徴であり、正義の剣を携えている。この女性、ブリタニアは国教会を象徴しており、右手に十字架をもってこの女性に近づく男性はカソリックを象徴している。その背後には怪獣が隠れており、この絵は、カソリシズムに傾斜する王の政策、世相に対する脅威を表すものであると考えられる。ある意味では先のオランダの風刺画に見られる虐げられるイギリス、脅威にさらされたイギリス

図22　カソリック批判の「ブリタニア」

を象徴する点で共通しているところもあるが、さらに興味深いのは、この女性像には聖母マリアのイメージがあり、母なるブリタニアのイメージが重なっていることである。国教会を象徴するブリタニアは、この国の自国意識の形成において大きな役割を果たすものであった。

この絵に描かれた危惧は現実のものとなる。チャールズ二世の後を弟のジェイムズが継ぎ、一六八五年ジェイムズ二世として即位するが、親カソリックの政治を押し進め、結局一六八八年の名誉革命で王位を追われる。ジェイムズ二世はスコットランドではジェイムズ七世として王位についていたが、あまりにもカソリック寄りの独裁的な政治を進めたため、スコットランド議会においても王位を奪われる。ジェイムズ二世に代わってイングランド王に迎えられたのは、ジェイムズ二世の長女メアリーとオラニエ公爵ウィレムである。その最大の理由は、彼らがプロテスタントであったことである。このメアリー二世とウィリアム三世の共同君臨の時代には共同君主の紋章やスタンダードが作られるが、基本的には個人に帰属する紋章の原則にのっとって、公的にはウィリアム三世の紋章が用いられた。

このように反カソリックの政策がとられるが、「ジャコバイト」と呼ばれるジェイムズ二世支持者が活動し、スコットランドとイングランドとの亀裂も深まる。凶作も続き、混乱と不安の時代が続く。この頃から実は、イングランドの覇権を含むグレイト・ブリテンとしての国内統一がはかられるとともに、海外における拡大政策がとられるのである。そのようななかで、スコットランドと友好的なカソリック大国であるフランスとの抗争が本格化するのである。

母なるブリタニア

先に見たように反カソリックの象徴としても登場するが、ブリタニアには聖母マリアと重なるものがある。さらに、ローマ神話におけるミネルヴァやリバティーなどと重なるところがあり、異教的な母なる自然にも連なっている。チャールズ二世のブリタニア硬貨以降、硬貨の意匠に頻繁に現れるブリタニア像は決して一様ではなく、その持ち物や姿勢にも変化があり、さまざまな意匠のブリタニアが入れ替わり立ち替わり現れる。しかし、典型的なものの一つはふくよかで母性的なものであり、ドレイトンの『多幸の国』の口絵に描かれた、豊かな海に囲まれた豊穣の国を象徴する女性像の雰囲気を引くものである。

かつて処女女王エリザベスは「イングランド王国と結婚した国民の母」であることを標榜した。それは、処女懐胎の聖母マリアとの巧みな重ね合わせによる神格化の一つの方法であった。エリザベス女王をブリタニアと同一視し、ブリテン島全体の統一を望む期待は大きかったが、結局、エリザベス女王とブリタニアの一体化は見果てぬ夢に終わり、スコットランド王ジェイムズ六世のイングランド王ジェイムズ一世としての即位によってグレイト・ブリテンは実現する。しかし、ジェイムズ一世には、エリザベス女王のようなカリスマ性はなく、彼が王権神授説をしきりに主張したにもかかわらず、国王によって国家を代表させる象徴は成功しなかった。エリザベス女王に重ねられた統一国家を象徴するブリタニアは、『多幸の国』の口絵に描かれた「母なる自然」を体現したかのようなブリタニア像として現れざるを得なかったと言える。

しかし、ジェイムズ一世の「グレイト・ブリテン王」の主張は空回りしていたが、イギリスとしての自国意識は自然な形で着実に進んでいたと言える。このような展開を可能にしたのは、一つには海洋時代を迎えた時代の要請であった。国の守護神としての「母なるブリタニア」の伝統がそれを支えた。一六二八年にトマス・デカーがロンドン市長の就任祝いの催しのために書いた一種の野外歴史劇であるページェント『ブリタニアの名誉』にもそのような時代の流れはかいま見られる。豪華な衣装を身につけたブリタニアが、ヨーク家とランカスター家によって支えられた高台の上に座り、連合王国、イングランド、そしてその中枢都市ロンドンの繁栄を言祝ぐ。ヨーク家とランカスター家によって支えられる高台は、内乱を経験したこの国の統一の象徴である。そして、ブリタニアは、この国とロンドンの一層の発展を願って、生みの親として「母親の忠告」を与えるのである。

母なるブリタニアは、聖母マリアの母性と重なりながら、ブリタニアのもつ大きな要素として引き継がれる。「母と子」というキャプションのついた一七七三年に発行された風刺画には、植民地住民の反乱を治めるために必要だとして、国王経費の増額を求めるジョージ三世を擬した赤ん坊を胸に抱く、国を憂いてやつれた姿のブリタニアが登場する。

また、一八〇五年、ネルソン提督の死を悼むブロードサイドに載せられた次の詩も、国を憂う母なるブリタニアの典型的なものである。

ネルソン提督の御墓のうえに身をかがめ、悲しみに声を抑え

　ブリタニアは、今は安らかに眠る英雄の死を悲しんだ
　君の頭を飾った月桂樹は、年を経ても輝きを失うことはないだろう
　わが国人の涙で、緑の葉に水のとぎれることがないだろうからと

ここには、キリストの死を悲しむ聖母マリア像と重なるものがあり、ブリタニアの一つの原型である「嘆きのブリタニア」に連なるものがある。王侯貴族や要人の死を悼むブリタニアの姿は数多の追悼詩に現れるし、『パンチ』誌の図版にもしきりに登場することになる。統一国家の象徴として意図的に利用されたブリタニアが、素朴な国民感情の代弁者として、人々の心のなかで内化する過程が予想される。

　先に『リチャード二世』におけるゴーントの有名な憂国の言葉を見たが、この作品にはほかにも愛国心に訴えるさまざまな言葉が散見できる。ともに国外追放の憂き目にあったボリンブルックとモーブレーは口々に、母あるいは乳母への愛着とないまぜになった母国語と母国への愛着、すなわち自国のものへの自然な愛情を切々と語る。モーブレーは「四〇年かけて習い覚えた母国語である英語」、「乳母にまとわりついて覚えるしかない母国語」を絶たれる悲しみを語り、ボリンブルックは、「自分を産み育てた母であり乳母であるイングランドの地」を去ることの苦しみを語る。「母なるブリタニア」は、愛国心を涵養し、ときにあおり立てる有効な道具としての可能性を秘めている。同時に「嘆きのブリタニア」は、ある意味では被害者意識に訴え、外に敵を作り、内部の団結を強めることに

よって、愛国心高揚の有効な道具となりうる。

国王紋章や国旗、あるいは国王の肖像画といった国家表象とともに、それらよりはるかに豊かな感情移入の可能性をもったブリタニアは、この国の人々の自国意識に深くかかわってゆくことになるのである。

第3章　イギリスのブリタニア——一八世紀

1　イングランド中心のイギリス体制

イングランドとスコットランドの連合成立

名誉革命の後イングランド王位を継いだウィリアム三世とメアリー二世には子供がなかったため、ウィリアム三世が一七〇二年に死去するとメアリーの妹アンが王位につく。このアン女王の時代に、イングランドとスコットランドの連合が議会の承認を得て成立する。

一六〇三年の同君連合によって、イングランドとスコットランドは王位において連合が成立していたが、イギリスの一七世紀は騒然とした世の中であった。チャールズ一世の処刑、ジェイムズ二世の追放、そして過酷な共和制の時代を経て、王政復古、名誉革命と続くステュアート王家の時代は、とりわけスコットランドとイングランドの対立の時代であったとも言える。両国の対立を解決する方策として、一七〇七年に両国の議会の承認を得て連合が成立する。しかし、それは、その前々年のスコットランド人を外国人と規定する「外国人法」を受けたものであり、和解のための妥協策として成立した側面があった。この連合によってスコットランド議会は消滅し、スコットランドが連合王国の一部となったという印象が強かった。多くのスコットランド人は、イングランドへの合併吸収にほかならないのだという屈辱を感じたし、イングランド人には大きな経済的負担を背負ったという思いがあった。

さて、この連合の成立によって国王紋章も変化する。アン女王は、即位時ジェイムズ一世の制定した紋章を使用していたが、両国の議会で連合が成立し、グレイト・ブリテンが正式に発足すると、グレイト・ブリテンを表すイングランドとスコットランドの表象を縦に二分割して組み合わせたものを第一、第四クォーターに配し、フランスのフラ・ダ・リーを第二クォーターに、アイルランドのハープを第三クォーターに配した紋章を制定する。エドワード三世による一三四〇年の紋章から存在するフランスが第二クォーターに置かれ、優位の第一、第四クォーターにグレイト・ブリテンが置かれるのである。

そしてこの年から、国籍や所属を表すために船舶などに用いられる「エンサイン」と呼ばれる旗の旗竿寄りの上側の一角にユニオン・フラッグを用いることが義務づけられる。ユニオン・フラッグを「ユニオン・ジャック」とも呼ぶ混同は、この国旗が船首の短い旗竿の先につけられた識別のための小旗に由来することはすでに述べたが、エンサインに小さなユニオン・フラッグが使われるようになったことでその混同はさらに強まり、ユニオン・フラッグのことをユニオン・ジャックと呼ぶ習慣が急速に広がったと言われる。

アン女王はデンマーク王フレデリック三世の次男ジョージと結婚し、男子六人、女子八人を産んだが、九人は死産、ほかの子供たちも長い者で一一年しか生きず、世継ぎに恵まれなかった。王子が死亡し、ステュアート朝の血統の途絶えることが明らかになると、王位の継承者をめぐってイングランドとスコットランドの間に反目が強まる。結局、一七一四年にアン女王が死去した後には、イングランドの推すハノーファー家出身のジョージ一世が王位につく。彼は、チャールズ一世の姉エリザベスの末の娘ゾフィアとハノーファー選挙公エルンスト・アウグストの長男であった。しかし、ジョージ一世は、王位についたときにはすでに五四歳で、父の後を継いでハノーファー選挙公の地位にあった。紋章もこれに応じてハノーファー選挙公の紋章を取り入れたものが工夫された。

ハノーヴァー朝に入っても、ステュアート朝に顕在化した王位継承と宗教政策に起因する問題は大きな影を投げかけ続ける。イングランドに対するスコットランドの反抗は根強かったし、イングランド人のスコットランド人に対する不信も消えなかった。スコットランドでは、イングランドに対抗するためにフランスと手を結ぶ勢力も強かった。それは、単なる危惧ではなく、現実のものであった。後にイギリス国歌として認定される「ゴッド・セイヴ・ザ・キング」が生まれるのはこのような騒然とした世の中においてであった。

一世を風靡した「ゴッド・セイヴ・ザ・キング」

「ゴッド・セイヴ・ザ・キング」は、一八二五年に国歌として認められたが、すでに一七世紀の中頃から愛唱され、さまざまな王室の慶事や国家的行事のときに歌われる歌として人口に膾炙していた。その歌詞にはさまざまなヴァリエーションがあるが、女王をいただく現在の国歌は、「ゴッド・セイヴ・ザ・キング」ではなく、第一番に次のような歌詞をもつ「ゴッド・セイヴ・ザ・クイーン」である。

神よ、仁愛深き女王をお守りください
気高き女王のお命が永くありますよう
女王をお守りください
女王に、勝利と幸福と
栄光をお授けくださり
永く私たちをお治めくださいますよう
どうか、女王をお守りください

歌詞はごく単純なものであり、ありふれたものである。「神よ、王をお守りくださいますよう」という言葉は旧約聖書にさかのぼることができ、一五三五年のマイルズ・カヴァデイルの訳ですでに知られていたし、「永く私たちをお治めくださいますよう」という言葉も国王に対する半ば儀礼化した祝福および祈願の慣用表現として一般化していた。一六世紀中頃、ヘンリー八世の時代に、海軍士官たちが夜番の際、お互いを確認する符号として「神よ、王をお守りくださいますよう」と「そして、永く私たちをお治めくださいますよう」という合い言葉を交わすことが規定されていたという。

ところが、ありふれた言葉の並んだこの歌が、あることをきっかけに一世を風靡することになる。一七四五年九月二八日の土曜日、ロンドンのドルアリ・レイン劇場において、その日の出し物であったベン・ジョンソンの『錬金術師』が幕を閉じた後、突然カーテンが再び上がり、当日の主立った三人の歌い手が登場し、次のような歌を歌い、観客の喝采を浴びるのである。

神よ、われらが高貴なる王に祝福を
われらが国王、偉大なるジョージ王にご加護を
神よ、国王にご加護を
国王に勝利をもたらし
幸福と栄光のあらんことを
われらのうえに永く君臨されんことを
神よ、王にご加護を

ステュアート王家の復権をねがうジャコバイト勢力が日増しに大きくなることからくる不安がこの歌の背後にはあった。名誉革命後フランスに亡命していたジェイムズ二世の皇太子、小僭称者チャールズが、六月の中頃にスコットランドに上陸し、スコットランドのジャコバイトと結束して王位の奪還を狙っていたのである。その勢いは徐々に力を増し、九月中旬にはエディンバラを掌握し、さらにカーライル、マンチェスターを経てダービーまで南下するという状況があった。これを知ったジョージ二世は逗留先のハノーファーの領地から急いで帰国したが、ロンドン市中でもジャコバイトの勢いは強く、やがてロンドンが野蛮なスコットランド高地人に蹂躙されるであろうという噂でもちきりであった。ジャコバイトの脅威、それに対する愛国的な雰囲気が少なくともロンドンの民衆の間には広まっていたことが、この歌の二番にうかがえる。

神よ、起って
国王の敵を蹴散らし
打ち倒されんことを
敵の謀略をくつがえし
不埒な策略を打ち砕かれんことを
われらは希望を王に託さん
神よ、われらにご加護を

ここには、ジャコバイト、その背後にあるスコットランド、そしてフランスを敵とする当時のイングランド人の意識が反映している。いまだイギリス人としての自国意識は育っていなかったのだ。内乱を危惧するイングランド人の、あるいはより厳密にはハノーヴァー家を支持するイングランド人の自国意識から生まれた歌であった。他者の脅威を目の当たりにして、愛国心に訴えるこの歌がかつてないほどに広く人々の心を捉えたのである。

実は、この三人の歌い手の背後には、この劇団の男性構成員がずらっと並んでいた。この劇団員たちは、兵役に志願する者たちであった。この日の『ジェネラル・アドヴァータイザー』には劇団員二〇〇名が兵役に志願することが報道されていた。緊迫した状況があおられ、敵を迎え撃つために志願して出征する劇団員を激励する壮行会のような雰囲気が、「ゴッド・セイヴ・ザ・キング」の爆発的な流行のきっかけとなるのである。ドルアリ・レイン劇場におけるこの歌の人気を見て、ライバルのコヴェント・ガーデン劇団も黙っておらず、一〇月一〇日にはこの劇場でもほぼ同じ内容の歌が歌われ、やがてこの流行はロンドン市内の他の劇場、さらに地方に拡がってゆく。

このように、この歌の流行には、劇場での公演が大きく関与していた。しかし、それ以前に、もっと根強い背景があったと考えられる。ドルアリ・レイン劇場での公演による人気の爆発以前に、これによく似たさまざまなヴァリエーションをもつ歌が巷間に流布していたと考えられるのである。その証拠の一つが、遅くとも一七四四年の一一月には出版されていた『音楽の玉手箱』にドルアリ・レイン劇場で歌われた歌によく似た歌詞をもち、旋律もわずかに異なるだけの歌がすでに掲載されていることである。この本の性質から考えて、教会で歌われていたか、すでに巷間に流布していたものを採録したものだと考えられる。この曲の起源についても、最初の作曲者としてジョン・ブルやトマス・レイヴァンズクロフト、ヘンリー・パーセル、ヘンリー・ケアリーなどさまざまな名前が挙がっているが、定かではない。確かなことは、ドルアリ・レイン劇場での公演をきっかけにこの歌は大流行し、その後も、一〇月に『ジェントルマンズ・マガジン』がこの歌を再録して誌上に載せ、その読者である上流階級の間にもこの歌を広めたし、一一月には『ロンドン・マガジン』もこれを掲載していることである。

世相を映す鏡

このように、この歌の流行の主因は、国王ジョージ二世に対する敬愛やその治世に対する期待にあるものではなかった。むしろ、固有の王の名前を付さない「神よ、国王にご加護を／われらが気高き国王の命永からんことを」という歌詞をもつ歌も広く歌われていた。実は、「ジョージ」という名前を使わず単に「国王」と歌うことで、ひそかに小僭称者チャールズを心に描く人たちも、とくにカソリック信者を中心に少なからずいたのである。チャールズに期待し、ステュアート王家の王位の奪還を願う人々の間で、次のようなあからさまな読み替えをした歌詞も存在した。

神よ国王に祝福を、真の信仰の擁護者に

王位要求者に、禍のない祝福を
だが、一体どちらが国王で、どちらが要求者
そんなことはどうだっていい、とにかくわれらに祝福を

この歌詞は、また、そのような両派の抗争にうんざりした人たちの声ともとれるが、一種の判官びいきも手伝って、「すてきなチャールズ殿下」と呼ばれたチャールズの人気は高かった。「おお、チャーリー、愛しい人」や「海を越えてチャーリーの元へ」の歌は、今もスコットランドの人々の愛唱歌として歌い継がれているのである。ジャコバイトへの恐怖はイングランドを中心に人々の間に根強かったことは確かであるが、突然ドイツから乗り込んで来て、生涯ドイツ語しか話さなかったと言われるジョージ一世、フランスの領土を失い、決して有能とは言えなかったジョージ二世、さらに言えば、放蕩のかぎりを尽くしたジョージ三世も付け加えていいだろうが、イングランドにおいても、ハノーヴァー王家になじめない感情をもつ人は少なからずいた。この平凡な歌詞と素朴な旋律をもつ歌は、さまざまなヴァリエーションで替え歌の形でも民衆のなかに根強く普及していたと考えられる。

ここに、一七四九年に公にされたと考えられるウィリアム・ホガースの『フィンチリーへの行進』（図23）という絵がある。ジャコバイトの南下に対抗するために急きょ徴兵され、軍隊の集合場所に向かおうとする民兵とその家族やロンドン市中の人々の騒然とした様子を描いたものである。愛国者として名高かったホガースにもっと明確な戦意を高揚させる愛国的な絵を期待していた国王は、この

図23　『フィンチリーへの行進』

絵を見て失望し、憤慨したと伝えられている。王の期待に反したように、この絵ははっきりと反ジャコバイトを表明しておらず、戦意があるとは思えない兵士や泥酔した兵士からなる国王軍の実態をありのままに描いている。

この絵の中央に、近衛兵の右手にしがみつくバラッド売りの若い女性と彼の左手を引っ張る新聞売りの女性が描かれている。バラッド売りの女性のバスケットのなかには「ゴッド・セイヴ・ザ・キング」の文字の見える一葉とカンバーランド公爵ウィリアム・オーガスタスの肖像がのぞいている。カンバーランド公は、ジョージ二世の三男で、小僭称者チャールズをカロデンで破ってこの内乱を鎮圧したが、その際過度な虐殺を行ったとして、後世に悪名を残した人物である。一方、右側の女性が掲げるのは反政府の、カソリック支持の新聞だった『ロンドン・イヴニング・ポスト』である。背後の警官は、恐ろしい形相で矛を振り上げ、この女性を威嚇している。このようにして、ホガースは、プロテスタントのハノーヴァー朝の政権の継続を願う者たちとステュアート朝の復権を願う者たちの間に根強い対立があったことを描いている。

このような情勢のなかで、ドルアリ・レイン劇場での公演を契機に大衆の間に広く普及していった「ゴッド・セイヴ・ザ・キング」は、体制支持の歌として、王の臨席する公的な行事などに演奏される公的な歌になってゆく。次のような逸話も伝えられている。

ジョージ二世は歌舞音曲、娯楽が好きであったが、モンタギュー公爵ジョン・モンタギューがこの歌をめぐって余興を凝らしたことがある。あるとき、ヘイマーケットのキングズ劇場に王侯貴族を招いて、ジョン・ジェイムズ・ハイデガー指揮の音楽会を開くことになっていた。そこで、モンタギュー公はあらかじめハイデガーを酒宴に招いて泥酔させ、眠りこけているハイデガーの顔の型をとって本物そっくりの仮面を作っておき、音楽会の当日、ハイデガーと背丈の同じ男に全く同じ衣装を付けさせ、この仮面をかぶらせておき、ハイデガーが舞台の袖に引っ込んだすきを見てこの男に指揮をとらせ、「ゴッド・セイヴ・ザ・キング」ではなくて、ジャコバイトの愛唱歌「海を越えてチャーリーの元へ」を演奏させたのである。楽団員たちは驚いたものの、このような場に特有の余興の一つと考え、その指揮に従う。驚いたのは本物のハイデガーで、楽団員たちが質の悪い酒を飲みすぎたのか、頭がおかしくなったのか、自分を陥れるための陰謀なのかと楽団員たちを罵る。王は、これを余興とみて、大笑いする。

ところが、本物のハイデガーが手違いを謝罪し、「ゴッド・セイヴ・ザ・キング」を演奏して舞台裏に引っ込むと、巧みに身を隠していた偽物のハイデガーが再び現れ、ハイデガーの声色で「バカ野郎、『海を越えてチャーリーの元へ』をやるように言ってあったじゃないか」と楽団員たちに罵声を浴びせる。ハイデガーこそ「頭がおかしいのではないか」と思う楽団員の間にざわめきが起こる。一方で、これを真に受けた真面目な観客のなかに楽団員をなじる声もあがる。劇場全体が騒然となる。

ここで、すべてを知っているモンタギュー公は本物のハイデガーのところへゆき、王に謝罪するように勧める。わけの分からないままに彼が王に謝罪しているときに、モンタギュー公は、さらに、偽物のハイデガーに「申し訳ございません。殿下。しかし、私には罪はないのです。いまいましいのは、私そっくりの偽物なのです」と、本物のハイデガーを指さしながら大声で叫ばせるのである。びっくり仰天したのは本物のハイデガーで、顔面蒼白になって言葉を失うのである。そこでようやく、モンタギュー公はすべての種明かしをするのだが、ハイデガーは決して許そうとはしなかったということである。

余興として済ますには、確かにこの冗談は手が込みすぎている。しかし、それは、さておき、このエピソードは、この歌が次第に公的な歌として歌われるようになっていることを物語っている。劇場では公演が終わった後、観客からこの歌が求められることも少なくなかった。観客の斉唱が起こることもあった。王の行幸するところ、至るところでこの歌が演奏され、歌われたのである。

そのような世相を皮肉るものとして、『海水浴の「ゴッド・セイヴ・ザ・キング」』という風刺画がある。国王紋章のついた移動更衣小屋で廷臣がタオルをもって待ちかまえ、ジョージ三世が女性に助けられて海水浴をしている。前年の一七八八年、精神に異常を来し、当時の慣習に従って坊主頭になった王が、当時すでに治療効果があるとして流行し始めていた海水浴を試している。そばには楽隊が控え、「ゴッド・セイヴ・ザ・キング」の歌詞を発する少年が描かれている。王の側近たちにとって神に加護を祈ることが切実で、現実的な意味を帯びていたのである。病身の王に代わって皇太子を擁立する動きもあり、皇太子の擁立に反対する者たちの間でこの歌が盛んに歌われるようになる。すなわち、この歌が、体制側の象徴的な歌として利用されるようになり、公的な行事で「ゴッド・セイヴ・ザ・キング」の演奏や斉唱に加わるかどうかが、政治的な試金石としての意味をもつようになるのである。

一方で、反体制側の人間や、この歌をそのような試金石として用いることに反感を感じる人たちの間に、この歌のパロディーが生まれる。もっとも痛烈なものは、一七九三年一月に民衆によって断頭台の露と消えたフランス王ルイ一六世の処刑を踏まえたもので、『ギロチン、あるいはバスケットのなかのジョージの頭』という新作ファースの宣伝ビラの体裁をとるものである。この演目のなかで、次のような歌がフル・コーラスで歌われるというのだ。

偉大なるギロチンの命永からんことを
女王や王の頭を
かくも見事に切り落とす

その力は偉大なり
権力の手下どもは
その巨大なる力に怯える
素晴らしいことだ

専制君主にとってギロチンの恐怖には言いしれぬものがあったと考えられるが、ほかにもギロチンに言及して、王政に対する不満を暗示する歌が一時流行する。またこれに対して、次のような形での反論も繰り返される。

神よ、偉大なるジョージ国王にご加護を
われらが気高き王の命永からんことを
どうか、国王にご加護を
万歳、イギリスの自由
フランス流の平等、流血
そして、無秩序を
免れますよう

このような政治的なものだけでなく、他愛のないものを含め、ほかにも民衆の素朴な感情を表出する多くのパロディーが生まれる。しかし、このようにして民衆の歌となることで、「ゴッド・セイヴ・ザ・キング」は、王の治世を言祝ぐ歌としてその臨席の場や、公的な場で演奏されるだけでなく、民衆感情をともなった国民歌として定着してゆくのである。

「ルール・ブリタニア」の誕生

「ゴッド・セイヴ・ザ・キング」の流行とほぼ時を同じくして、次のような歌詞で始まる歌が人口に膾炙するようになる。のちに帝国形成期のイギリスとその植民地において第二の国歌のようにして盛んに歌われるようになる「ルール・ブリタニア」である。

神の命令によって、イギリス人が最初に
青き大海から生まれ出たとき
この国は大地の先導者であった
守護天使たちはかく歌った
ブリタニアよ、支配せよ、怒濤を支配せよ
イギリス人は決して奴隷になることはない

この歌が有名になるのは、「ゴッド・セイヴ・ザ・キング」同様、ロンドンの劇場ドルアリ・レイン劇場で歌われてからであった。当時の劇場は午後六時に始まったが、劇場のドアは五時に開かれ、開演までの間に音楽の演奏があった。また、幕間にも、客の求めに応じて流行歌が演奏されるのが普通であった。一七四五年三月、劇場付作曲者であったトマス・アーンが、その数年前に上演された仮面劇の『アルフレッド』のために作曲したこの歌を披露したところ、好評を得る。

この半年後、ジャコバイトの脅威のなかで「ゴッド・セイヴ・ザ・キング」が大流行することは先に見たとおりである。ジャコバイトを支持するスコットランドやアイルランドのカソリック勢力は根強かったが、名誉革命以後、イングランドのプロテスタント体制は定着し、革命後に仮議会が制定した「権利章典」に基づいて議会民主主義が動き出していた。しかし、一七〇五年の「外国人法」でスコットランド人を外国人と規定したことで、緊張が再び高まり、これを緩和することもあって、一七〇六年、両国の間で連合のための話し合いがもたれ、翌年、両国の間に「連合法」が成立する。一六〇三年の同君連合から、およそ百年後に「グレイト・ブリテン」が実質的に発足するのである。

スコットランド国内ではイングランド優位の連合に対する不満の声が大きかった。しかし、一方で、重商主義的な保護政策に守られ、スコットランドでも諸工業は発展し、貿易も拡大する。アイルランドの植民地化はさらに進むが、この連合によってスコットランドは、イングランドの拡大体制に組み込まれ、実質的にも連合は進んでゆく。

「ゴッド・セイヴ・ザ・キング」とその成立の時期と動機を同じくしているこの歌は、一七〇七年のイングランドとスコットランドとのユニオン・フラッグの成立時期と一八〇一年のアイルランドを加えた新しいユニオン・フラッグの成立時期の半ばに位置している。連合国家の形成は人為的、政治的に着々と進められているように見える。しかし、「ゴッド・セイヴ・ザ・キング」が対スコットランド意識の根強いイングランド中心の内容を帯びているように、「ブリタニア」という言葉によって表象される「ブリテン」の確立はまだおぼつかない状態であった。つまり政治的な統合ははかられたものの、国民感情としての自分たちの国ブリテン（イギリス）という意識は育っていなかったと言える。リフレインで何度も強調的に繰り返されるように、当時、これはかくあれかしという願望の歌であった。歴史を俯瞰すれば、「ルール・ブリタニア」すなわち「ブリタニアよ、支配せよ」はまさしく揺籃期のイギリス体制における決意と願望の歌と言え、その後の大英帝国としての発展がこの歌を第二の国歌にしてゆくのである。

この歌がそのような願望の歌であったことは、その由来からも肯ける。この歌は、本来ジェイムズ・トムソンとデイヴィッド・マレットの合作とされている一七四〇年発行の『アルフレッド』の最終場に頌歌として現れる。今日のオペラに近い一種の仮面劇であるこのマスクの題名となっているアルフレッドは、アングロ・サクソン時代のイングランドを統一したウェセックス王である。デーン人に追われた王が、サマセットの片田舎に身を隠し、そこで質朴で忠誠な羊飼いの夫婦や隠者に励まされ、デヴォンの太守の協力で再起を果たすまでを描くものである。

デーン人の侵略をくい止め、国内統一を果たした英雄的なイングランド王としてのアルフレッドの前にさまざまな精霊が現れ、この国の行く末を物語る。エドワード三世、王妃フィリッパ、そしてその息子ブラック・プリンスも現れる。アルフレッドは「イングランド王」と規定されているが、エドワード王は「軍旗を押し立てて、ブリテン王が隊列を整えて進む、栄光に包まれて」という描写に見られるように、「ブリテン王」と規定されている。ブラック・プリンスとともに、フランスとの戦いにおいて名をとどめたエドワード王について、「このエドワード王の治世に、王の勇気に励まされ、その栄光に心を高められ、ブリテンの心意気が太陽のように燃えさかる。この世界の半球を照らし、その光の届く恵みの国は豊かに輝く」というような言葉も続く。

エリザベス女王の精霊も現れ、この国を攻囲する数多の脅威、国内の不協和音にもかかわらず「平和で幸多き島国」を作り上げ、「ブリタニアの海軍魂を高めた」として、その功績を称えられる。次に現れるのは、オランダからやって来たウィリアム三世の精霊である。破滅の危機に瀕していたブリテンを救った王として、「まさにこのときから、ブリテンはその権利と法を回復するのだ」という言葉で称えられる。

このように、この国の発展に大きな役割を果たした歴代の国王の精霊とその功績にまつわる隠者の説明の後、戦う気力を取り戻したアルフレッドのもとにデヴォンの太守が軍勢を率いて王を迎えにやって来る。そのときに、隠者が盲目の詩人に歌わせる頌歌が、現在「ルール・ブリタニア」として知られる歌である。アルフレッド以後のこの国の発展を後知恵で語るこれまでの劇の展開からして、この頌歌の内容は、その延長線上にあるこの国のかくあれかしという未来の図であると言える。隠者や盲目の詩人に賦与されていると考えられていた予言的な力が、真実性を加えるために利用されている。

事実、この歌を引き継いだアルフレッドの台詞は、「ブリテンよ、私には見える、おまえの交易が世界をつかむのが。すべての国々がおまえにかしずくのが」というものであり、「南洋の国々は太陽の恵みをいっぱい受けた豊かな品々」を、「東洋の国々は香料や珍しい品々」を「貢ぎ物としてテムズの河口にもたらす」という帝国の姿を語るものである。この歌は、このように、愛国的な文脈のなかで歌われたものであり、海外貿易の振興をはかり、植民地の拡大に乗り出していた当時のイギリスの希望がはっきりと読みとれる歌である。植民地の拡大、貿易の発展は、海軍力を後ろ盾にして始まったことを考えれば、これが狂信的愛国心の歌となるのは必然であった。イギリスの帝国としての発展のなかで、愛国心涵養の格好の道具として使われてゆくのである。

しかし、この歌が広く歌われるようになった契機とその後の流行は、この国の国家形成の特異なあり方を物語るものとなっている。仮面劇の『アルフレッド』の本文においても、歴史の現実から言えばむしろ「イングランド王」としての王や女王が、「ブリテン王」の称号で呼ばれているのである。ここには、何らかの作意がある。「ブリタニア」を標榜しながら、実はこれはイングランド中心のブリテン（イギリス）体制の意識的な形成の側面をもっている。

このような内容をもつ仮面劇の最後に歌われる「ルール・ブリタニア」もまた、統合の象徴であるユニオン・フラッグにイングランド優位が厳として存在しているように、「ブリタニア」を標榜しながら実はイングランド中心のイギリス体制をうたうものである。執筆中であった『四季』の「夏」の草稿について、トムソンがマレットに宛てた手紙のなかに次のような言葉がある。

この部分にはイギリス賛歌を挿んであります。この詩の人気を高めるのに役立つだろうと思うからです。イングランドの人間は、自分たちや、自分たちの国のことを少なからず鼻にかけているからです。ブリタニアにはわれわれの生国、スコットランドも含まれているのだけれど。

手紙に書かれているように、トムソンもマレットもスコットランド人であった。「ブリタニア」という言葉で意図されるブリテンすなわちイギリスは、その統合の過程に見られるように政治的なものであり、イギリス人すべての自然な感情を反映したものではなかったと言うべきであろう。同君連合という政治的な結合は、ジャコバイト勢力の存続によって大きな社会不安であり続けていたし、議会による連合も政治的な強引さを引きずっていたのである。イギリスは、イングランド覇権を温存しながら、発展を続けたのである。

しかし、このような状況のなかでジャコバイトに代表されるように自分の信念を持ち続け抵抗を続ける人たちや、ただただ頑迷固陋で新しい状況に順応することを拒む人たちばかりではなかった。むしろ、新体制のなかに活路を見い出した人たちも数多くいた。海外の植民地で活躍したイギリス人には、イングランド人よりもスコットランド人の方が多かったとも言われる。なかには、卵をかすめ取るイタチや猫を欺くネズミに擬せられる狡猾なスコットランド人も多くおり、それがあらゆる場所で嫉妬や中傷を生んだが、スコットランドとイングランドはただ対立していたのではなく、イギリス体制に乗じて身を立てた有能なスコットランド人も多くいた。しかし、大勢において、「南」そしてロンドンを目指す人々の群、そしてさらには海外に活躍の場を見い出した人々の群、この人口の流動は、イングランド中心のイギリス体制の進展を物語るものであった。

2 他者としてのスコットランド

スコットランド人に対する偏見

このようななか、チャールズ二世の硬貨以降も、ブリタニア像はイギリス貨幣の意匠として間断なく登場し、公定ナショナリズム創造の手段として用いられ続ける。アン女王の治世に発行されたいくつかの硬貨の表面にはふくよかなアン女王の横顔の肖像が刻まれ、裏面には左腕にユニオン・フラッグの盾と矛をかかえ、右手には従来のオリーヴの小枝に替えて、二またに分かれた枝先にバラとアザミの花のついた小枝を握ったブリタニアが登場する（図24右）。言うまでもなく、バラはイングランドを、アザミはスコットランドを表象している。ほかにも、表面には母なるブリタニアの伝統とも合致した、アン女王そっくりの豊満なブリタニアが登場し、裏面には同じ枝から分かれたバラとアザミの意匠をもつものもある（図24左）。

しかし、この不自然な意匠がはからずも示すように、この連合は政治的で、人工的なものであった。

図24　アン女王時代の硬貨

一七六二年の『むち打ちの柱』（図25）という風刺画がその実態を明らかにしている。当時ふしだらな女性に対してそのような罰があったそうだが、ブリタニアが裸で柱に縛り付けられ、むち打たれている。よく見ると、ブリタニアを打つむちは、アザミの茎である。

アザミの茎でブリタニアを打つ、スコットランドの民族衣装を着た人物は、ジョージ三世の寵臣、第三代ビュート伯爵ジョン・ステュアートである。ビュート伯を批判する風刺画は数多いが、彼に対する反感の大きな部分は彼がスコットランド人であったからであった。スコットランドおよびスコットランド人に対するイングランド人の偏見と優越感は、まだまだ根強いものであった。このほかにも、俗に「柱シリーズ」と呼ばれる、スコットランド人に対する風刺画がいくつかある。スコットランド人は貧しくて、不潔なためいつもノミに悩まされており、背中をかく柱を必要とするというものであった。貧しさの原因は怠惰にあるにもかかわらずその自覚はなく、傲慢で、イングランドの助けを必要としながら、恩知らずで不遜であるというのがイングランド人がスコットランド人に対してもつステレオタイプであった。

イングランドの国粋主義的愛国者として有名だったジョン・ウィル

クスの『ノース・ブリトン』の一七六三年四月二日発行の記事からも、一六〇三年の同君連合から一六〇年、議会の承認を得た一七〇七年の連合から五六年たった時点でも、イングランド人のスコットランド人に対する考えは、シェイクスピアの『ヘンリー五世』の台詞にある「卵を盗み取るイタチ」と同じものであったことが分かる。

図25　『むち打ちの柱』

常にフランスにくっついて、イングランドの敵であると公言してはばからなかった、連合以前のスコットランド国民のあの落ち着きない乱暴な性質、また、連合以後も、困ったときには媚びへつらい、優位に立ったときには居丈高で傲慢になる、何度となく繰り返されたあの背信と反逆のゆえに、スコットランド人という名前を耳にしただけで、生粋のイングランド人は誰しも憎々しい気持ちに駆られるのだ。

このような偏見の背景にはジャコバイトに対する根深い恐怖があったと考えられる。しかし、一方で、連合後ロンドンへ出て、急速に経済的な力をもつようになってきた商人や、ビュート伯のように政治的な影響力をもつ者への嫉妬もあったと考えられる。スコットランド人の活躍は商人や政治家にかぎられず、トムソンやジョージ・スモレットなどの文人や、アダム・スミスやデイヴィッド・ヒュームなどの学者など、文化面で活躍するスコットランド人も次々に現れた。イングランド人はまさしく甘い汁だけを吸われる思いを強くしたのである。なかでも、ビュート伯の急速な権力の座の獲得は一番の脅威であった。彼が一七六一年に国務大臣の職を引き受けると、イングランド人の不安は最高潮に達し、ビュート伯およびスコットランド人への風刺が噴出する。次の文章には、スコットランド人を他者と見続けるイングランド人の本音が見られる。

歳入の使用や、その他の諸経費の決済は大蔵総裁に委ねられる。このような重要な地位にスコットランド人がついたことで国民の不安は募ったし、これからもその不安は消えないだろう。割合から言っても、イングランド人が当然受けるべき取り分を失うのではないかという心配はもっともである。……有り体に言えば、税金を払うのはイングランド人で、スコットランド人はそれをかっさらってゆくのだ。

この言葉をそのまま視覚化したような風刺画がある。一七六二年に発行された『撤退、あるいは古きイングランドの栄光を吐き出させる薬』(図26)である。ブリタニアは「古きイングランド」として登場し、この絵の下には次のような言葉で始まる風刺詩がついている。

図26 『撤退，あるいは古きイングランドの栄光を吐き出させる薬』

われらの国、古きイングランドの病が重そうだ
スコットランドの丸薬を飲んでから、気分が悪いのだ
ほら、目隠しをされて、偽医者の手にかかり
栄光を吐き出させる薬剤を投与されているのだ

正面に描かれているのは、ビュート伯と、当時の主計長官で、その地位を利用して私腹をこやし、悪名を残したヘンリー・フォックスである。彼は、文字どおり狡猾なキツネの顔で描かれている。それにもう一人、スコットランド出身の医師で文筆家のスモレットかベッドフォード公爵ジョン・ラッセルとおぼしき人物がいる。ロンドン市の紋章の描かれた盾と、フリジアの自由帽のついたブリタニアの矛を踏みつけて立っている彼らは、ブリタニアに嘔吐剤を与え、イングランドの栄光である海外の征服地を、猿のように描かれたフランス人の持っているたらいのなかに無理矢理吐き出させている。後ろの倉庫の壁には、「ニューファウンドランド産の特上タラをルイ・バブーンが当店にて商い中」という看板が

掛かっている。ルイ一四世が綽名の「バブーン（ヒヒ）」で看板に登場し、スコットランドと手を結ぶ対イングランド勢力を象徴するものとして、その影をちらつかせているのだ。当時の政策が、背後でフランスと親密な関係を保っているスコットランドに対して有利であり過ぎるという批判である。

これらの風刺画が単なるスコットランドに対する批判でないことは言うまでもない。それは、国内政治の偏りを問題にしたものでもある。しかし、拭いようのないイングランド中心主義が露呈していることは確かである。硬貨の意匠をはじめとして統合の象徴であるはずのブリタニアが、イングランドを表象するものとして登場し、スコットランド風刺に使われるのである。

同じ頃に発行された『議会、あるいは土地税を下げる方便』という風刺画にも、スコットランドの進出を快く思わないイングランド人の感情を露骨に表すために、イギリスではなくイングランドを表象するブリタニアが現れる。この風刺画には、「やがてイングランド人はオートミールやハギスを食べ、タータン・チェックの衣装を身につけ、スコットランド風のボンネットをかぶるようになってしまうだろう」と嘆く詩行がついている。ほかにもあるが、この風刺画のブリタニアは、ユニオン・フラッグではなく、聖ジョージ旗の意匠のついた盾を持っている。この時期、イギリスとしての統合の象徴であるはずのブリタニアが「古きイングランド」を体現するものとしてしばしば登場するのである。このようなイングランド人の覇権意識は、そうたやすく消えるものではない。むしろ、帝国システムの発展とともにより強くなる観さえある。

ジョン・ブル登場

しかし、当初、スコットランドおよびスコットランド人に対するイングランド人の自国意識、さらにはイングランド中心のイギリスとしての帝国意識を語る立て役者になったのは、ブリタニアよりむしろジョン・ブルである。しばしばブリタニアは、ジョン・ブル夫人の地位に甘んじるのである。

先に見たブリタニアの登場する二枚の風刺画が発行されたのと同じ一七六二年に、ジョン・ブルが登場して、同じくイングランド人の対スコットランド意識を描く風刺画がある。『不幸を背負った貧しき男、あるいはジョン・ブルとその妹ペグ』（図27）である。

ジョン・ブルは、困窮のあまり憔悴し、眼も見えなくなっている。しかし、杖をついてやっと立っている彼の背中には、ずる賢い顔つきの、口やかましい女性がおぶさっている。タータン・チェックの服を着たこの女性は妹のペグで、スコットランドを表象している。つまり、ジョン・ブルは、スコットランドという重荷を背負ったイングランドを代表しているのである。眼の見えなくなったジョン・ブルを導くキツネはヘンリー・フォックスである。そして、ペグと手を結んでいる猿はパリ条約に至る和平交渉の際のフランスの全権大使ニーヴェルヌワ公爵である。猿は、当時、軽蔑の対象を、品性の劣った人間以下のものとして描くのに用いられた。ジェイムズ・ギルレイの風刺画では、革命時のフランスのジャコビン派がその対象になったし、一九世紀になると、アイルランド人を猿のように描き、その野蛮性、後進性を表すステレオタイプが定着する。その延長線上にあると思われるが、西洋文明の吸収にやっきになっていた文明開化の頃の日本人もしばしば猿のような顔で西洋の風刺画

図27 『不幸を背負った貧しき男，あるいはジョン・ブルとその妹ペグ』

に登場する。

一七六〇年代におけるこのようなジョン・ブルの登場は、スコットランドの遅れた経済を救うためにイングランドの富が使われ、高い税金を支払わされているというイングランド人の根深い自国意識によるものであった。ビュート伯をはじめとするイングランドで活躍するスコットランド人がしばしば風刺の矢面に立たされるように、ジョン・ブルは当初、イングランドの人々の感情を代弁するイングランドの表象としても登場するのである。ウィルクスの『ノース・ブリトン』の一七六二年七月一七日の記事では、ジョン・ブルは、愚かにもサラダの上に飾りにおいてあったアザミを呑み込んで、窒息死してしまう。イングランドとスコットランドの連合をイングランドの力が拡散するものであるとして嫌い、イギリス全体を「イングランド」と呼び、スコットランド人も含めたイギリス人を「イングランド人」と呼ぶことにこだわった、頑迷なイング

図28 『自由の民ブリテン人，あるいは重税の展望』

ランド中心主義者であったウィルクスにとって、スコットランドとの連合の発展は、イングランドにとって命取りであったのだ。

　このように、ジョン・ブルは、厄介者のスコットランドのために自らも困窮する者、あるいはスコットランドのために命を落とす者として登場する。しかし、やがて、イングランドとスコットランドの大きな経済的格差という現実を踏まえた、つまり、イングランドの経済的豊かさを象徴するよく太った金満家のジョン・ブルがさまざまな税金や出費に苦しんでいる姿で現れるようになる。一七八六年にウィリアム・デントによって描かれた『自由の民ブリテン人、あるいは重税の展望』（図28）という風刺画では、ジョン・ブルは恰幅のいい、頑健な男として描かれている。しかし、タバコや石炭、砂糖、ビール、茶、衣服などの贅沢品に課せられた税金、衣服に示された関税や消費税、土地税や家屋税、窓の大きさによって課せられた税金など、ありとあらゆる税金に取り囲まれ、その重みのためにジョン・ブルの顔には怒りの表情が見える。必ずしも対スコットラ

図 29 『ジョン・ブルを誘惑する悪魔の潜む自由の木』

ンドの風刺としてではなく、国内政治への不満という国民感情を表すために登場するのである。

一七九八年に発行されたギルレイの『ジョン・ブルを誘惑する悪魔の潜む自由の木』(図29)にも、裕福なジョン・ブルが描かれている。イヴによるアダムの誘惑を下敷きにしたこの絵において、すでにポケットをリンゴでいっぱいにしたジョン・ブルを、自由を象徴するフリジア帽を尻尾の先につけた悪魔が、「改革」という半囓りのリンゴをちらつかせて誘惑しようとしている。この自由の木はすでに半枯れ状態で、わずかに残された実も、「反逆」や「隷属」、「略奪」など、ろくなものはない。ジョン・ブルは、「ポケットはおいしいリンゴでいっぱいなんだ。それに、カリンのような堅い実は大嫌いなんだ。そんなのを食べると腹痛を起こして大変なことになるよ」と言って、その誘惑をはねのけている。彼を誘惑しようとしているのは、ヘンリー・フォックスの次男で、フランス革命に共鳴し、対フランス戦争の政策に反対したチャールズ・ジェイムズ・フォックスである。とても上品には見えない、食べきれないほどのリンゴをポケットに詰め込んでいるジョン・ブルは、豊かで、どん欲なイングランドに対する風刺であるとも言える。この後から一九世紀の初めにかけて、グロテスクとも言えるギルレイの風刺画にこのようなジョン・ブルがしきりに登場するようになる。

ジョン・ブルの原型

このように、一八世紀中頃から流行し始める風刺画のなかにジョン・ブルがしばしば登場する。しかし、このキャラクターには原型と言えるものがあった。一七一二年に出版されたアーバスノットの『ジョン・ブル物語』である。この作品にはイングランドを擬人化したジョン・ブル、オランダをカエルに擬したニコラス・フロッグ、ヒヒに擬せられたフランスのアンジョー公爵のフィリップ・バブーン、ルイ一四世のルイ・バブーンが登場する。物語自体は、国王カルロス二世の死後のスペインの後継者をめぐるものである。

祖父のフランス王ルイ一四世の画策と国土分割を恐れたスペイン貴族の要請を受け入れたカルロス二世の遺言によってその財産はすべてアンジョー公のものとなる。これに対してイギリス、オランダ、オーストリアが同盟を結び、フランスと戦う。このスペイン継承問題を、イギリス国民を代表する織物商人のジョン・ブル、オランダ国民を代表するリンネル商人のニコラス・フロッグ、フランスのルイ一四世を表すよろず屋のルイ・バブーンが登場する、商売上の裁判沙汰として寓意的に描くものである。ただ、この物語のジョン・ブルは、精力的に活動し、善意にあふれているが、ときに身勝手で、思慮に欠ける人物として描かれる。

ブルは、概して、正直で、生一本な男で、怒りっぽく、大胆で、たいへん気まぐれだった。剣術であろうと棒術であろうと、ルイ爺さんなどは恐れていなかった。しかし、彼は、親友とでもすぐに喧嘩をするのだった。友人たちが指図しようとすると特にそうだ。おだて上げれば、子供のように意のままにできるのだが……。ジョンの気分は、天気次第だった。晴雨計とともに、気分が上がったり、下がったりした。ジョンは機転がきき、仕事に通じていた。しかし、帳簿を見ることにこれほど無頓着で、共同経営者、使用人そして召使いにたやすく騙される男はいなかった。それは、彼が酒と娯楽に目のない遊び好きだったからだ。実際、ジョンほど気持ちよく人を家に迎え入れ、気前よく金を使う男はいなかった。正直で、まっすぐな商売によって数十万ポンドを蓄えていた。この不幸な裁判さえなかったら、その蓄えは残していたであろう。

確かにジョン・ブルはイングランドを擬人化したものであった。しかし、厳密にはアーバスノットの『ジョン・ブル物語』は、フランスと和平交渉にあたるロバート・ハーリーのトーリー党の行為は他の同盟国を裏切るものであるという非難の声を考慮して、同盟国のなかにむしろ国益を損なうものがあることを訴えたものであり、ジョン・ブルは決してイングランドを表象する存在ではなかったし、イギリス統合の象徴でもなかった。しかし、「ジョン・ブル」という名前にはブル（雄牛）やブルドッグというイングランドを代表する動物の連想があり、それが作用したのか、アーバスノットの描く「血色がよく、まるまると太った、ラッパ吹きのような丸いほっぺたをした」、「太鼓腹」の綽名で呼ばれるジョン・ブルが、やがて一七六〇年代から一八二〇年代の風刺画において、特にフランスに対抗するイングランドを代表する人物として視覚化されるのである。

その前に、ジョン・ブルは、まず対スコットランド意識のなかでイングランドを表象する人物として描かれるが、これも『ジョン・ブル物語』に由来するものである。この物語の第三部には、英国国教会を擬人化したジョンの母、スコットランド国民を代表するペグ、その情事の相手であるカルヴィン派を代表するジャックが登場し、イングランドとスコットランドの抗争、宗教的な対立が、兄妹の喧嘩と仲直りを通して語られるのである。ジャコバイトに対する不安が根強かったこの時期、ジョン・ブルは、スコットランド人を他者とするイングランド人の自国意識のなかでスコットランド風刺の道具となるのであるが、「ルール・ブリタニア」の原作者とされるトムソンやマレットがそうであったように、スコットランド人であったアーバスノットの描くペグは決して単純ではない。「シラミわかし」という綽名で呼ばれる妹ペグは、「乳母に育てられて、いつもひもじい思いをし」「萎黄病にかかったように青白くやつれて」いるが、「こぎれいで美しく」「不思議な生気に溢れた、快活な」女性としても描かれている。

一種のプロパガンダである風刺画にとって偏見と単純化はその武器であり、その限界でもあるが、この頃のスコットランドとイングランドの関係をかいま見るうえで興味深いのが、イングランド精神の体現者とされるサミュエル・ジョンソンとスコットランド人ジェイムズ・ボズウェルの友情である。ボズウェルの『ヘブリディーズ紀行』のなかにある「彼は、心底では大いにジョン・ブルでした。紛うことなき生粋のイングランド人でした」という言葉どおり、ジョンソンのイングランド人としての自国意識は、最初の英語大辞典である彼の編纂した『英語辞典』における「イングランドでは普通馬にやるがスコットランドでは人間を養う穀物」という「燕麦」の定義や、風光明媚なスコットランドの景色を、スコットランドの方からイングランドを見るから美しいのだと言ってのけたというエピソードなど、スコットランド蔑視とも取られかねない数々の愛国的イングランド人としての逸話にかいま見られる。しかし、一方で、ジョンソンは、「愛国心」を「悪漢の最後のよりどころ」と言って、あの狂信的なイングランド愛国者ウィルクスを皮肉ったとも伝えられており、偏狭な愛国心を免れた良識の人であった。

二人の友情が同じイギリス人、すなわちブリテン人としての友情でなかったことは、ボズウェルの伝えるジョンソンの言動の随所に見られる。政府による融合政策の進展は認められるが、人々の感情においては、イングランドにおいてもスコットランドにおいても、まだまだ軽蔑や嫉妬、傲慢など数々の否定的な感情が根強かった。ときには死者の出ることもあった両者の小競り合いや乱闘などの不幸な事件が後を絶たなかったことにそれは辿ることができる。このような状況において、ボズウェルのように、イングランドで生活するスコットランド出身者の自国意識にはとりわけ複雑なものがあったであろう。

ボズウェルがそうであったように、イングランドで暮らすスコットランド出身者のなかには、結局スコットランドに帰らなかった者たちも多くいた。しかし、かといって彼らが、イングランドに安住できたわけではなかった。スコットランド人としての自国意識を捨てきれなかったし、一方であまりにもイングランド的になったという意識もあったであろう。そのような人たちは、自分を連合王国の国民であるイギリス人、すなわちブリテン人とみなすことで、スコットランド人としての過去とイングランド人としての現在に折り合いをつけざるをえなかったであろう。しかし、さまざまな障害や軋轢にもかかわらず、イギリス人として生きてゆくことを決意し、それを実行した人々が増えるとともに、連合は次第に進展していったと考えられる。

一七九二年に発行された『ソーニー・スコットとジョン・ブル』という風刺画では、バラの図柄を上着につけたジョン・ブルと、アザミの図柄のついた帽子をかぶったソーニー・スコットがいがみ合っている。「間抜けな」という含意をもつ、スコットランド人に対する蔑称「ソーニー」が用いられているが、スコットランドあるいはスコットランド人に対する明確な批判や揶揄が込められているわけではない。むしろ、ブリテン、すなわちイギリスとしての融合が進展しているにもかかわらず、いつまでも感情的なしこりを残している両者の、とりわけイングランド人の側での自嘲のようなものが感じられるものである。

すでに、ジョン・ブルは、イングランド人やイングランドを擬人化した存在から、イングランド、そしてスコットランドも含めたイギリスを表象する存在になることを迫られていた。実際には、国内でのイングランド中心主義の根は深く、イングランドとイギリスの混同は続くが、この頃よりジョン・ブルは、スコットランドを風刺するイングランドを表象するものから、フランスを風刺するイギリスを表象するものにその重心を移してゆき、やがてギルレイらによって対フランス風刺の立て役者に仕立てられてゆくのである。

3　外国の脅威と自国意識の高揚

寓意の伝統と国家表象

ジョン・ブルにかかわるアーバスノットの物語や風刺画流行の背後には、西洋社会に古くから存在する寓意物語とエンブレムの伝統がある。『イソップ物語』をはじめとする寓意物語が一七世紀の終わりから一八世紀の初めにかけて大流行し、動物を擬人化する方法がさまざまな政治風刺に用いられたが、一方で、紋章におけるエンブレムの影響も大きかった。王侯貴族が自らの地位や出自を表す紋章にさまざまな事物を用いたが、動物や植物はその大きな部分を占めていたのである。国王が自らを国名で名乗るのが普通であった中世社会において、ある人物を動物に喩えるだけでなく、国民性を動物に喩えるステレオタイプも、ごく一般的なことであった。

ヒエラルキーのなかで物事をとらえる中世的な世界観が背後にあったであろうが、百獣の王であるライオンや、鳥の王であるワシが王侯貴族の象徴として好まれたのは当然のことであった。そのような象徴の争奪戦もあった。たとえば、一七世紀には、オランダ人はイングランドの表象としてユニコーンを用い、自分たちを表象するのに柵のなかで前足に七本の矢をつかんでいるライオンを用いた。

列強に囲まれながら独立を希求するオランダを象徴するものであった。しかし、一八世紀になると、イングランドは、その国王紋章にライオンが使われていたこともあって、国家表象としてライオンを使うようになる。ライオンのもつ勇気、堅忍、力強さが好まれたのである。やがて、帝国形成期に入ると、このライオンは、イギリスのライオンすなわち「ブリティッシュ・ライオン」として、ブリタニアのそばにいつも侍る存在となる。

一方、忠誠、勇気、決断を象徴する犬もまた、イギリスを表象する動物として登場する。英語の「犬」には「ならず者」や「ふしだらな女」などの連想があり、この語を含む成句を見ても、犬はむしろ否定的なイメージで捉えられている。しかし、少なくとも、エリザベス朝のイングランドにおいて犬は、愛国心との関連で勇気を象徴するものとなっていた。当時、犬をけしかけて楽しむ牛攻めや熊いじめなどの民衆娯楽が盛んであったが、そのために改良されたブルドッグの不屈の闘争心が、西洋列強のなかに割って入ろうとする当時のイングランド人の覇気を示すものとしてもてはやされたのであった。

シェイクスピアの『ヘンリー五世』には、イングランド人をマスティフに、ロシア人をクマに喩えるステレオタイプがすでに存在している。しばしば混同して言及されるが、マスティフとブルドッグはともにイングランドを代表する犬であり、ライオンと並んでこの国を表象する動物となってゆくのである。ジョン・ブルが対スコットランドのイングランドを表象するものから連合国家イギリスを表象するものに、さらに大英帝国を表象するものに変化するとともに、ブルドッグは、ブリタニアのそ

図30 『動物たちの会議』

ばにライオンが侍るように、ジョン・ブルと一緒に描かれるようになる。

イングランドを表象するライオンやブルドッグと並んで、ほかには、フランスを表象する雄鶏やキツネ、オランダのイノシシやカエル、ロシアのクマ、トルコの象、ドイツのワシ、スペインのオオカミ、中国のドラゴン、インドのトラなどがよく知られている。一七四八年に描かれた作者不詳の『動物たちの会議』(図30)は、この年ようやく開かれたエクス・ラ・シャペル条約の講和会議を風刺したものである。描かれているのは、フランスの雄鶏、オーストリアのワシ、ドイツのグリフィン、ジュノアの犬、スペインのヒョウ、ロシアのオオカミ、オランダのイノシシである。

フランスに対する政治風刺に関して言えば、ジョン・ブルと並んで、イングランドを表象するライオンとフランスを表象する雄鶏がしきりに使われる。一七三九年の作者未詳の風刺画『フランスの雄鶏とイングランドのライオン、あるいは時代の一筆』(図31)では、フランスの雄鶏にライオンは日

図31『フランスの雄鶏とイングランドのライオン，あるいは時代の一筆』

をつかれている。画面の右端にいるイングランドの犬すなわち「イングリッシュ・ドッグ」はライオンを助けようとしているが、鎖で木につながれている。これは、直接には、イギリス人の船長ロバート・ジェンキンズがスペイン艦船に臨検され、片耳を切り落とされたことに端を発する、いわゆるジェンキンズ戦争においてフランスとスペインに対して断固とした態度をとることができなかったロバート・ウォルポール政権に対する風刺である。背景にはイギリス海軍の艦隊が控えており、次のような韻文が添えられている。

フランスの雄鶏には、ライオンは倒せない
しばらく目をくらませられるだけだ
ライオンの願いはただ一つ
こいつを八つ裂きにすること
……
さあ、ブリタニアの艦隊を進めよ

フランスの傲慢を抑えるため
復讐の武器を取り、高らかに
宣戦布告をするのだ

一七五五年に発行された『怯えるグランモナルク、あるいはブリティッシュ・ライオン無気力より立ち上がる』では同じような図柄で、襲いかかろうとするイギリスを表象するライオンにフランス王が怯えている様子が描かれている。ニューカースル公爵トマス・ペラム・ホリスはライオンを抑えとどめようとしているが、ブリタニアはライオンを励ましている。その背景には堂々としたイギリス艦隊が控えていることを付け加えておこう。

一七五五年に発行されたもう一つの風刺画『イギリスの憤り、あるいはルイスバーグで敗北したフランス軍』でも、ブリタニアの背後から威嚇するライオンに背を向けてあわてて逃げる雄鶏が描かれている。これは、父の代にフランスからやって来たルイス・ブワタードの作品で、『守られたイギリスの諸権利』という別のキャプションでも知られる絵である。オーストリア継承戦争後ずっと安定せず、翌年の一七五六年ついに七年戦争に突入することになるフランスとの対立のなかで生まれるプロパガンダのための風刺画である。

そして、一七七九年のフィリップ・ド・ルーテルブールによる『イギリスのライオンとフランスの雄鶏』(図32)では、イギリスのライオンの情け容赦のない反撃の様子が描かれているのである。画

図32『イギリスのライオンとフランスの雄鶏』

家の父から絵の手ほどきを受け、パリで修行したルーテルブールは早くからその才能を認められていたが、その風景画に感動したデイヴィッド・ギャリックによって一七七一年、三一歳のときに、ドルアリ・レイン劇場の背景画や舞台意匠の総監督として招かれロンドンへやって来る。風景画や舞台意匠のみならず歴史画や本の装丁などにも豊かな才能を発揮したが、ギルレイとともにヨーク公のオランダ遠征に随行したときの見聞などをもとにし、イギリス人の愛国心をそそる戦争画も数多く残した。この絵も、彼がお気に入りであった国王ジョージ三世をはじめとするイギリス人の愛国心をくすぐるものであった。

このようにライオンは、ブルドッグとともにイングランド、そしてイギリスの表象として定着してゆく。もっとも、ブリタニアにライオンが侍っているように、フランス共和国の表象であるマリアンヌにライオンが侍っている寓意画も多く、力の象徴としてライオンは広く使われたのも事実である。また、このライオンは、ときによってイングランドのライオンすなわち「イングリッシュ・ライオン」あるいはイギリスのライオンすなわち「ブリティッシュ・ライオン」として言及されるが、そこに歴史上の変化が反映しているわけでも、厳密な使い分けがなされているわけでもない。イングランドとイギリスのあいまいな混同がここにも見られる。

「イングランドのロースト・ビーフ」

動物による国家表象のほかにも、その国を代表する事物、たとえば人々が愛着をもち、誇りとする食べ物が同じような働きをする場合がある。現代においてもイギリスの代表的な飲食物だとされるロースト・ビーフやビールは、この頃すでにそのような側面をもっていた。先に「ゴッド・セイヴ・ザ・キング」が大流行した世相をかいま見させてくれるホガースの『フィンチリーへの行進』を見たが、ホガースの一七四八年の作品に「イングランドのロースト・ビーフ」とも呼ばれる『カレイの門』(図33)がある。この年の五月、先に見た『動物たちの会議』で寓意的に描かれたように、一七四〇年のオーストリア継承問題に端を発し、ヨーロッパ全体が戦争状態に巻き込まれたオーストリア継承戦争の講和が、エクス・ラ・シャペル条約によってようやく成立した。これによって大陸の港が再開され、待ちかねたように多くのイギリス人がフランスを訪れたが、そのなかにホガースもいた。

かつて一七四三年にも、フランスを訪れたことのある愛国者ホガースはいたるところで声高にフランスの事物をけなし、同行の者たちをはらはらさせたが、はたせるかな、帰国の船を待つカレイの町

図33 『カレイの門』

で、スケッチに出たホガースはスパイとして捕らえられ、手ひどい仕打ちを受けたのであった。その折の遺恨もあったのか、このようなイングランド賛歌、フランス風刺の絵を残す。

この絵の中央には、イギリス人の定宿になっていたイギリス人経営のホテル「マダム・グランサイアーズ」に大きなロースト・ビーフを運ぶ厨房の下働きが描かれ、このロースト・ビーフを恨めしそうになでる修道僧とやせ細ったフランス兵士がまわりに描かれている。豊かなイングランドを象徴する牛肉の塊と対照的に描かれているのが、右手のフランス人の料理人が運ぶ水のように薄いスープである。その前面には、食べ物としてはタマネギ一個きりしかなく、やつれきった様子で力なくしゃがんでいる男が描かれている。タータン・チェックの衣服からフランスに協力し、イングランドに楯突いたジャコバイトの残党である。前面の左端には、カソリックの尼僧ともとれるやせた魚売りの老婆たちが描かれている。

図 34　『ビール街』1750年版（右）と1751年版（左）

背後には、百年戦争で最後まで残ったイングランド支配の名残であるカレイの門が描かれ、上部に刻まれたイングランド国王の紋章には陽光が斜めに降り注いでいる。その陽光はいまは西に傾き、すでに暗がりのなかにあるフランスを象徴する事物はすべて闇のなかに包まれようとしている。左手前面の老婆たちの後ろにはスケッチをしている人物が描かれ、その右肩には手が伸び、頭上には矛先がのぞいている。官憲に捕まる寸前のホガース自身が描き込まれているととれる。

仇敵フランスをおとしめ、イングランドを称えるこの絵で、陽光の降り注ぐ国王紋章だけでなく、ロースト・ビーフという食べ物によって、仇敵フランスに対する愛国心が語られるのである。

豊かなイングランドを象徴するロースト・ビーフを、ホガースは、一七五〇年と一七五一年に公にされた『ビール街』（図34）にも登場させる。この版画には二つの版があり、一七五〇年版の画面左側に、右手になみなみと注がれたビールのジョッキをかかげ、左手に大きな牛肉の塊をかかげた太鼓腹の男が現れる。二番目の版には牛肉の塊のかわりにフランス人旅行者が描かれ、この太鼓腹の男に腕をつかまれている。フランスに対する素朴な優越感を豊かな食べ物と飲み物で描くこの二つの絵でも、カレイでフランスの官憲につかまりひどい屈辱を受けたことのあるホガースの個人的な遺恨がこもっているかもしれない。しかし、フランスに対する優越感を示す風刺的意味においても、その風貌の類似性においても、ホガースの描くこの男は絵の形でのジョン・ブルの登場の最初のものに数えられる。イングランドを表象するジョン・ブルの原型とも言えるものがここにはある。

フランスへの対抗意識のなかでロースト・ビーフを愛国心を表す手段として用いることはすでに一つの流行になっていた。フランスの洗練された料理を好み、フランス人の料理人を雇い入れる慣習は富裕階級の間に広がっていたが、これに対して、実質的で、しっかりとしたイングランドの豊かさを象徴するのがロースト・ビーフであった。この世紀の中頃から、フランスの奢侈文化、そしてそれに荷担するかのようなウォルポール政権への風刺のなかで、ロースト・ビーフは古きよきイングランドを代表するものとしてオペラをはじめとする軽演劇で盛んに使われていたのである。一七三五年にリチャード・レヴァリッジによって作られた「古きイングランドのロースト・ビーフ」は、「ゴッド・セイヴ・ザ・キング」や「ルール・ブリタニア」とは趣は異なるが、イングランド精神をうたいあげる愛国歌となっていた。

図 35 『ボナパルト，上陸48時間後の姿』

ロースト・ビーフの塊がイングランド人
の食べ物だったころ
それが、われらの血管を高貴に、われら
の血を濃くした
われらが兵士は勇敢で、宮廷人は堂々と
していた
ああ、古きイングランドのロースト・
ビーフよ、懐かしきかな
だが、格好ばかりのフランスから、ダン
スだけではなく
ちゃらちゃらしたラグーとやらの肉料理を習ってしまった
中身のないうわべだけの料理にはうんざりだ
ああ、古きイングランドのロースト・ビーフよ、懐かしきかな

このような形での愛国心の表明は、劣等感の裏返しでもあった。当時のフランスは、軍事的にも、経済的にも、そして文化的にも、イギリスがとても太刀打ちできない大国であり、そちらに傾く勢力

も強かった。

ナポレオンの勢いに怯えていた頃、一八〇三年に描かれたギルレイの『ボナパルト、上陸四八時間後の姿』（図35）にも、意気軒昂なイングランド精神をうたいあげるのに「古きイングランドのロースト・ビーフ」が登場する。矛の先にナポレオンの生首を突き刺して掲げるジョン・ブルの言葉である。

やい　ひよっこのボニー。ジョニー・ブルさまを見直したか。古きイングランドを掠奪するというのか。われわれをフランス野郎の奴隷にするだと、女房や娘を犯すというのか。ああ、神さま。この馬鹿頭を助けてやってください。ジョニー・ブルがこんな貧弱な野郎に屈服して、古きイングランドのロースト・ビーフとプラム・プディングを思いのままにさせるなんてことはあるはずがないじゃないか。

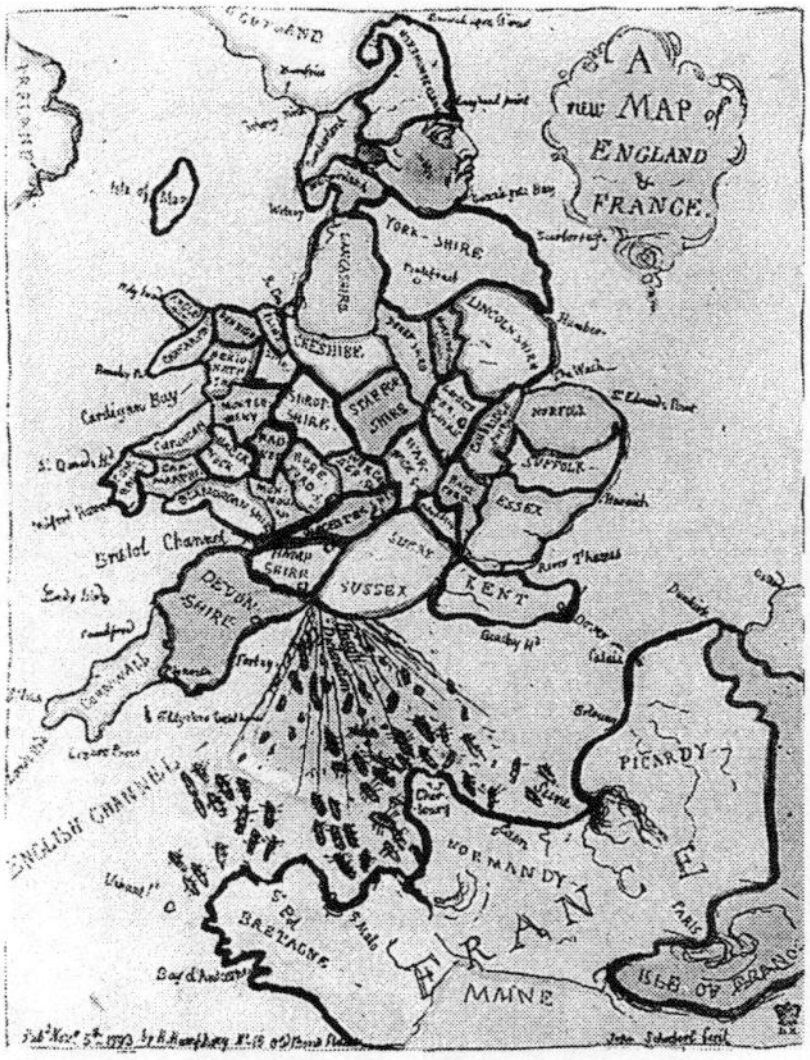

図36 『フランスの侵攻，あるいはジョン・ブル，物売り船を撃退する』

もう一つ、イングランドを表象するジョン・ブルによってフランスを風刺するギルレイの風刺画を見てみよう。一七九三年の『フランスの侵攻、あるいはジョン・ブル、物売り船を撃退する』(図36)である。古きイングランドのロースト・ビーフをはじめとする豊かな食料に恵まれ、健全な食欲をもったジョン・ブルは、フランス船を放屁で吹き飛ばし、下品ではあるが、意気盛んなイングランドを表している。フランスに対峙するブリテン島にはめ込まれているジョン・ブルは、国王ジョージ三世でもある。イングランドの放屁によって、フランスはその顔面に商船を吹き戻されるのである。

このような形で、ジョン・ブルはフランスを風刺するイングランドの表象としての色彩を強める。この風刺画においても、スコットランドは含まれていないように、この時期のジョン・ブルは、ウェイルズを含むイングランドをそのまま体現したジョン・ブルである。スコットランドを含む連合国家イギリスを表象するものではない。

風刺画のブリタニア

フランスに対する風刺画において、ジョン・ブルの陽気なイングランド精神がうたいあげられ、古きイングランドのロースト・ビーフが称賛され、イングランドのライオンの勇気が称揚された。しかし、一面で、ジョン・ブルは重税に苦しみ、古きイングランドのロースト・ビーフは今は失われたものとして郷愁をもって語られる。ライオンは雄鶏に襲われ、ブルドッグは鎖につながれ、尻尾を切られる憂き目にあった。それは、自己の利益を守ったり、権利を主張する際の風刺画の常套手段である。つまり、他者の脅威があおられたのである。スコットランドに対する、イングランド人の自国意識を醸成するにあたって、すでにそのような虐げられるブリタニアの姿が用いられたが、この国が列強の仲間入りをし帝国を形成してゆく一八世紀に入ると、そのようなブリタニア像が政治的なプロパガンダや愛国心を鼓舞するプリントやバラッドに盛んに現れるようになる。当然の成り行きである。

ちなみに、ブリタニアに言及する詩作品一、三三〇点を網羅する『チャドウィック＝ヒーリー英文学データベース』によって年代ごとの作品数を見てみると、中世に作者不詳の作品が一点あるが、執筆年が明確なものとしては一六〇六年にナサニエル・バクスターの二作品がある。その後の一〇年ごとの作品数を見てみると、一六一〇年代から一六八〇年代までは一、二点にすぎないが、一六九〇年代の三三点からその後は着実に増え、一七二〇年代から一七九〇年代までは六〇から七〇点台、ときには八〇点台の作品数がある。頂点に達するのが一八〇〇年代の一一五点で、その後は次第に減少し、一八一〇年代は八三点、一八一〇年代から一八六〇年代まではほぼ四〇点前後、その後は、一九三〇年代まではほぼ一〇点台に減少し、その後は一〇点に及ばない。この数字については、文学の主体が詩から散文に次第に変化したことや、ジャーナルやマス・コミの時代における統計の困難さを考慮する必要があるであろうが、ブリタニアが図像として現れる頻度などを考えても、ブリタニアに関する関心の推移を裏付けるものになっている。このような傾向のなかで、詩作品についても言えることであるが、当時人気を呼んだ風刺画において、イギリスを表象するブリタニアが無邪気で高潔な女性として登場し、さまざまな脅威にさらされる様が描かれる。コリーの考察にあるように、それは、人々の自国意識をかき立て、国内での統一をはかるのには非常に有効な方法であった。

一八世紀後半から、ギルレイのほかにも、アイザック・クルックシャンクやトマス・ローランドソンらの風刺画家が活躍する。彼らの風刺画のなかに、イングランドあるいはイギリスに擬せられたブリタニアが虐げられ、辱められる姿が次々と現れるのである。それらは、ブリタニアの内包する自由や正義、智恵などの美徳をないがしろにし、国の行く末を憂う人々のかくあれかしという願望を阻害する他者を描くことで、自国意識をあおる一種のプロパガンダであった。もちろん、それはゼノフォウビアを利用して自国意識を醸成するだけでなく、国内の政争の道具に使われることもある。しかし、いずれにせよ、象徴という単純化によって、複雑な現実について考えることから人々を遠ざけ、同じイメージを繰り返すことで特定の考えや主張を理屈抜きに刷り込み、人心を誘導してゆくのである。貨幣の意匠という公定ナショナリズムにおいてと同様、さまざまな風刺画やバラッドなどに歌われる姿によって、ブリタニアはイギリスの主要な国家表象となってゆくのである。

フランスの脅威

一七九三年に描かれたローランドソンの『比較』(図37)には、硬貨の意匠に見られる伝統的なブリタニアが登場する。左側の「イギリスの自由」と銘された枠のなかに描かれたブリタニアは、イングランドを表象するオークの木陰に腰掛け、自由の象徴であるフリジア帽をかぶせた矛をかかえ、右手にはマグナ・カルタの文書を、左手には正義の象徴の秤を持っている。足元にはライオンがくつろいで眠り、海上には自由貿易を象徴する帆船が見える。一方、右側の「フランスの自由」と銘された

図 **37**『比較』

枠のなかには、矛の先に生首を突き刺し、民衆を踏みつける悪魔の形相の自由の女神が描かれ、その後ろには縛り首になった人間がぶら下がっている。この対照的な二つの女性像の下には、信仰、道徳、忠誠、正義を羅列して幸福とまとめられたイギリスの自由と、不信心、破誓、反逆、背信を羅列して悲惨とまとめられたフランスの自由のどちらがよいか、との問いかけが加えられている。これは、先のギルレイの描いたジョン・ブルの登場する風刺画と同じく、非常に単純化されたナポレオン体制下のフランスの恐怖をあおるプロパガンダである。しかし、同時に、これはフランスの革命政権に好意的なフォックスの政策に対する批判でもあった。

その意味では、ブリタニアの登場するギルレイの風刺画は、先に見たナポレオンをものともしない意気盛んなジョン・ブルやフランスの商船を放屁で吹き飛ばすイギリス地図にはめ込まれた国王の肖像というような、単純化されたものとは趣を異にしている。フランスの脅威を

図38 『着心地のよさより流行——奇抜な衣装のために犠牲にされる健やかな身体』

国内政治の具体的な風刺によって訴えるのである。

一七九三年に描かれた『着心地のよさより流行——奇抜な衣装のために犠牲にされる健やかな身体』(図38)では、若い女性にきついコルセットを着けさせようとしている仕立屋が描かれる。若い女性は、ヘルメットのような帽子、オークの木の根元に立てかけられた、ユニオン・フラッグが描き込まれた盾からブリタニアだと読める。ブリタニアに無理矢理フランス風のコルセットを着けさせようとしているのは、フランスの共和制に共鳴するトマス・ペインである。一三歳のときにコルセット作りの徒弟として働き、さまざまな職業を経験した後アメリカへ渡り、独立軍に参加し、一七八七年にイギリスに戻り、フランス革命を支持する『人間の権利』を書いた人物である。

一七九五年の『フランスの勝利の守護神、あるいは和平を懇願するブリタニア』(図39)には、より惨めな形でフランスの脅威にさらされるイギリスが描かれている。ブリタニアは、武器、マグナ・カルタ、王冠そして笏を傲慢な怪物である「共和国」の前に差し出している。一方、この怪物は右足

図39『フランスの勝利の守護神，あるいは和平を懇願するブリタニア』

で太陽を、左足で月を踏みつけ、「自由」という言葉のついた帽子の上に腰掛けている。本来自由を象徴するこの帽子は爆弾の形にも見え、この怪物の頭には不気味な黒い雲が立ちこめ、ギロチンがのぞいている。

ブリタニアの後ろで命乞いをするのは、ジャコバイトを代表するフォックスと『悪口学校』などの風俗喜劇の作家で、ドルアリ・レイン劇場の支配人でもあったリチャード・ブリンズリー・シェリダンである。彼は、一七八〇年から一八一二年までホイッグ党の下院議員としてフォックスらと行動をともにしていた。怪物の機嫌をうかがいながら、フォックスとおぼしき人物は銀行の鍵を、シェリダンの方は「グレイト・ブリテンの海軍、コルシカ、東のインドと西のインド諸島を引き渡し、信仰を捨てます」と書かれた誓約書を差し出している。イギリスの国益を損なうとして親フランス的な政策をとる彼らの政権を批判し、フランスの新体制を牽制する風刺画である。

一八〇一年の『子供部屋——静かに休むブリタニア』

図40『子供部屋——静かに休むブリタニア』

（図40）では、いたいけな幼児としてブリタニアは描かれている。子守唄を歌いながら、ブリタニアの揺りかごを揺するのは、一八〇一年から一八〇四年まで首相を務め、フランスとのアミアン和平条約の交渉を行ったヘンリー・アディントン、画面の左手でフランス風の椅子をもっている下働きの乳母は、当時の外務大臣、リヴァプール伯爵ロバート・バンクス・ジェンキンソンである。そして、暖炉の前でフランス製の上等のナプキンを干しながら、あたりをうかがっているのは、フォックスである。壁には「ボナパルト」と書かれた、バイオリンを弾きながら飛び跳ねているナポレオンの絵と「ルール・ブリタニア」の歌詞が貼られている。しかし、「イギリスは決して奴隷になることはない」という歌詞の後ろ半分にある「奴隷」の文字はちぎれてしまっている。乳母の用意した薬は「アヘンの丸薬」と「鎮静剤の水薬」で、ブリタニアのベッドの前にはフランス風のおかゆの入ったキャセロールが置かれている。

この絵の続編とも言える一八〇四年の『死神と医者の薬の

間のブリタニア』にも、アディントンとフォックスが病気のブリタニアにその場しのぎの鎮静剤を施すやぶ医者として登場する。しかし、ここには、新しいもう一人の医者が登場し、アディントン扮する医者を戸口から蹴り出し、「共和国鎮静剤」というラベルの付いた薬を持つフォックス扮する医者を踏みつけている。この新しい医者は、ナポレオンの脅威が高まったこの年、内閣に復帰し、ロシア、オーストリア、スウェーデンと同盟を結び、ついに翌年トラファルガーの戦いで勝利を導くことになったウィリアム・ピットである。彼が手にする王冠の栓のついた薬は、体質改善から始めてブリタニアの健康を元に戻す「健康回復剤」である。しかし、やぶ医者は追い出されたものの、ナポレオンの顔をした骸骨姿の死神は背後からまだブリタニアの命を奪う機会をうかがっている。

　このように、きわめて身近な時事問題において、ブリタニアはいたいけで無邪気な幼児や無垢な女性として登場し、自らの国を純粋で、正しいとする自国意識を醸成するのに使われる。この場合でも、イングランド人のフランスに対する根深い不信が根底にある。ただ、このような他者を脅威とするゼノフォウビアは、フランスに対してのみあったのではない。

ハノーファーへの不満

一七四三年の『イングランドの傭兵費用一覧』（図41）には、ドイツ人の乳母に十分な食べ物を与えられず、虐げられている赤ん坊のブリタニアが描かれている。ジョージ二世の仮面をつけたハノーファー家の象徴である馬が、「自由」と「貿易」を踏みつけている。醜いほど肥えたこの馬は、雄鶏の卵から生まれたコカトリス、すなわち仲間を食い物にする鶏の翼と爪をもった怪獣の脚をしている。馬が受け取ろうとしている財布は、ハノーファーに援軍を送るためにイギリスが費やした戦費であろう。ハノーファー家とのかかわりのせいで大陸の紛争に巻き込まれ、大金を費やすことになってしまったことに対する風刺である。

A LIST OF FOREIGN SOLDIERS IN DAILY PAY FOR ENGLAND.
ABSTRACT.

図41『イングランドの傭兵費用一覧』

このプリントの左上の人物の手には、「古きイングランド」というラベルが手にされている。ハノーファー家出身のジョージ一世による同君連合以前のイングランドが「古きイングランド」として郷愁をもって語られ、しばしばそうであるように、ブリタニアは「古きよきイングランド」を象徴している。これは、直接にはハノーファー家に対する風刺であるが、外国人に虐げられるブリタニアは、トムソンの『ブリタニア』の冒頭に登場するスペインとの抗争に涙するブリタニアなど、この国に特有のゼノフォウビア、つまり外国人嫌悪を物語るものである。

より無惨なブリタニアの姿が、一七六二年の作と考えられる『二兄弟の行状』に描かれている。テーブルの上に仰向けに横たえられた半裸のブリタニアの両腕は切断され、腹は割かれ、内臓が飛び出している。邪悪な、悪魔のような顔をした二人の男は、一七四三年から一七五四年までのイギリス

図42 『宮廷の恐怖』

の首相ヘンリー・ペラムと、その後一七五四年から一七五六年と、一七五七年から一七六二年まで首相となったニューカースル公トマス・ペラム・ホリスの兄弟である。ともにホイッグ党員で、ウォルポールの信奉者であった。兄のトマスは、ジョージ三世にはうとまれることになったが、ジョージ一世およびジョージ二世の時代には絶対的な力をもち、権力を乱用した。この兄弟の時代は、イギリスがもっとも堕落した時代だと言われ、ブリタニアは暴政に苦しむイギリスを代表している。「おお、イングランドよ。この国はどこへ行くのか。幸せ少なく、過酷な運命にさらされて……」という言葉で始まるキャプションが付けられている。ブリタニアの腹から流れ出た血をすする馬は、ハノーファー家を象徴する白馬である。ハノーファー家の利益ばかり考え、暴政を許すハノーヴァー王家に対する非難がここにはある。

このように、愛国心を醸成するために他者としての外国や外国人が用いられたが、ゼノフォウビアが、むしろ、国内政治の風刺のために用いられる側面もあった。外国勢力との結びつきが警戒されたのである。ブリタニアを痛めつけるのは必ずしも、外国人ではなかった。一七四四年の『宮廷の恐怖』(図42)には、数人の男に押さえつけられたブリタニアが描かれている。彼らは内紛を繰り返す無能な閣僚たちであり、無能な王、ジョージ二世は、彼らの愚行と裏切りによって血を流している。イングランドを表す聖ジョージ旗のみの意匠のついた盾を持ったブリタニアは、無力な国王の足元にむなしく散らばった国民からの要望書を力無く見つめている。ハノーファー家の象徴である馬が、破綻したイングランド人を踏みつけ、鞍の部分にイングランドの地図を載せて遁走しようとしている。イングランドを表象するライオンや犬が、重臣たちと同様、仲間内で相争っている。

ニューカースル公を擬した人物の奇妙なほどに大きくて、曲がった鼻には人物風刺につきものの身体的な特徴の誇張があるし、肩まで下がった長いかつらには俗物根性が暗に示されている。大きな鼻にかけた度の強そうな眼鏡は、王に対する「私には、海軍のことは分からないのです」という申し開きの言葉とともに、対外政策における展望や洞察力の欠如を暗示することによって、その政治的無能力を風刺している。ブリタニアは悪政に苦しむイギリス国民を代表しているが、聖ジョージ十字の意匠のついた盾は、ここでも、不用意で傲慢な、あるいは無意識で楽天的なイングランド人の、イングランド中心のイギリス意識を表していると言える。

アメリカとの確執

アメリカに対しても、愛憎半ばする対外意識があった。一四九二年のクリストファー・コロンブスの航海以後、ヨーロッパ諸国によるアメリカへの植民が本格的に始まるが、当初はスペイン、ポルトガルがその勢力を二分していた。イギリスの新大陸への関心は、わずかに、ヘンリー七世による北アメリカ航海を探るためのジョン・カボットの派遣がある程度であったが、一六世紀後半におけるカリブ海地域における私掠船の活動や密貿易を黙認する頃には、アメリカへの関心は高まっていた。北アメリカへの植民政策に関しても、一六世紀後半にロアノークの植民には失敗したが、一六〇七年のヴァージニア、ジェイムズタウンの建設以後、本腰を入れるようになっていた。一六二〇年にはメイフラワー号でプリマスに上陸したピューリタンによってニューイングランドの植民が始まり、植民地はその後もどんどん拡大していった。そして、新大陸においても、カナダからミシシッピー川流域地方に植民地を展開していたフランスと対立するようになる。しかし、アメリカ原住諸部族をも巻き込んだ、フランスとの俗にいう七年戦争は一七六三年のパリ条約において和平が成立し、イギリスは北アメリカの広大な領土を手に入れる。

しかし、この頃から植民地アメリカとの対立が顕在化してくる。植民地としてのアメリカは、確かに政治的にも経済的にも本国の支配下にあったが、大英帝国の発展のなかで繁栄をともにし、いわゆる「有効な怠慢」による自由を享受していた。しかし、広大な土地と資源をもち、階級制度のしがらみのないアメリカ社会において、独自の自国意識が次第に生まれていた。フランスに勝利したイギリスがその覇権を強固にしようと植民地支配を強めだすとともに、本国との対立姿勢を強めるのである。一七六三年、イギリス政府は、原住民との摩擦を避けるためとしてアパラチア山脈より西側への入植を禁止したが、実際には毛皮産業を独占しようとし、植民地の人々の反感をかった。それにもかか

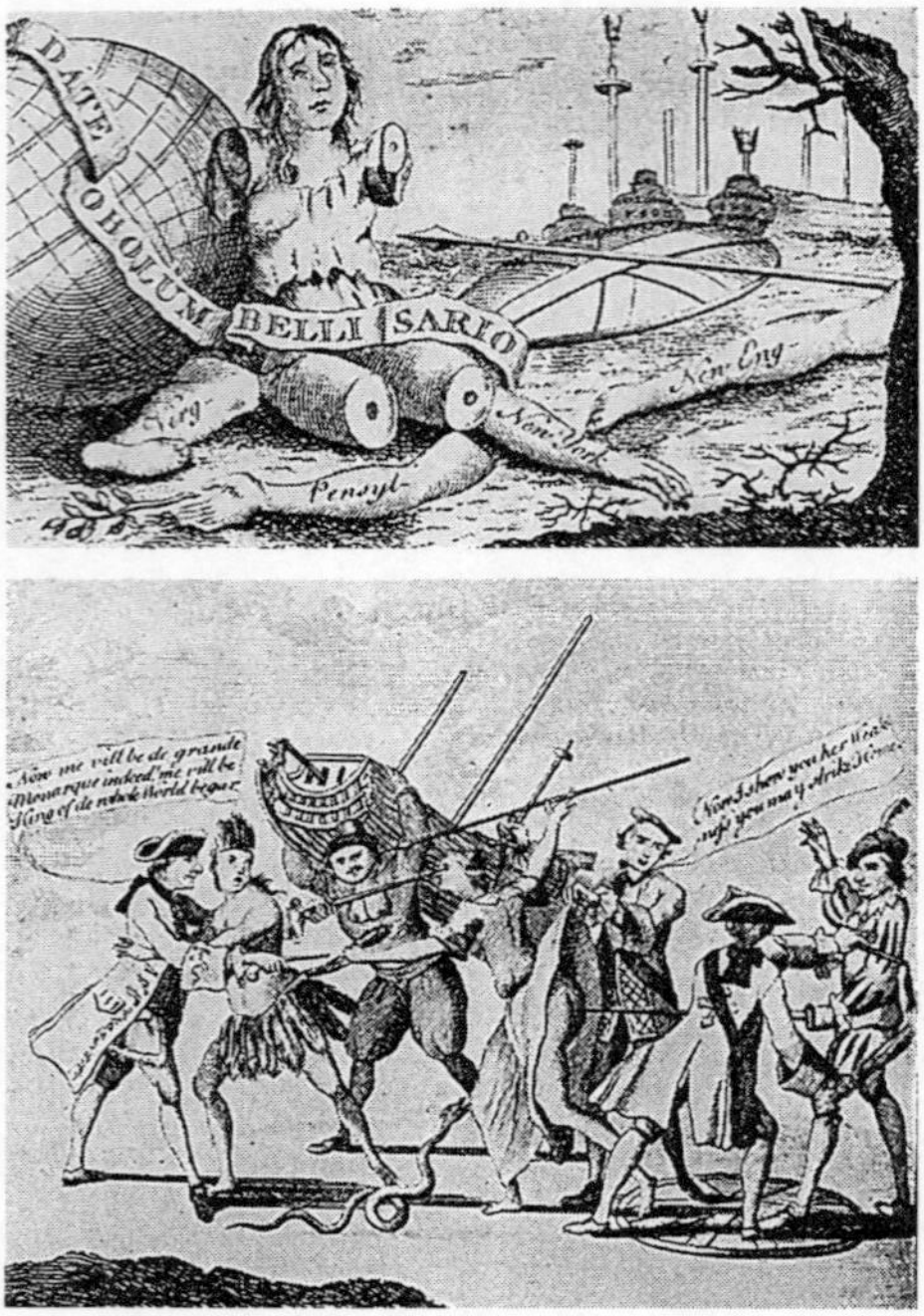

図43 『減少した植民地』および『その一味』

わらず、植民地における軍事費を確保するためだとして、一七六四年には砂糖に関税を課し、一七六五年には新聞、パンフレット、証書類などに印紙を貼ることを義務づける「印紙法」を制定するのである。それまで本国議会が植民地において直接課税を課したことはなかったので、アメリカ全土に猛烈な反対運動が起こる。

このような世相を反映する風刺画に、手足を失ったブリタニアが登場する『減少した植民地』（図43上）がある。当時のアメリカで、ベンジャミン・フランクリンの示唆によって作られた『マグナ・ブリタニア――減少した植民地』という風刺画を引き写したものであると言われている。ヴァージニア、ペンシルヴァニア、ニューヨークそしてニューイングランドと銘打たれた手足を切断されたブリタニアは、地球から滑り落ち、困窮し、施しを乞う姿で描かれている。苛酷な植民地政策を続ければ、本国イギリスはこのように植民地を失い、さらに財政は行き詰まるであろうことを暗示し、アメリカ植民地に独立の意志のあることを示す警告であった。この風刺画が、一七六八年、親アメリカ政策をとるビュート政権を批判するものとして、『その一味』（図43下）という風刺画と対にされた形でイギリス版として現れたのだった。

さて、『その一味』であるが、画面の中央で槍を振り上げ、ブリタニアが威嚇しているのは、ルイ一五世の腕のなかにすべてを預けようとしているアメリカである。イギリスからの独立をはかって、フランスに援助を求めたアメリカの政策を表している。しかし、そのブリタニアの背中を刺し、「さあ、彼女の弱点を教えよう。急所を突きなさい」と言って、ユニオン・フラッグの意匠のついたブリタニアの盾を踏みつけているスペインに彼女を引き渡そうとしているのはビュート伯である。オランダは、イギリスの船を持ち逃げしようとしている。すなわち、アメリカ独立戦争の混乱の間に、海上商業権を横取りしようとする様を描いている。アメリカの独立は、イギリスを孤立させ、ルイ一五世を「世界の覇王」にする恐れがあるという主張である。

「印紙法」自体は、アメリカ植民地における反イギリス感情の高まりのために、一七六六年三月に廃止される。イギリス商品の非買運動に打撃を受けたロンドン商人の圧力によるものであった。しかし、植民地に財政の分担をさせるというイギリス政府の方針は変わらず、六七年に、ガラス、鉛、ペンキ、茶などに増収を目的として輸入税を課すことにした「タウンゼンド諸法」が制定される。その結果、イギリス商品のボイコットが再燃し、「タウンゼンド諸法」も七〇年四月、茶を残して廃止されることになる。しかし、茶についても、七三年に、本国を通さずに直接アメリカ市場で売り払うことを許した「茶法」が制定され、オランダ茶の密貿易で利益を得ていたアメリカ商人に打撃を与え、本国の政策に翻弄されることに反発したアメリカ植民地の人々の間に本国イギリスへの不信と反発が強まる。各地で茶の陸上げが阻止されるが、なかでも有名なのが、七三年一二月にボストン港内で起こった、サミュエル・アダムズに率いられた原住民に扮した一団が船上の茶箱を海に投げ捨てるという事件である。このボストン茶会事件は、イギリスとアメリカ植民地の間の亀裂を深める。

このような時勢を描く風刺画に、『有能な医者、あるいは苦い薬を飲まされるアメリカ』がある。半裸の女性アメリカを後ろ手に押さえつけている男がいる。スコットランド出身で、王座裁判所の主席裁判官として一七七二年には奴隷制度を違法とする「マンスフィールド判決」を下すなど、人権擁護に見識を示したマンスフィールド伯爵ウィリアム・マリーである。彼は、一七四二年以来下院議員としても活躍したが、法の解釈が厳しすぎたため民衆には人気がなかった。ウィルクスの「法益剥奪判決」を破棄したことでも知られているが、ビュート伯同様、スコットランド出身であったこともあり、イングランド愛国主義者ウィルクスに導かれた大衆からやり玉に挙げられることも少なくなかった。半ば仰向けの状態になった彼女に、むりやり苦い薬のお茶を飲ませている男もいる。一七七〇年から八二年まで首相を務め、「茶法」などの一種の懐柔策をとるが、結局アメリカ植民地の独立を回避できなかったノース男爵フレデリック・ノースである。

さらには、彼女のスカートの裾を上げてのぞき込んでいる男もいる。ノースのもとで一七七一年から八二年まで海軍大臣を務めたサンドウィッチ伯爵ジョン・モンタギューである。賭博が好きで、賭事をしながらいつでも食事がとれるサンドウィッチの考案者として知られているが、汚職のために何度も非難の対象になった人物である。ほかには、抜き身の剣を手にして後ろに控えているビュート伯、左手に立ってこの様子を見守っているフランス王とスペイン王の姿も見える。そして、画面の後方に、この光景に目をそむけるブリタニアが描かれているのである。この風刺画は、ボストン茶会事件への報復処置として、ボストン港の閉鎖などを含むいわゆる「耐え難い諸法」を通し、結局フランスやスペインに有利であるだけで、アメリカを苦しめるものにほかならない政策をとるイギリス政府を非難するものである。ここで直接虐げられ、陵辱されているのはアメリカであるが、ブリタニアはいわばイギリス国民の良識を代表し、この光景に目をそむけているのである。それは、わが子アメリカの不幸を嘆く母なるブリタニアの姿でもある。

図44　『親殺しの罪——近代の愛国主義の図』

しかし、一七七六年に出た風刺画『親殺しの罪——近代の愛国主義の図』（図44）ではアメリカに味方し、ブリタニアを押さえつけるイギリス人が描かれる。本来はアメリカびいきのジャーナルであった『ウェストミンスター・マガジン』に載った作者不詳の風刺画であるが、『有能な医者』とは反対に、アメリカを表象するアメリカ原住民風の女性が、トマホークと短刀をかざして、ブリタニアを襲おうとしている。このアメリカの反逆を支持しているのは、不思議なことに愛国主義者ウィルクスである。そばでこれを傍観しているのはチャタム伯爵ウィリアム・ピットやチャールズ・ジェイムズ・フォックスを含む野党の議員たちである。一部の者はブリタニアを守ろうとするブリティッシュ・ライオンを押しとどめようとしている。

ピットは、アメリカ植民地の独立には反対していたが、ノース内閣の厳しい課税政策には反対し、その植民地政策を批判していた。フォックスもまたノース内閣の植民地政策を強く批判していた。この絵はアメリカに対するゼノフォウビアを物語るものであると言うよりは、無策のうちにアメリカの独立を許した政治家や、状況を見て主義・主張を変える政治家、とりわけ、その副題に見られるように、愛国主義を標榜して私利私欲に走る政治家への風刺であると言えるかもしれない。「愛国心」を定義してジョンソンが「悪漢の最後のよりどころ」と言ったとき、彼の頭のなかにはウィルクスのことがあったと言われることについてはすでに述べた。

一七八三年のギルレイの風刺画『ブリタニアの暗殺、あるいは共和制の楽しみ』にも、無惨なブリタニアが登場する。閣僚たちが、地球の上に座したブリタニア像を打ち壊そうとしている。二人の裁判官、エドワード・サーローとマンスフィールド伯が引き留めようとしているが、キツネの姿で描かれたフォックスは彼女の足に噛み付き、ウィルクスは自らが主宰するプロパガンダ紙の名前「ノース・ブリトン」とか「名誉毀損」という言葉を振りかざして、彼女を脅迫している。アメリカは彼女の頭をもって逃げ去ろうとしており、フランスはそれを奪い取ろうとしてその後を追いかけている。

スペインは脚を、オランダは盾を持ち去ろうとしている。

これらの風刺画において、ブリタニアは、イギリスそのものを表象することによって、単純な形で外国の脅威をあおるだけではなく、邪悪なあるいは無能な政治家たちによって損なわれる国益を象徴している。しかし、その場合でも、風刺の対象となっている者たちと結びついた外国の勢力を暗示することで、人々の自国意識をあおっていることは確かである。

4　ブリタニアの変身

虐げられるブリタニア

虐げられるブリタニアは、常に他者との関係で描かれたわけではない。根底に何らかの形でゼノフォウビアがのぞいているが、その意図がむしろ国内の社会不安を語ることにあり、ブリタニアが政争の道具に使われている風刺画も数多くある。そのような側面が前面に出たものに、一七五〇年頃の風刺画『やっかいな荷物で揺らぐ骨組みの下で苦悩するブリタニア』(図45) がある。「貿易」と「公益」によって支えられている「国家」が崩壊の危機に瀕している。この揺らいだ屋台骨をさらに危うくしているのが、国政を忘れ、奢侈に溺れる閣僚たちである。不安定な骨組みの上で、彼らは国家財政を示すのにこの頃しばしば登場する「八〇、〇〇〇、〇〇〇」という数字に群がっている、下からこれに綱をかけ、屋台骨を危うくしているのがニューカースル公とその閣僚たちである。この綱には

図45『やっかいな荷物で揺らぐ骨組みの下で苦悩するブリタニア』

「失われたミノルカ」「おろそかにされたアメリカ」そして「守られなかった貿易」という名が付され、彼らの失政が暗示されている。「貧困」「過剰」「飽くなき貪欲」という付票で示されているのはヘンリー・フォックスである。意欲を失った製造業者は、左下でうらぶれた様子で地面に座り込んでいる。直接にはジョージ二世の治政を批判したものであるが、ここに描かれた困惑するブリタニアは、為政者の放埒と奢侈によって苦しむ国民を表象している。

　内政に苦しむブリタニアは、一八一九年にジョージ・クルックシャンクによって描かれた『死神それとも自由の女神、あるいは危険にさらされたブリタニアと国を守るさまざまな美徳』（図46）にさらに典型的な形で現れる。ブリタニアは「自由」の仮面をかぶった死神によって陵辱されようとしている。「改革」のマントの陰には「犯罪」「無宗教」「窮乏」などの恐ろしい者たちが潜んでいる。ブリタニアは、急進的な改革主義者たちによって危機にさらされたイギリスである。

　一八一五年にナポレオン戦争は終結し、多くの兵士が復員してくる。しかし、一八一六年の凶作が追い打ちをかけたこともあり、深刻な農業不況が起こる。失業が拡がり社会不安が大きくなるなかで、議会改革運動が盛んになる。リヴァプール伯を首相とする当時の政府はこれに対して厳しい態度で臨んだため、各地で暴動が起こる。

この風刺画が描かれた一八一九年、マンチェスターのセント・ピーター広場に政治改革を求めて数万人の人々が集まる。そして、改革派のリーダーであるヘンリー・ハントを逮捕しようとした治安当局によって民間人一一人が死亡する事件が起こる。この事件は、イギリス軍がナポレオンに栄光の勝利を治めた「ワーテルロー（ウォータールー）の戦い」をもじって「ピータールーの虐殺」と呼ばれるが、ここでのブリタニアは、為政者だけではなく改革主義者たちによっても危うくされる、混乱した内政に苦しむイギリス社会を表象している。

図46『死神それとも自由の女神，あるいは危険にさらされたブリタニアと国を守るさまざまな美徳』

他者の脅威のもとに虐げられ、侮辱されるブリタニアを描くことは、人々の愛国心を刺激し、イギリスとしての統一をはかるうえで効果的であったが、一方で、本来、自由、平和、正義を象徴する側面を帯びていたブリタニアの苦しむ姿は、腐敗と邪悪のはびこる社会状況を物語るのにも利用されたのだ。美徳を体現するブリタニアと自らを重ね合わせることは、自らを自由と平和を守る者と考える選良意識と結びついていた。これは、自己合理化による愛国心醸成の方法でもあった。

図47 『テンプルとピット』

立ち向かうブリタニア

当然ながら、このような虐げられるブリタニアの描写は、反撃を正当化するものであった。さまざまな外敵や苦難に敢然と立ち向かうブリタニア像も次々と現れるのである。

一七五七年の政治風刺画の一つに『テンプルとピット』(図47)がある。ここにも、虐げられる受動的なブリタニアの姿がある。画面中央の棺の上にブリタニアは仰向けに伸びており、イギリスのライオンはハノーヴァー王家を象徴する馬に追われている。当時、愛国的政治家として初代チャタム伯爵ウィリアム・ピット、通称大ピットの人気が沸騰していた。後方に描かれた神の摂理を表す眼をいただいた神殿(テンプル)は、ピットの義兄であり、盟友であったリチャード・テンプル・グレンヴィルとの語呂合わせでもある。「美徳」「名誉」「真価」という基礎の上に立ち、「公益」「慈悲」「誠実」「寛大」などの美徳で支えられたこの神殿、すなわちピットとテンプルの政権を、「嫉妬」「悪意」「背信」「愚行」などの悪徳を具現した閣僚たちが破壊しようとしているのだ。ブリタニアは、このような反愛国的な閣僚たちによって食い物にされ、すでに息絶え、棺の上にのせられているかに見える。しかし、よく見ると、そこには「彼女は死んでいない。眠っているだけだ」というキャプションが付けられている。反撃するブリタニアが期待されているのである。

虐げられるブリタニア、そして反撃するブリタニアという図式が直線的に辿れるわけではないが、一七四五年の風刺画である『露呈した反乱』にはすでに、武器をとるブリタニアの姿が描かれている。ジャコバイトのもっとも大きな反乱である「四五年反乱」のときに描かれたもので、頭上に矛を構え、ジャコバイトに立ち向かうブリタニアの姿が見られる。この風刺画は、ブリタニアが「自由」「正義」「信仰」「豊穣」などの国民の安寧と幸福を寓意的に示すものとして登場する『天秤』という風刺画と対になっている。この絵には、ローマ教皇を後ろ盾にした小僭称者チャールズが正義を象徴する秤にかけられるが、その力はマグナ・カルタの重みにはとても太刀打ちできないものであるという寓意も示されている。

一七五五年には、フランスを他者としてイギリス人の愛国心をあおる『守られたイギリスの諸権利』という風刺画がある。すでに述べたように、別名の『イギリスの憤り、あるいはルイスバーグで敗北したフランス軍』としても知られるものである。オーストリア継承戦争後のヨーロッパにおけるフランスの拡張政策とそれを押しとどめるためにイギリスが果たした大きな役割を喧伝する反フランスのプロパガンダの一つである。この風刺画において、ブリタニアの実際に戦っている姿が描かれているわけではないが、フラ・ダ・リーをちりばめた衣を着たフランスを表象する女性が、「わが領土と呼んできた約束の地を異教徒の手に渡さねばならないとは」と言って嘆いている一方で、先端に自由を象徴するフリジア帽をかぶせた矛を手にしたブリタニアは、軍神マルスそして海神ネプチューンと誇らしげに言葉を交わしている。肩を落として意気消沈するフランスに対してフリジア帽をかぶせた矛をもって毅然としているブリタニア、この両者の関係は、イギリスのライオンの鋭い目に威嚇されて、慌てて逃げるフランスの雄鶏によっても寓意的に示されている。

図48 『立ち上がるブリタニア，あるいは退治される連合の悪漢』

勇ましく戦うブリタニアの姿が見られるのは、一七八四年にローランドソンによって描かれた『立ち上がるブリタニア、あるいは退治される連合の悪漢』(図48)である。国内の政治的な腐敗に立ち向かうブリタニアが、自由を危うくするノースとフォックスを放り投げようとしている。ここでも矛の先に自由の象徴であるフリジア帽が見える。一七八〇年代に至って、アメリカ独立運動が長期化するなかで、チャールズ・ジェイムズ・フォックスを指導者とするホイッグ党と元首相のノースに従うグループが手を結び、ホイッグ党のポートランド公爵ウィリアム・ヘンリー・キャヴェンディッシュ・ベンティンクを首相とするフォックス・ノース連合政権が発足する。

一八世紀のイギリスは、ずっとフランスと交戦状態にあったといってよいが、対仏戦に積極的な土地貴族の支持するホイッグ党と、戦費調達のための増税を嫌う中小地主の支持を基盤にしたトーリー党の間で政権争いが繰り返された。ほとんどの対仏戦争はイギリスの勝利に終わり、戦争は人々の愛国心をかき立てるが、長期化すると人々の厭戦気分が強まり、トーリー党への支持が強くなった。しかし、ジャコバイトの反乱の失敗によりトーリー党は衰退する。一方、ホイッグ党の内部でも対立が高まり、いわゆる政争が繰り返される時代であった。このような状況において誕生した連合政権は、国王ジョージ三世の意に反したものであったが、同時に議会を軽視した政権争いから生まれた妥協の産物にほかならなかった。ブリタニアは、イギリスの自由を危うくするノースとフォックスを退治して国を守る雄々しき女神として登場するのである。しかし、ここでもその背景に、イギリスの自由を危うくするフランスの脅威があったことは否定できない。

この後、一七九三年のツーロン港の包囲から一八一五年のワーテルローの戦いまで、ナポレオンの侵攻がイギリスの人々を恐怖に陥れる。とくに一七九六年のアイルランド侵攻の試み、一七九七年のウェイルズへの遠征軍の上陸は、ナポレオンの脅威を現実のものとし、不安はトラファルガーでのイギリス軍のフランス、スペインの連合艦隊の撃退の後も続いた。これに対処するため、一七九八年には「国土防衛法」が作られ、一八〇一年にイギリス最初の国勢調査が行われた。その目的は第一に、「あらゆる戦争、とりわけ国防戦においては、可能なかぎり多数の男子を兵士として登録することがもっとも重要である」という理由からであった。このような調査は一八〇三年にも行われ、広く国民から義勇軍への志願が募られた。このような状況のなかで、人々の愛国心に訴えるさまざまなプリントが流布した。一八〇三年の『自由民の誓い』もそのようなプロパガンダのためのプリントの一つである。ブリタニアはイギリスのライオンとともに、さまざまな職業からなる庶民によって、闘うイギリスの象徴として担ぎ上げられている。ナポレオンの脅威を感じた人々の間で、確かに、愛国心が盛り上がった時代であった。

徴兵に応じた者がひとしなみに純粋な愛国心に動かされたのではなかった。狂信的な愛国心を扇動する者もいたし、それに踊らされる者もいた。さまざまな打算や思惑もあった。しかし、いずれにせよ、汚れなきイギリスの正義と美徳を象徴するブリタニアが、さまざまな理由や考えの違いを押し黙らせ、単純化された愛国心の象徴として、徴兵の先頭に立つ積極的な姿で登場するのである。この時点でも、ブリタニアはイギリス統一の象徴として確立していたわけではなく、イングランド覇権の強要という側面を濃厚にもっていた。しかし、そのような矛盾をないまぜにしながら、ブリタニアは好戦的な積極性を次第に強めてゆくのである。

支配するブリタニア

イギリスとしての国家統一が進み、海外植民地が拡大するにつれて、ブリタニアはまた、新たな意味を帯びて使われるようになる。支配の象徴としてのブリタニアが登場するのである。硬貨の意匠についてみても、公定ナショナリズムの表明と涵養の道具として、ブリタニアはその後も間断なく使用される。髪型や肉付きに多少の違いはあるが、ほぼ同じ意匠が続く。一七一三年には、数隻の帆船の浮かんだ海と陸上での農耕風景を背景にした立ち姿のブリタニア像が現れる。しかし、その後硬貨に現れるブリタニア像はほとんどが座像で、基本的には右手にはオリーヴ、左手には矛を持ち、足元には盾が置かれているものである。一七八八年の硬貨では、左手に豊穣杯をかかえ、盾の図案の描かれた台座の上に座ったブリタニア像が描かれ、その左右に帆船とライオンが描かれている。その後一七九〇年には、右手からオリーヴが消え、水平に差し出した手で何かを指し示すブリタニア像が現れる。その後も、台座が地球のものや、ブリタニアが海上に浮かぶもの、遠景に灯台の見えるもの、ヘルメットの代わりにオリーヴのリースをかぶったものなど、さまざまなヴァリエーションが現れる。

このようなブリタニアの出で立ちのうち、ヘルメットは外敵に対する防御と安全を、オリーヴは平和を、矛は必要な際の戦争を表していることは明らかである。また、帆船や灯台が描き加えられた海を背景に登場するブリタニアは、豊穣杯を持つ意匠のあることを考えあわせれば、キャムデンやドレイトンにさかのぼれる「白銀に囲まれた豊穣の島」であるこの国を暗示するものである。ライオンは、動物による国家表象の伝統を踏まえれば、他の諸国の上に君臨する高貴なるものとしての自国意識の表れである。「賢明」を象徴するミネルヴァや文字どおり「自由」を象徴するリバティーなどの特性をあわせもつブリタニアのイコノロジーの伝統に「愛国心」「豊穣」「発展」などの意味が加えられるのである。また、豊かで穏やかな姿であったり、清楚で凛とした姿であったりすることにより、「無垢」「無私」「自制」「誠実」などの意味が付与されるのである。

図49　『海洋協会の活動を推進する動機』趣意書口絵

このように、イングランド優位のものであれ、イギリスという国を表象するブリタニアは、一八世紀後半の国家形成期において、もともとその成り立ちに含まれるさまざまな寓意的意味に加えて、為政者や民衆が心のなかで自分たちの国にかくあれかしと願うさまざまな徳性を帯びるようになる。いわゆる公定ナショナリズム涵養の道具としての硬貨のほかにも、それに準ずるような形で波濤を越えるブリタニアが登場し、人々の愛国心をあおり、植民地支配の正当化に利用されるのである。

一七四五年のジャコバイトの反乱後の数十年間、イギリスでは愛国心やナショナル・アイデンティティに関する議論が盛んに行われた。ジャコバイトの一軍が首都ロンドンを目指してダービーまで迫ったことが、人々の恐怖をあおり、自国意識をかき立てたのだった。一七五九年に一般公開された大英博物館の創設や、フランスの『百科全書』を意識して一七六八年から一七七一年にかけて刊行された『ブリタニカ百科事典』の出版はそのような自国意識の高まりの結果であると言われる。ほかにも、さまざまな愛国的な事業や団体が生まれたが、なかでもその後のイギリスの行方を方向付けるうえで重要なものに海洋協会の設立がある。一七五六年の七年戦争の勃発に際して、ロシア会社の一員であったジョウナス・ハンウェイという人物がその設立を発起するのである。資金を集めて失業者や浮浪者、孤児を海軍へ送り込むというものであった。

翌年の一七五七年に出たその趣意書『海洋協会の活動を推進する動機』の口絵（図49）に、サミュエル・ウェイルによって描かれた、愛国心を唱える先導者としてのブリタニアが登場する。「われらが国に奉仕するため」という言葉の下に、海洋協会の倉庫を背にしたブリタニアが描かれている。ブリタニアの背後には大きな帆船が描かれ、彼女の足元にはさまざまな船具と大砲が置かれている。貧しい身なりの子供たちが大人に背を押されて、手招きするようにして左手を差し出している彼女の方へ近づいている。貧民を対象にしたあからさまな人集めが高らかにうたわれているのである。時が変われば、風刺画ともとれるものである。

コリーの説明によれば、この協会への最高額の寄付者は一、〇〇〇ポンドを出したジョージ二世であり、それに次いだのは四〇〇ポンドを出した皇太子であった。ロシア会社は一〇〇ポンド、東インド会社のある商人は二〇〇ポンドを寄付した。ほかにも多くの団体や商人が寄付したと言う。この団体の活動は大成功を収め、一、五〇〇人以上の人が寄付をし、少年を含む約一万人の男子が戦場へ送られたと言う。このような運動の成功は、すでに愛国主義の表明が経済活動に不可欠なものになっていたことを表している。自分たちの利益を守るために、多くの団体や商人が競って寄付に応じたのである。

そしてこのような活動の旗印となったブリタニアは、その利益の受け手として、植民地主義的な帝国拡大の象徴としても使用されるのである。七年戦争で北アメリカや西インド諸島、アフリカやインドにおいて多くの領土を獲得し、イギリスの人々は、エドマンド・バークの「商業は戦争と一体化し、戦争によって繁栄しうる」ということを実感したのである。一八世紀の半ば頃までには、植民地の産物がどんどん輸入され、有産階級だけでなく民衆の間にも広く普及するようになる。絹やコーヒー、タバコ、砂糖、茶などが広く行き渡り、植民地のもたらすさまざまな事物、それによって得られた利益によって、人々が贅沢ないわゆる奢侈文化を享受するようになる。一七七八年にスピリディオネ・ロマによって描かれた東インド館の天上画である『東洋の財宝を受け取るブリタニア』(図50)は、まさしく世界の富を集めるイギリスを描いたものである。

図 50 『東洋の財宝を受け取るブリタニア』

海軍力を背景にした植民地主義、それと手を結んだ商業主義は、この時代にすでに人々に広く受け入れられていたことは、次のような詩作品にも見ることができる。

イギリス海軍は、広大な大洋を渡る
秘策を練り、恐ろしき極限を越えて

そして戻る、アラブの香り高き
戦利品、インドの富、真珠
野蛮人の黄金を携えて

この海軍力による植民地支配こそ「ルール・ブリタニア」に盛り込まれたメッセージである。「ブリタニアよ、支配せよ、怒濤を支配せよ／イギリス人は決して奴隷になることはない」（'Rule, Britannia, rule the waves: / Britons never will be slaves.'）というリフレインでくり返された願望が、着実に現実のものとなりつつあった。命令形で「支配せよ」と二度繰り返すリフレインは好戦的である。“rule”の目的語、つまり「支配する」対象は“the waves”である。“the waves”は「波濤」を意味し、海外進出に伴うさまざまな困難を暗示する。しかし、同時に、それは「海洋（the sea）」を意味する詩語であり、七つの海を支配するイギリスの繁栄を願うものである。イギリスは、この頃すでに海洋国家として世界の海に乗り出していた。

古くは、一五八八年のスペイン無敵艦隊の撃退にさかのぼれるが、その後も、イギリスは海洋国家として着々と勢力を拡大する。また、一七〇〇年のスペイン王位継承問題に端を発したフランスとの戦いに勝利をおさめたイギリスは、ニュー・ファウンドランドやノヴァ・スコシア、ハドソン湾地方をフランスから獲得し、ジブラルタルとミノルカという重要拠点をスペインから獲得する。さらに、スペイン領アメリカ植民地への黒人奴隷供給権を獲得し、アメリカを中心とした植民地に勢力を拡大し、貿易・商業を発展させる。この頃から、イギリスはヨーロッパ列強の仲間入りをする。

「ルール（rule）」には「測量する」という意味は直接にはない。しかし、植民地の獲得は、世界中の海を測量し、見知らぬ土地の動植物を同定して有用なものを発見し、場合によってはそれを馴化するという時代の要請に合致していた。それは、まさしく「支配」そのものであった。つまり、カール・リンネの方法によって地球上のあらゆる植物に名前を付け、分類する方法と深くかかわっていた。一七八八年にロンドンにリンネ学会が設立されたのには理由があったのである。一八二八年に開園するロンドン動物園、一八四一年に植物馴化園として大きく組織替えすることになるキュー植物園の開設につながる、海洋国家としての大英帝国の礎はこの時代に築かれたと言える。

「ルール・ブリタニア」は、このような時代の変化のなかで新たな意味を帯びてゆくのである。第一連では、このような海洋国家としての発展を神から与えられた使命であると規定し、第二連では、ライヴァルの強国を暴君として自らを正当化し、第三連では、それらが外国の勢力であることを明らかにする。そして、第五連では、近隣諸国の岸辺を支配することが歌われる。この歌は、まさしく帝国主義的な植民地主義を正当化する要素を備えているのだ。

しかし、ここでもう一度各連についたリフレインの部分を見てみよう。この国はさまざまな苦難を乗り越え、七つの海を支配する大帝国を形成することになるが、この時代、それは未だ実現のおぼつかない夢であった。海外植民地の拡大競争において、まだまだ乗り越えねばならない幾多の困難が予想された。リフレインの第一行目の好戦的とも言える威勢のよさに比べて、第二行目の「イギリス人は決して奴隷になることはない」という言葉は奇妙に消極的であると言わねばならない。"waves"が"slaves"と脚韻を踏むことで、「海を支配する」夢は「奴隷に身を落とす」不安と結びつけられているのである。むしろ、その不安が常につきまとっていたのがこの時代であった。

しかし、リフレインに含まれるこの二重性こそ、イギリス体制を整えるのにもっとも有効な方法であった。奴隷になることの恐怖をあおること、つまり、外国の脅威、他者の脅威をあおって国内の統一をはかるのである。この歌が登場した時代には、さしあたって他者としてのジャコバイトの脅威があった。それは、カソリックの脅威、カソリック大国フランス、スペインの脅威と結びついていた。ブリテン島内の統一、すなわち、プロテスタントの島国、神に祝福され、カソリックの圧制から諸国を解放する使命を帯びた国としての自己規定が、ある意味で帝国形成の大義となるのである。それは、大いなる自己矛盾を孕むものであった。

しかし、「自由」と「隷属」が二者択一的な命題であることは、西洋社会において自明なことであったし、この国の歴史を考えても当然のことであった。「自由」が執拗なほどに希求され、そのエンブレムが遍在することは、これまで見た風刺画においても明らかであるし、ブリタニアへの言及を含む詩にも、隷属状態への危機感を訴えるものが数多くある。虐げられるブリタニア像もその一つの表れである。一七三八年の作者未詳の風刺画に『奴隷であること』がある。四人のイギリス人がスペイン人によって犂を引かされている。このスペイン人に立ち向かおうとするイギリスのライオンをウォルポールが押し止めている。直接にはウォルポールの政策を批判したものであるが、外国の脅威は、イギリス人には常に隷属への恐怖を引き起こしたのである。

「奴隷にはなるなかれ」

隷属状態への恐怖は、大陸の列強に対する弱小国イギリスの切実な不安から来ていた。「ルール・ブリタニア」の流行の背景には大陸の大勢力と結びついたジャコバイトへの恐怖があった。その好戦的な愛国心の謳歌は、隷属状況への不安と隣り合わせだった。そこでは、隷属状況を避けるには支配しかないという単純化が肯定されているのである。この時期カソリック色の強いアイルランドが一線を画され、国内植民地のような立場におかれ、奴隷貿易が肯定されるのもこのためである。

皮肉なことに、イギリスの海洋国家としての成功、海外貿易における繁栄は、奴隷貿易によるものであった。ロンドンやリヴァプール、ブリストルを拠点としてイギリスの商船は、火器や綿織物をアフリカ西海岸へ運び、そこで黒人奴隷とそれらを交換し、奴隷を積み込んでカリブ海へ運んだ。そこで奴隷たちはプランテーションの労働力となって、砂糖やタバコ、綿花の生産にあたった。この綿花を輸入し、マンチェスターなどのイングランド北西部の綿工業地帯で綿製品をつくり、それを奴隷と交換した。このいわゆる「三角貿易」が、イギリスで産業化が成立した大きな要素であった。

イギリスの発展と黒人奴隷貿易、黒人奴隷制度の密接な関係は、一九四〇年代のトリニダード・トバゴの独立運動の指揮者で、のちにこの国の首相になったエリック・ウィリアムズによって糾弾されたが、綿花とともに、イギリスの富の蓄積に大いに貢献した砂糖生産についても、その兆候は顕著に見られる。「ルール・ブリタニア」が巷に拡がった一八世紀中頃、イギリスの海外貿易と工業生産、そして植民地の砂糖生産が飛躍的に成長したのは事実である。

また、海外貿易における奴隷売買による繁栄にとどまらず、国内植民地といわれるアイルランドにおける搾取、そしてウェイルズやスコットランドにおける自治権の制限による効率的な収益によって、三〇万人以上にのぼると言われるアイルランドやスコットランドの貧民をアメリカ植民地に送り出し、その奴隷的な労働によって莫大な利益をあげていた。イングランド覇権を含むイギリスはここでも大きな恩恵を得ていた。つまり、奴隷制度や情け容赦のない搾取による収益は国家にとって重要なものであったのだ。「海外貿易と植民地支配」を暗示する「海（waves）」は「奴隷（slaves）」と密接に結びついているのがこの時代のイギリスの状況であった。

確かに、奴隷制度に対する反対の声はすでに大きかった。一七五九年、スミスは『道徳感情論』において「アフリカ人を残酷に扱い、その生命を奪っている白人奴隷貿易商人」を厳しく非難している。し、「貧民児童利用策私案」をはじめとする痛烈な風刺文でアイルランドの悲惨な状況を訴えたジョナサン・スウィフトは、一七二六年に出版された『ガリヴァー旅行記』に、植民地での現住民使役の現状について次のような指摘をしている。

機会がありしだい船はつぎつぎと送り出される。原住民は追い払われるか殺されるかし、彼らの王は金の在処を白状させるために拷問される。非人間的でどん欲なあらゆる行為がほしいままに

図 51 『放蕩者一代記』

され、大地は住民の血にまみれる。宗教を大儀としたこの遠征に従事する忌まわしい虐殺者の一団こそ、偶像崇拝の野蛮人を改宗させ文明化させるために送られた、現代の植民者なのである。

ホガースも、一七三五年の連作版画『放蕩者一代記』(図51)において、帝国主義的な拡大主義の落とし穴を指摘している。東インド貿易と西インド貿易によって得た莫大な財産を相続したレイクウェル(「放蕩」を意味する寓意的人物)が放蕩の末に破滅に至る一生を描くこの連作版画の一枚には、放蕩のかぎりを尽くしたレイクウェルがついに狂気と見なされ、ベドラムの精神病院に収容されているものがある。この版画には、背後の壁に地球や船舶、大砲が描かれたものと、その上に硬貨の意匠と同じブリタニア像が描き込まれたものの二種類があるが、いずれにせよ、それらはレイクウェルの堕落を引き起こした大英帝国の文化を象徴している。

しかし、レイクウェルが堕落の末に収監された監獄が自由を奪われた一種の隷属状態であり、また同時代に人気を得たジョン・ゲイの『乞食オペラ』に、監獄に代わる処罰の場所として西インド諸島の植民地への言及があるように、奴隷状態は罪を犯したもの、あるいは動物と同じレベルで見られたアフリカ黒人や植民地現地人が甘受すべき「隷属状態」であった。「ルール・ブリタニア」に盛られた、キリスト教精神に基づいた文明化の使命、それを果たす者としての選良意識は、一方で帝国主義的な支配を正当化したのである。

しかし、そのような奴隷制の上に帝国の富が築かれていることを自覚した人々もいたし、レイクウェルの一代記に暗示されているように、転覆の不安を感じた人々も少なからずいた。支配によって得る富が莫大なものであればあるほど、その富の出所が気になったことは当然考えられる。しかし、「ルール・ブリタニア」のリフレインに含まれるそのような不安は、この国の帝国主義的な発展とともに、その表面的な威勢のよさにかき消されてゆくのである。

第4章　大英帝国のブリタニア――一九世紀

1　大英帝国の表象

ユニオン・フラッグへのアイルランド旗の追加

一八〇〇年のグレイト・ブリテンとアイルランドの「連合法」の成立を受けて、翌年、それまでの連合旗に白地に赤の斜め十字のアイルランドの聖パトリック旗が組み合わされ、現在まで続くユニオン・フラッグが成立する（図52）。

実は、アイルランドを表象する聖パトリック十字はそれまで存在していなかった。アイルランドと聖パトリックの関係には明確なものがあったが、この白地に赤の斜め十字の「聖パトリック十字」とアイルランドの守護聖人パトリックとは何の関係もなかった。

聖パトリックは、ブリテン島北西部のいずこかで、身分の高いローマ系ケルト人の家庭に生まれたが、一六歳のときにアイルランドの略奪者にさらわれ、アイルランド北部のアントリュームに奴隷と

図52　聖パトリック旗と1801年のユニオン・フラッグ

して売られた。しかし、六年後に逃げ帰り、フランスで修行の後アイルランドへ渡り、北部のアルスターを拠点に各地で精力的に改宗活動を行った。このように、聖パトリックは、イングランドの聖ジョージやスコットランドの聖アンドルーとちがって、アイルランドに明確な足跡を残した聖人であった。しかし、白地に赤の十字は聖パトリックとは何の関係もなかったし、アイルランドにおいてこの「赤十字」が特別の意味をもつものでもなかった。一八〇一年の連合時にユニオン・フラッグを作るために人為的にアイルランド国旗として逆に制定されたのである。

聖ジョージ旗と聖アンドルー旗の組み合わせにおいても、どちらを上におくかに関して、紆余曲折の末、軍事的にも経済的にもまさっていたイングランドの優位は無視できず、聖ジョージ旗を上にすることになった経緯があったのだが、聖パトリック旗を加えるに当たっても、いずれを上におくかについて互いに譲らないものがあった。これを解決したのが、「カウンター・チェインジ」という方法であった。聖アンドルー旗の白の斜め十字と聖パトリック旗の赤の斜め十字について左右でその上下を逆にしたのである。この旗が現在まで変わることなくユニオン・フラッグとして使用されているのであるが、その成立の過程はかくのごとく人為的なものであり、多くのアイルランド人にとっては屈辱的なものであった。

アイルランドのそれまでの歴史は、イングランドおよびイギリスとの関係においていわば隷属的なものであった。ヘンリー二世時代のアングロ・ノルマンの移住にはじまって、イングランドによるアイルランド支配は続き、クロムウェルの時代にその搾取が苛酷をきわめたことについてはすでに述べたとおりである。その後も、一六九一年に制定された「異教徒刑罰諸法」などのカソリックに対する差別政策によって、カソリック系の小作人とプロテスタントの地主の対立は深まった。テューダー朝以前にアイルランド化した「オールド・イングリッシュ」に対して、テューダー朝以降のイングランドからの移住者はほとんどが国教徒で英語を話し、「アセンダンシー」と呼ばれるプロテスタントの優位階級を形成するが、「アングロ・アイリッシュ」とも呼ばれるこの支配層の間にも、「家畜法」や「羊毛法」などのイギリスの身勝手な政策に対する不満は蓄積してゆく。議会改革を求める運動が次第に大きくなり、一七八三年のアメリカの独立とフランス革命に影響されて、一七九八年独立を求めて武装蜂起する。しかし、これは、徹底的な弾圧を受け、失敗する。

一八〇一年のアイルランドとイギリスの合併は、まさにこのような歴史の延長線上にあった。アイルランド議会は廃止され、アイルランドはイギリスに合併吸収されるのである。この後、一九二二年のアイルランド自由国の成立まで、アイルランドはイギリス政府に統治される。この間、一八四五年から四九年にかけてのいわゆるジャガイモ大飢饉の後、青年アイルランド党の蜂起、一九世紀末のチャールズ・ステュアート・パーネルのアイルランド国民党の運動、アイルランド文芸復興の運動と続くが、少なくとも政治的、経済的にアイルランドは、イングランドのいわゆる国内植民地と言える状況にあった。

国王紋章におけるフランスの消失

このアイルランド連合の際に、その理由はしかと分からないが、国王紋章にも変化が起こる。エドワード三世によって、それまでの「三頭のライオン」の紋章に加えられて以来、歴代のイングランド王およびイギリス王の紋章に四〇〇年以上にわたって存在し続けたフランスの「フラ・ダ・リー」が姿を消し、第一クォーターおよび第四クォーターにイングランドの「三頭の歩き姿のライオン」、第二クォーターにスコットランドの「立ち姿のライオン」、第三クォーターにアイルランドの「ハープ」、中央にハノーファー選挙公の紋章が用いられる(図53)。

ユリを図案化したものであるとも、三位一体の教義を表したものであるとも言われる「フラ・ダ・リー」がイングランド王の紋章に加わったのは、エドワード三世の強硬なフランスへの対抗意識によるものであった。フランスでは「サリカ法」によって女系の王位継承権を認めていないにもかかわらず、エドワード三世は、母親のイザベラがフランス王フィリップ四世の娘であることを理由に、フランスの王位継承権を表明する。実際、エドワード三世は、王位継承権を主張して一三三七年フランスに宣戦を布告し、ここに百年戦争が始まったのであった。

姻戚関係や新たな地位の取得によって生じた事実を紋章に加えるために、複数の紋章を組み合わせるいくつかの方法があるが、このとき、エドワード三世はイングランド王としては初めて紋章を四分する「クォーターリング」という方法を用いるのである。そして、第一および第四クォーターに「フランス・エンシェント」と呼ばれるたくさんのフラ・ダ・リーの並んだ意匠、第二、第三クォーターに「三頭のライオン」すなわちイングランドを配したのである。第一、第四の優位のクォーターにフランス王の紋章をおいたのは、自らを「フランスおよびイングランドの国王、そしてアイルランド太守およびアキテーヌ公」と名乗ったのと同様、フランス王位の継承権を強調したものにほかならなかった。

図53 「フラ・ダ・リー」の加わったエドワード3世のスタンダードと「フラ・ダ・リー」の消失したジョージ3世のスタンダード

このフラ・ダ・リーを含む紋章は、ヘンリー四世の時代に変化する。当時のフランス王シャルル五世は、それまでのフラ・ダ・リーをちりばめたフランス・エンシェントの紋章を「三個のフラ・ダ・リー」に変更する。イングランド王がフランス王の紋章を使用していることを快く思っていなかったとも考えられる。しかし、ヘンリー四世は、フランス王が紋章を改定するやいなやすかさず、紋章のフラ・ダ・リーを三個にして、フランス王位の継承権を主張するのである。

このように国王紋章という表象は権力争いの道具となることを免れていないが、当時の状況からすれば、イングランド王のこの強引な権力の主張は背伸びにほかならなかったと言える。しかし、一四一五年、フランス王位の継承権を主張して出兵したヘンリー五世が、アジャンクールの戦いで勝利し、王女キャサリンを后とするとともに、シャルル六世から王位継承権を得るのである。以後、この第一および第四クォーターに「フラ・ダ・リー」を第二および第三クォーターに「三頭のライオン」を配するイングランド王の盾の部分の紋章の意匠は、エリザベス一世までの二百年間、変わらなかった。

エリザベス一世の後を襲ったジェイムズ一世の紋章は、イングランドとスコットランド、そしてアイルランドを統治する王の紋章として大きく変化するが、第一および第四クォーターに配されたそれまでのイングランド王の紋章のなかにフラ・ダ・リーはそのまま残された。

王政復古の後も、名誉革命後オランダから迎えられたウィリアム三世とメアリー二世の紋章、そしてその共同紋章も、その後のアン女王の紋章も、基本的にはジェイムズ一世の制定した紋章を踏襲したものである。ただ、一七〇七年に両国の議会で連合が成立し、グレイト・ブリテンが正式に発足すると、グレイト・ブリテンを表象するイングランドとスコットランドを組み合わせた意匠を第一、第四クォーターに配し、フランスの「フラ・ダ・リー」を第二クォーターに、アイルランドの「ハープ」を第三クォーターに配した紋章が制定される。フランスが第二クォーターにおかれ、優位の第一、第四クォーターにグレイト・ブリテンがおかれるのである。

アン女王の後、ステュアート朝の血統の途絶えることが明らかになると、王位の継承者をめぐってイングランドとスコットランドの間に反目が強まる。結局、イングランドの推すハノーファー家出身のジョージ一世が王位につく。しかし、先に見たように、ジョージ一世は王位についたときにはすでにハノーファー選挙公の地位にあったため、紋章もこれに応じてハノーファー選挙公の紋章を中央に取り入れたものが工夫された。

出自と身分を明らかにするという紋章の役割にそって、イングランド王の紋章も王位継承の実態にそってこのように変化する。しかし、エドワード三世が使用して以来、フランスのフラ・ダ・リーは、統治の実体がない間も、イングランド王、イギリス王の紋章に存在し続けたのである。一八〇一年、ついに、それをはずした背景には、帝国として成長したイギリスの自信があるかもしれない。フラ・ダ・リーという身丈に合わない衣を身に着け続けさせた理由の一つには、大国フランスへの劣等感があったことは否めない。

一八三七年、ウィリアム四世の後、ジョージ三世の弟のケント公爵エドワードの娘、ヴィクトリアが王位につく。女王の即位によって、ジョージ一世以来継承されてきた国王紋章の中央にあったハノーファー家の表象が姿を消すことになる。イギリスでは女性に相続権を認めているが、ハノーファー公国では女性の相続権を認めない「サリカ法」が生きており、ヴィクトリア女王にはハノーファー公国の継承権が認められなかったのである。このときの改定による紋章が、歴代の王によって細部の違いはあるが盾の図形、ライオンとユニコーンのサポーターなど、現在のエリザベス二世まで変わることなく引き継がれている。

華やかに装飾された大紋章は、イングランド意識が芽生え、イングランドの勢力が拡大したヘンリー八世およびエリザベス女王の時代に始まるが、帝国形成期のイギリスにおいても、一種の拡大主義の象徴となり、愛国的な帝国意識をかき立てるものとして利用される。帝国臣民の心を一つにし、対外意識と帝国意識を育てるために利用されるのである。さまざまな矛盾をかかえた現実を捨象して、単純な象徴で人々を誘導するのである。

国歌としての「ゴッド・セイヴ・ザ・キング」

一九世紀は、このように、イギリスがヴィクトリア女王の治世において頂点に達する帝国の体制を整えていった時代であると言える。「ルール・ブリタニア」が次第に帝国の歌としての様相を帯びるように、「ゴッド・セイヴ・ザ・キング」も人々の愛国心のなかで帝国の国歌として認知されるようになる。

一八〇〇年五月一五日、ドルアリ・レイン劇場を訪れたジョージ三世を、恒例のように「ゴッド・セイヴ・ザ・キング」のオーケストラによる演奏が迎える。しかし、観客の歓呼に応えようとロイヤル・ボックスから身を乗り出したとき、一人の男が王を目がけてピストルを発射する。劇場内は騒然となるが王は少しの動揺も見せず、控えの間に退くことを勧める侍従に、オペラ・グラスで観客席を見回しながら、「騒いではいけない。私は一歩も引かない」と言ったと伝えられている。この暗殺未遂者はただちに捕らえられ、「ゴッド・セイヴ・ザ・キング」が改めて高らかに演奏され、観客のある者は大きな歓声を挙げ、ある者は帽子を投げ大喝采をしたと言われる。

実は、この日の午前中、ハイド・パークで催された閲兵式において、一斉射撃の儀式の際に、一発の銃弾が王のすぐそばに立っていた紳士を傷つけるという事件があった。これは偶然の事故であったと公表されたのだが、このときも、また劇場での未遂事件のときも、王が沈着で悠然としていたことが、人々の忠誠心をあおったのであった。そして、その日の芝居が終わり、観客の求めに応じて再度「ゴッド・セイヴ・ザ・キング」が演奏され、大合唱が起こっているときに、劇場の支配人であったシェリダンから歌い手に一枚の紙片が渡された。この日の一件を踏まえた、「ゴッド・セイヴ・ザ・キング」の即興の替え歌であった。

あらゆる隠れた敵から
暗殺者の襲撃から
神よ、王をお守りあれ
王の上に御腕を広げ
イギリスのために、われらが父
国王、同志をお守りください

神よ、王をお守りあれ

観客は歓喜し、その歌を繰り返し歌うよう歌い手に求めたと言われる。

ジョージ三世には、一七六〇年の議会での最初の演説で「この国に生まれ育った私は、イギリス人であることを光栄に思う」と述べたという逸話が残っている。先に見た一連の風刺版画に見られるように、ハノーヴァー王家に対する不信は根強かった。そのような不信を払拭したいという思いが、このような人々の愛国心に訴える言葉になったと考えられる。しかし、イギリスが帝国として発展するとともに自ずと自国意識は高まっていったと考えられる。この自国意識の高まりが、この歌を国歌に仕立て上げてゆくのである。

コリーの考察にあるように、対フランス意識がイギリス人の自国意識を高めるのに利用されたが、一八一四年、ナポレオンの暴政を逃れてイギリスに避難していたルイ一八世がフランスに帰還するにあたって、ジョージ三世の三男で、後にジョージ四世の後を継いでウィリアム四世になるクラレンス公爵が王を護衛して英仏海峡を渡ったとき、その健闘を称えて次のような歌が流行った。

フランス王の祖国への帰還を
助けた勇敢なクラレンス公を
神よ、お守りあれ

イギリス海軍の栄光を
守り通した方に
神よ、どうか祝福を
クラレンス公にご加護を

一八二〇年、ジョージ四世の戴冠式の際にも、「ゴッド・セイヴ・ザ・キング」は戴冠祝歌の「アイ・ワズ・グラッド」に先立って演奏され、祝宴のときには王の即位を祝う歌詞が披露され、合唱された。先のクラレンス公がウィリアム四世として即位したときにも王を称揚する歌詞が作られた。また一八三一年、新しいロンドン橋が完成したとき、橋の中央で催された国王夫妻臨席の祝宴で、「ゴッド・セイヴ・ザ・キング」の合唱があったことが記録に残っている。

一八三七年のヴィクトリア女王の戴冠式では、衣装を整えた女王の登場と同時にオーケストラによって戴冠祝歌の「アイ・ワズ・グラッド」が高らかに演奏され、続いてオルガンによって「ゴッド・セイヴ・ザ・クイーン」の荘厳な演奏が行われた。アルバート公との結婚を祝う歌詞が作られたし、その後も結婚記念日ごとに新たな歌詞が作られた。女王の臨席する場のみならず、その他の王室の公式行事においても「ゴッド・セイヴ・ザ・クイーン」が演奏され、新しい歌詞が作られた。

たとえば、一八五八年に王女のヴィクトリアとプロシアの皇太子フレデリックの結婚にあたって、ヴィクトリアニズムの体現者とも目されているアルフレッド・テニソンが祝賀の歌を作った。このときのテニソンの歌の最初の二行「新郎新婦に神のご加護を／二つの国の絆が堅固でありますように」は、皇太子と王女の結婚を祝うとともに、政治的な意図をもったもう一つの結合、つまり両国の同盟を祝うものでもあった。このように国家体制の維持のための道具として使われるのは、いわばこの歌の宿命であった。

この国の帝国主義的な発展とともにこの歌は世界的な広がりをみせる。ヨーロッパ各国において、さまざまな歌詞がこの旋律にのせて歌われるようになる。すでに、一七六三年にはオランダにおいて、続いて一七九〇年にはデンマークにおいて、一七九四年にはドイツにおいても、主に王室のさまざまな行事を祝う歌に「ゴッド・セイヴ・ザ・キング」の旋律が利用された。もちろん、当時のイギリスの植民地においても本国イギリスでのこの歌の流行の影響は大きく、たとえば、アメリカにおいては「国王」を「大統領」や「アメリカ」という言葉に替えた歌詞や、そこに具体的な大統領の名前、たとえば「神よ、偉大なるワシントンにご加護を」で始まる歌詞をもつ歌が生まれていた。

一九世紀に入ってもアメリカではこのような状況は続き、一八三一年に作られた次の歌は、国歌として「ゴッド・セイヴ・ザ・キング」の旋律で長い間歌われ続けたと言われる。

私の国
美しい、自由の国
私は声高らかに歌おう

父祖たちが命をかけた地
清教徒の誇りの地
山々に自由の鐘を
とどろかせよ

南北戦争のときには、南軍支持の色合いの濃かったイギリスの世論に対して、次のような皮肉たっぷりのパロディーまで出来るほどであった。

神よ、私、ジョン・ブルにご加護を
ポケットがいつまでもいっぱいでありますよう
ジョン・ブルにご加護を
常に勝利し、傲慢で、虚栄に輝き
俗物根性を失わず、詮索好きの
お節介屋のジョン・ブルにご加護を

本来、この歌はお仕着せの国歌として政治的に作られたものではなく、いわば自然発生的に広く流行したという経緯をもっていたが、それを手本として国歌として採用した国々においても、民衆の歌としての精神を残していた。

イギリス国内においては、むろん、この歌のそのような精神は現に残っていた。先に見たように、ジョージ四世の戴冠式や結婚式でも「ゴッド・セイヴ・ザ・キング」は高らかに演奏されたが、この王が、外国に保養に出かけていた妻のキャロラインに一方的な手紙で離婚を申し渡したとき、それに納得できず帰国した彼女に同情した国民の間に次のような歌詞をもつ歌が流行ったと言われる。王の主張に同調した貴族院に風刺の矢を向けるものでもあった。

ああ、天におわす神々よ
イギリス王妃
キャロラインをご覧ください
力強くお起ちになり
敵の悪意をものともせず
勝利なさいますよう
王妃にご加護を

立憲君主である王を称えると同時に帝国意識を満足させる国歌として定着してゆく一方で、この歌は、自然発生的な民衆の歌としての側面を失わずにいたのである。

2　帝国の表象としてのブリタニア

『パンチ』のブリタニア

しかし、風刺の道具として使うことが許容される民衆の歌としての側面を保持しながら、「ゴッド・セイヴ・ザ・キング」は、国歌として次第に定着してゆく。同じように、硬貨の意匠には、ヘルメットをかぶり、ユニオン・フラッグと三つ叉の矛を携える伝統的なブリタニア像が、ユニオン・フラッグや国王紋章などに連なる国家表象として引き続き登場する。しかし、風刺画の世界では大きな変化が起こる。一九世紀の初め頃はまだ、ギルレイやローランドソン、クルックシャンク父子の風刺画が幅を利かせていた。しかし、それまでの銅版画やエッチングに代わって、木版画の新しい手法が普及するとともに、風刺画は定期刊行物にその舞台を移すようになる。トマス・ビューイックによって考案された木口版画の技術の発展によるところが大きいのだが、細密な挿し絵を本文と同じ頁に刷ることが可能になったのである。しかも、従来よりも安価に、早く、大量に刷ることが可能であった。そして、何よりも、ジャーナルを求める読者の時代が到来していたのである。

一八四一年、『パンチ、あるいはロンドンのシャリヴァリ』が創刊される。誌名に明らかなように、これは一八三二年に創刊され人気を集めていたフランスの政治風刺の日刊紙『シャリヴァリ』に触発されたものであった。主としてロンドンに住む新興中産階級の間に広く読者をもつことになるこの週刊誌の創刊号は五、〇〇〇部刷られたがたちまち売り切れ、五、〇〇〇部が増刷されたと言われる。しかし、のちにこの週刊誌の特徴となる穏健な社会風刺は、読者である中産階級の好みに応じて次第に生まれたものであり、創刊当時の『パンチ』は過激な社会風刺、政治風刺を行った。誌名の「パンチ」の由来にも諸説あるが、一八世紀に広く人気を博していた、スラップ・スティックを伴った滑稽な筋をもつ下世話な人形芝居の「パンチとジュディ」から取ったというのがもっとも納得がゆくように思える。古くはイタリア喜劇の道化であるパンタローネにさかのぼれるこの民衆娯楽の主人公のもつ風刺性と人気にあやかろうとしたと考えられる。

初代の編集長マーク・レモンは幼くして父を失い、孤児同然の境遇で人生の辛酸をなめた人物であったし、旅芸人の子として生まれ、みずから苦労して人生を切り開いてきたダグラス・ジェラルドをはじめとする執筆陣の多くは、民衆の側に立つ人々であった。しかし、抑圧された人々の声を代弁した創刊当時の急進的な編集方針は、一八五〇年代頃には次第に穏やかなものとなり、中産階級の典型的な価値観である世間体をおもんばかった品位を尊重する体制的なものに次第に変化する。

一八五一年にロンドンのハイド・パークを会場にし、第一回万国博覧会が開催されるが、イギリスの産業化と帝国主義的・植民地主義を謳歌する祭典とも言えるこの博覧会の開催に、『パンチ』は、当初、反対の立場をとった。アルバート公を中心ににわかに計画され、あわただしく進められるこの計画に莫大な費用を使うより、飢餓の四〇年代からまだ立ち直れていなかった貧困に苦しむ下層労働者の窮状を改善することを訴えたのである。たとえば一八五〇年の第一八巻における「パンチ氏の一八五〇

MAY DAY, EIGHTEEN HUNDRED AND FIFTY-ONE.

図54　「1851年のメイ・デイ」

年度産業博覧会展示見本」と題して、困窮する労働者の絵を並べた図版や、同じ巻の、万国博覧会開催のための寄付集めに奔走するアルバート公を揶揄した「働き者の少年――どうか万国博覧会をよろしく」と題した風刺画とそれに付された風刺詩などである。

しかし、会場建設のために切り倒されることになり、その伐採に反対するキャンペーンをはっていた三本の巨大なニレの木が切り倒されずに計画が進められるようになった頃から、『パンチ』は万博支持にまわるようになったと言われる。この頃から、『パンチ』の保守化が濃厚になる。産業化、それと車の両輪のようにして進んだ植民地主義的帝国主義を肯定するのだ。一八五一年の第二〇巻における「一八五一年のメイ・デイ」（図54）は、五月一日に開会した万国博覧会を祝う帝国賛歌の図である。この産業博覧会の象徴である鉄とガラスで出来た水晶宮を背景にした玉座に、イギリスのライオンと犬を左右に侍らせたブリタニアが腰掛けている。ある意味ではヴィクトリア女王であると言ってよいかもしれないブリタニアに世界中の人々が恭順と歓迎の手を差し出している。その下にはこれも産業化の象徴とも言える機関車が描

"GOD SAVE THE QUEEN!"

図55 「ゴッド・セイヴ・ザ・クイーン」

かれ、大英帝国の植民地からさまざまな物品を持ってやって来た人々でごった返している。画面左手にもこの雑然とした賑わいを静かに眺めるブリタニアの姿が見える。

実は、万国博覧会の企画段階で、優秀な出品作品を称えるために記念メダルを贈ることが計画され、そのデザインが公募された。このとき選ばれた作品のデザインにブリタニアが当たり前のように登場する。その一つ、最優秀作品に選ばれたイポリット・ボナーデルのデザインは、商業の守護神マーキュリーと産業の女神インダストリーが手を取り合った中央に、万国旗を背景にブリタニアが立ち、両者に月桂樹の冠を戴かせようとしているものであり、次点になったレオナード・C・ワイオンの作品にもインダストリーとともにブリタニアが登場する。

一八六二年の万博の際にも同じような趣旨のメダルが作られたが、そこにも寓意化された産業や科学と協調するブリタニアが登場する。産業立国と帝国主義はもはやそれに異議を唱えることの難しい国是となっていた観がある。この「一八五一年のメイ・デイ」の図版において、玉座の左右にうなだれて座るリバティーと

図 56 「大英帝国地図」

ケレースとおぼしき人物の浮かない様子には、両手を挙げた帝国賛歌と物質的繁栄の謳歌に対する批判がわずかに示されていると言えるかもしれない。

しかし、一八八七年、ヴィクトリア女王の即位五〇年を祝う祝賀行進の体裁をとった、「ゴッド・セイヴ・ザ・クイーン」というキャプションのついたジョン・テニエルの図版（図55）は晴れやかである。先にエリザベス女王の肖像画や国王紋章、聖ジョージ旗がイギリス意識とないまぜになったイングランド人の自国意識の醸成に盛んに利用され、エリザベス女王とブリタニアが重ね合わされたことを見たが、同じように女王をいただいた政治的にも、経済的にも、そして文化的にもイギリスがもっとも隆盛をきわめたこの時代において、当然ながらヴィクトリア女王に重ねられたブリタニアがいたるところに現れる。

この図版では、玉座に座ったヴィクトリア女王の後ろに、オリーヴの小枝をかざしたリバティー、豊穣杯を手にしたケレースとともに、ブリタニアが立っている。前面にはイギリスのライオンとブルドッグ、そしてインドを表象するトラが女王を先導している。女王のまわりを胸に聖ジョージ十字や聖アンドルー十字、聖パトリック十字をつけた騎士たちのほか、植民地を代表する数人の者たちが警護している。『パンチ』恒例の年頭のカレンダーでも同じような図版が繰り返し登場する。

同時期に描かれた「大英帝国地図」(図56)にもブリタニアが登場する。地図は、紋章や国旗、そして国歌などとともに、共同体への帰属意識をはかる有効な手段であり、一六世紀のイングランドにおいて自国意識を涵養するものとして歴史書・地図の発行が推進されたことはすでに見た。それらの歴史書や地図書に国王紋章が仰々しく描かれ、統一の象徴としてブリタニア像が描かれた。同じように、イギリスが世界中に植民地を確保し、七つの海に君臨したこの時代、ブリタニアは、帝国の象徴としていくつかの地図に登場する。一八八六年の「大英帝国地図」では、帝国の版図を赤く塗って示した世界地図の中央に、地球儀の台座の上に腰掛けたブリタニアが描かれ、そのまわりに帝国のさまざまな国の住民と風物が描かれている。

アイルランドとイギリス

このように、一九世紀は、イギリスの帝国主義的な支配が七つの海に拡大した時代であった。しかし、奇しくも、アイルランドとの合併とともに始まったこの世紀において、イギリス体制におけるアイルランドの問題は、むしろ深刻で、困難なものとなった。ある意味では、この世紀から二〇世紀にかけてのアイルランドの歴史は、合併への反発、その撤回を求める運動の歴史であるとも言える。このような歴史を反映して、ブリタニアとともに、アイルランドはしばしばうら若い女性として登場する。一八四六年の『パンチ』第一〇巻には、『シンデレラ物語』を下敷きにした、「シンデレラのアイルランドと傲慢な姉のブリタニアとカレドニア」というキャプションのついた図版（図57）がある。ここでのブリタニアは、イングランドを表象し、スコットランドを表象するカレドニアとともに、妹であるアイルランドを邪険に扱う意地悪な姉として登場する。イングランドおよびスコットランド、すなわちイギリスの苛酷なアイルランド政策が非難されている。

アイルランドを表象する若い女性は、また、ブリタニアの場合と同様に、「エリン」というアイルランドの古名をもった女性としても登場する。『パンチ』の一八六五年九月三〇日号の「エリンの小さな困難」というキャプションのついた図版（図58）に登場するエリンは、「フィニア精神よ、永遠に」というスローガンの付いたストリーマーを掲げ、太鼓を胸に下げた猿のような容貌の薄汚い男をむちでたたこうとしている。後ろでは豊満な中年女性のブリタニアがこの様子を見守っている。

THE IRISH CINDERELLA AND HER HAUGHTY SISTERS, BRITANNIA AND CALEDONIA.

図57「シンデレラのアイルランドと傲慢な姉のブリタニアとカレドニア」

ERIN'S LITTLE DIFFICULTY.

BRITANNIA. "YES, MY DEAR! THAT'S THE SORT OF DRILLING TO DO *HIM* MOST GOOD!"

図58 「エリンの小さな困難」

この小猿のような男が掲げる旗にうたわれている「フィニアニズム」とは、アイルランドの独立を目的とする秘密結社であるフィニア会の活動を指すもので、イギリスを後ろ盾としたアイルランド社会を表象するエリンに対して、イギリス支配に反抗するアイルランドの人々、その集団を表象している。「フィニアン」は、古代アイルランド住民の一つの呼称と伝説上のアイルランド国王フィン・マククールの近衛兵の呼称が重なって生まれた、アイルランド語で「戦士」を意味する言葉にちなむものである。イギリス支配に抵抗する人々は、イングランドおよびイギリス支配の及ぶ以前の社会に自らの理想をおいたのである。ただし、その活動がイギリス社会の利害に絡むとき、彼らを表象する図像は、このように下品で、野蛮なものとして描かれたのである。国内植民地とも呼ばれるアイルランドにおいて、イギリスの掲げる文明化の使命を遂行するためには、彼らをこのように描く必然がイギリス社会にはあったのである。

アイルランドは、「ヒベルニア」という古名で表されることもある。『パンチ』の一八八一年一〇月二九日号の「二つの勢力」には、先ほどの野蛮な男の姿で表された反抗勢力に苦しむ可哀想な若い女性ヒベルニアをかばうブリタニアの姿が描かれている。また、『パンチ』の一八八〇年一月一七日号の「アイルランドに正義を」というキャプションのついた図版では、「飢饉がなくても、つらいことはもう十分なのにね。可哀想なヒベルニア。でも私がついているから大丈夫」とヒベルニアに語りかけるブリタニアの姿がある。

同じく『パンチ』の一八八一年の八月一三日号に掲載されている「ライヴァル」という図版には、土地代金をイギリス紳士に素直に支払おうとするヒベルニアと、このイギリスの政策に従順なアイルランドの表象であるヒベルニアを背後からにらみつける貧しい身なりの男が対照的に描かれている。彼が抱える火薬やダイナマイトの入ったバスケットには、「ランド・リーグ」という文字が記されている。彼は、小作料の値下げと「土地法」の改変を求める小作人組合に属し、改革の実現のためには暴力も辞さないアイルランドの反抗勢力を表象している。

アイルランドの反抗勢力を表す男は、すでに『パンチ』の一八六五年の一二月一六日号にも登場している。ジョン・ブルによって蹴り出されている様を描いた「反抗して痛い目にあった」というキャプションのついた図版（図59）である。イングランドとアイルランドの政治的な軋轢のなかで、下品に薄汚く猿のように描かれた男は、親イングランド的な

図59　「反抗して痛い目にあった」

" HOLIDAY TIME ! "

図60 「ホリデイのとき」

エリン、ヒベルニアと並べられ、アイルランドの反抗勢力を表すために使用される。それは、やがてこの国に分裂をもたらすことになるイギリスのアイルランド政策そのものを反映するものであった。しかし、アイルランド人をこのように未開で、野蛮な猿のような姿に描くことは、政治的な攻撃にとどまらない大きな意味を含んでいた。自らの文明と文明化の使命を信じて疑わないイギリス人の意識がそこにはある。

それはさておき、イギリス社会において、アイルランドにおける根強い抵抗は頭の痛い厄介な問題であった。ときには断固とした態度でこれに対し、ときには強圧的な力でねじ伏せようとした。また、いわゆる懐柔策もしばしば試みられ、連合国家イギリスの平和が求められた。『パンチ』の一八七三年九月一三日号の「ホリデイのとき」というキャプションのついた図版（図60）には、眠気を誘うようなのどかな、平和なひとときが描かれている。当時、川辺のレジャーが流行していたが、一艘のレジャー・ボートにパンチ氏が寝そべり、きれいに着飾ったブリタニアがお茶を入れようとしている。艫の方にはアザミの模様のついた服を着たカレドニアと、シャムロックの模様の服を身につけハープをかかえたヒベルニアが並んで座っている。しかし、いそいそとお茶の準備をしているブリタニアと比べて、後ろの二人はどこか物憂げに見える。イングランド覇権のイギリス体制を象徴する、イングランド人にとっては自嘲的な風刺画と読み取ることができる。

好戦的なブリタニア

アイルランドとの関係は常に一触即発のような危うさにあったし、スコットランドとの関係においても、イングランド優位を温存したイギリス体制は不安定であった。しかし、一九世紀中頃から、イギリスの海外植民地の拡大は勢いを増し、「可能ならば非公式手段により、必要ならば公式の併合によって」という硬軟取り混ぜた政策によって、大英帝国は膨張する。「自由貿易帝国主義」をうたっていたが、実態は圧倒的な経済力と軍事力を背景にしたものであった。

図61　「不正に対する正義」

このようななかでブリタニアは、次第に、この時代の好戦的な帝国主義を体現するような姿を帯びるようになる。一八五四年、イギリスはロシアの南下政策を阻止するという理由でクリミア戦争に参戦するが、この年に発行された『パンチ』の四月八日号には、「不正に対する正義」というキャプションのついた、抜き身の剣を持って遠方を見つめるブリタニア像が現れる（図61）。傍らには、同じように遠くを見つめるライオンがいる。この頃から、海外領土の拡大に伴う紛争ににらみを利かせるかのような、好戦的で威嚇的なブリタニアが登場するようになる。

この時期、すなわち一九世紀の半ば頃から、一方には、植民地を放棄し、国内産業を充実させ、貿易によって国の発展をはかるべきだとする小イングランド主義の主張もあったが、帝国拡大の勢いは止まらなかった。一八八二年の一二月七日に発行された「一八八三年用パンチ暦」には「十の勝利――旧年の分列行進」というキャプションのついた凱旋行列の絵がある。ブリタニアは馬にまたがってこの行進を閲兵している。この行進を先導する楽隊は「戦いたくはなかったが、戦わねばならないときには容赦しなかった」という当時流行ったジンゴ・ソングの歌詞からとったスローガンを記した垂れ幕をささげ持っている。この年は、イギリス軍がエジプトを占領した年であり、九月三〇日号の「ライオンの正当なる分け前」というキャプションのついた図版には、エジプトを表象するワニが中央に伸びており、その上にイギリスのライオンが前足をおいてそれが自分のものであることを主張している。背後にはロシアのクマ、傍らにはスペインのロバ、ドイツのワシ、トルコのキツネ、イタリアの犬が物欲しげに様子をうかがっている。

文明化の使命に関する場合と同様に、自らを正義の実行者と名乗り、「バイ・ジンゴ、バイ・ジンゴ」の掛け声とともに前進する、狂信的で利己的な帝国主義にとらわれたイギリスの姿が浮かび上がってくる。そしてこのような危険な思想と行動を覆い隠すかのように、ブリタニアは凛とした姿で遠くを見つめるのである。海外植民地への関心を表すこの遠望するブリタニアは、この時代の典型的なブリタニアの姿であると言える。同時に、武器を手に戦意を実行に移すのではなく、静かに戦いの準備をしたこのブリタニア像が、「備えはできている」というキャプションを付けられてしばしば現れる。たとえば、一八八五年四月四日号の図版では、イギリスのライオンとインドのトラを従えたブリタニアが、一八九六年一月一八日号の図版（図62）では、海岸の防壁のそばに立って、強風に髪をなびかせながら荒れる海の彼方を見つめるブリタニアが、「備えはできている」というキャプションとともに登場する。

後者の図版には、シェイクスピアの『ジョン王』の第五幕、第七場にある「世界中が武装してかかってきても、一泡吹かせてやる。イングランドが正義をもって最善を尽くすかぎり、憂き目を見ることはない」という台詞が添えられている。目くじらを立てることはないが、ここにもイングランド人の楽天的なイギリスとイングランドの混同がある。しかし、それよりも重要なことは、「備えはできている」あるいは「覚悟はできている」という意味で使われている“Ready!”という言葉には、防御的な意味よりも、むしろ「覚悟はいいか」あるいは「いつ

図62　「備えはできている」

でもかかって来い」という威嚇的あるいは挑発的な響きがあることである。これが大英帝国の領土拡大の方法であった。

風刺されるブリタニア

このように半ば神格化されたブリタニアは、ジョン・ブルやライオン、ブルドッグらとともに『パンチ』の常連としてしきりに登場し、内政や外交上の問題を憂い、嘆く。虐げられ、立ち上がり、帝国の発展とともに支配する者へと変化した典型的なブリタニアの姿である。このような凛として気高いイギリスの守護神としてのブリタニアの姿には風刺の要素はない。帝国の象徴として神格化されており、『パンチ』の風刺の矢はここでは折れている。しかし、『パンチ』の風刺の精神は死んでしまったわけではないようである。

一八六五年の三月四日号の「望遠鏡的博愛」というキャプションのついた図版（図63）には、遠望するまなざしのブリタニアではなく、文字どおり望遠鏡で海の彼方を見るブリタニアが描かれている。

このブリタニアの足元には貧しい姿の子供たちが描かれ、彼らの「ねえ、母さん、僕たちはこんなにひどく汚れているのにまだかまってもらえないの」という言葉が添えられている。ここには、アフリカへの援助に力を入れ、足元のロンドンの子供たちの困窮に眼を向けない政策に対する非難がある。当時のロンドンの貧民の窮状を示すだけでなく、帝国の首都として繁栄するが、ますます人口が集中し、貧富の差が拡大し、テムズ川は汚染され、空はスモッグで覆われた社会矛盾が示されており、ブリタニアが表象する帝国のあり方に疑問が呈されているのである。ここには、民衆の立場でブリタニアを眺める視点がある。発刊当初の『パンチ』の急進的な社会風刺の方法とも、一八世紀の政治風刺画の露骨な風刺の方法とも異なる民衆の視点がここにはある。

軍事力を背景にした帝国主義に対する風刺もないわけではない。一八七六年五月六日号の「見てください、父なるネプチューン。もう我慢できません」というキャプションのついた図版には、胸に戦艦の船首のように突き出た甲鉄の鎧を装着され、困惑しているブリタニアが描かれている。彼女の対話の相手は、イギリスの海外進出の守護神でもある海神ネプチューンである。彼女の異様な姿は、その年に進水した甲鉄軍艦インフレクシブルに言及したものである。植民地競争と歩をそろえるようにエスカレートしてゆく軍艦建造に対する皮肉であると言える。ここには虐げられるブリタニアの面影がある。

TELESCOPIC PHILANTHROPY.
LITTLE LONDON ARAB. "PLEASE 'M, AIN'T WE BLACK ENOUGH TO BE CARED FOR?"
(With Mr. Punch's Compliments to Lord Stanley.)

図 63　「望遠鏡的博愛」

しかし、先に見たように『パンチ』は発刊後まもなく、レモンが編集長を退いた頃から次第にその風刺の鋭さを失ってゆく。この雑誌の主たる読者である中産ブルジョア層の生活の安定とともに、その風刺は穏健で上品なくすぐりのようなものが多くなってくる。中産階級の生活を反映し、その価値観を体

図64 「腕白ジョナサン」

現するような母親や学校教師、宿の女主人などの姿でブリタニアが登場するようになる。

一八六一年六月六日号の「腕白ジョナサン」というキャプションのついた図版（図64）には、中年の母親としてブリタニアが登場する。ブリタニア特有のローマ風のヘルメットのような形をした帽子をかぶり、ユニオン・フラッグのエプロンを着けて、お茶を飲んでいる。傍らには、アメリカ合衆国の国旗を持った少年が立っており、「かまわないでよ、お母さん。お母さんは僕の味方になってくれなくちゃ。ひどいよ。でも、それならいいよ。どうしても僕の邪魔をするのなら、僕はもう勝手にするから」という捨て台詞を吐いている。アメリカ国旗で仕立てられた服を着て登場することもあるこの少年は、この頃すでに『パンチ』の常連となっていた、アメリカを表象する腕白ジョナサンである。文字どおりイギリスの子供であるアメリカ合衆国が、南部諸州に同情的で合衆国政府に協力的でないイギリスに苛立っている状況を表したものである。ブリタニアにはどこかヴィクトリア女王の面影がある。

これを継いだものに、同じく「腕白ジョナサン」というキャプションのついた、一八六二年一月一八日号の図版がある。ブリタニアは女性教師として登場するが、ヘルメットの形をしたヘアースタイルとエプロンのユニオン・フラッグの意匠に伝統的なブリタニアの出で立ちを留めている。この図版でも、その容貌と体型には明らかにヴィクトリア女王が重ねられている。このブリタニアは、彼女に代わって、右側にいる腕白ジョナサンをカンバの小枝を束ねたむちでたたこうとする少年を押し止めている。この少年は、当時の外務大臣であったジョン・ラッセルである。大体において中立的であったラッセルだが、このときはイギリスの領海にまで南部連合軍を追ってやって来たアメリカ合衆国の好戦的とも言える振る舞いに業を煮やし、対抗策をとろうとした。これをブリタニアが押し止めようとしているのである。

国の守護神として帝国拡大の先頭に立ち、愛国心を鼓舞する一方で、ブリタニアは、このような姿でも登場し、やがて、パブの名前やソースの銘柄、製菓会社の商標などにも使われるなど、イギリスを代表する身近な象徴として人々の生活のなかに浸透してゆくのである。

3　帝国の表象としてのジョン・ブル

重荷を背負うジョン・ブル

ジョン・ブルにも変化が起こる。一七世紀の半ばに現れ、はじめは反スコットランド、反ジャコバイト感情をあおり、次第に反フランスを旗印にすることによりイングランド意識を高揚させる役割を果たしたことを先に見た。元々その政治的立場は決して一貫しているわけではなく、保守派、急進派の双方から政治風刺の道具として用いられたのは、本来備えていた風刺性のゆえであったと考えられる。一八二〇年の一二月にセオドール・フックによって創刊された親ジョージ派の新聞である『ジョン・ブル』は、文字どおりその名前を用いて民意を代表するものであることを標榜し、ホイッグ党の政策を批判した。しかし、これに対抗してその一ヶ月後、急進派の論客ウィリアム・ベンボウは『リアル・ジョン・ブル』を発行して、自分たちこそ世論を代弁する者であり、イギリス社会を正しい方向に導くものであると訴えたのである。まさしく、中傷や歪曲、誇張を含んだ舌戦が繰り広げられたのだ。

一八世紀後半から一九世紀前半にかけてジョン・ブルは、イギリス国内に蓄積された不満を代弁するものであり、愛国心を象徴するものではなかった。保守派あるいは急進派のいずれかを代弁するのではなく、人々の不満、とくに経済的な不満を表す存在であった。その政治的立場の不明確さが、やがて、外に敵をおいて自国意識をあおる国民的人物としての役割を生み出すことになるとも言えるが、この時点では、ジョン・ブルは重税に苦しむ国民の代弁者であった。ある意味では、スコットランドとの連合によって経済的重荷を背負ったイングランド人の意識を表した、ペグを背負ったジョン・ブルの流れを引く、一七八六年のデントの風刺画『自由の民ブリテン人、あるいは重税の展望』(図28)に描かれたような受難のジョン・ブルの姿が続くのである。

一八一六年のチャールズ・ウィリアムズの風刺画『イギリスのアトラス、あるいは平和体制を支えるジョン・ブル』(図65)もその一つである。「重荷に苦しむジョン・ブル」の姿がそこにはある。ナポレオン戦争は終わったが、その後も平和を維持するために一五万人の常備軍と数知れない退役軍人の生活を支えねばならないイギリスの負担を象徴するものとして、地球を背負ったアトラスに擬したジョン・ブルが登場する。大英帝国体制におけるイングランドの覇権について懐疑的な見方を示すものであるかもしれないが、帝国を支えるために疲弊するイングランドの立場が自嘲的に示されているのである。

一八三〇年前後に、この種の一枚刷りの風刺画は急速に姿を消すことになるが、ジョン・ブルは、今度は、その頃から急速に普及してきた新聞や雑誌の挿し絵にしきりに登場するようになる。この世紀を通じて、そして二〇世紀初めの第一次世界大戦までの帝国時代のイギリスの人々にとって、このような意識は、虐げられ、立ち向かい、支配するブリタニアと同じく、イギリスの自己弁護とも大儀ともなるのである。

一八七六年の作者未詳の風刺画『ガリヴァーのジョン・ブルに群がる小人たち』(図66)は、スエズ運河に莫大な投資をし、インド帝国を発足させるなど、帝国主義外交を繰り広げたベンジャミン・ディズレーリの政策を批判したものの一つであり、直接には帝政トルコ支援のために貴重な税金が使われることに業を煮やした多くの国民の感情を代弁するものである。「勤労者住宅改善法」や「保健法」などを制定して社会改革を推進したが、重税と表裏の関係にあるその

図65 『イギリスのアトラス，あるいは平和体制を支えるジョン・ブル』

図66 『ガリヴァーのジョン・ブルに群がる小人たち』

拡大主義的な外交政策に人々は辟易していた。群がった外国の小人たちに持ち物や衣服の一部をむしり取られる大男ガリヴァーは、帝国維持のための出費を強いられるイギリスであり、重荷に苦しむアトラスのジョン・ブルに連なるものである。

「重荷を背負うジョン・ブル」の姿は、スコットランドとの連合を重荷と考えたイングランド人の自国意識を表すことから始まったこのキャラクターの本質的なイメージである。国家表象としてさまざまな意味を帯びることになったブリタニアのイメージの根底に「虐げられるブリタニア」の姿があるように、帝国形成期に変化・発展するジョン・ブルのイメージの根底には、この「重荷を背負うジョン・ブル」の姿がある。

『ジョン・ブル』にはもう一つ、一九〇六年にホレイショ・ボトムリーによって創刊された一種のプロパガンダの新聞があり、その一九〇六年六月一六日号には「ジョン・ブルの缶詰工場」という風刺画が掲載されている。この風刺画に、イギリスを表象するブルドッグを伴い、山高帽をかぶって乗馬靴を履き、むちを手にした恰幅のいい典型的なジョン・ブルが登場する。彼は、当時の自由党政府のかかえるさまざまな腐敗と国民を苦しめる政策に鼻をつまんでいる。ここでも、ジョン・ブルが本来もっている受難のイメージが政策批判に利用されている。ジョン・ブルはヴィクトリア朝において自由貿易を主張し、しばしば帝国主義的植民地主義を象徴する国民的人物として登場することを続けるが、一方で、拡大主義に対する批判者としての姿も失っていなかった。二〇世紀に入ると選挙に基づいた政党政治が始動することになるが、そこでも保守党と自由党のいずれにおいても、相手の政策を批判し、自党の政策を擁護するために使われるのである。自党の政策を支持する国民を象徴する者として、あるいは相手の政策によって苦しむ国民を代表する者として、立場を変えながら変幻自在に使われたのである。

国益を守るジョン・ブル

このように、ジョン・ブルは重荷を背負う者として重税に苦しむ者を代表し、さらに、その重税の直接の原因である拡大政策の批判者として国民の声の代弁者の役割を果たす。しかし、一方で、その拡大主義の象徴のような役割も果たす。

チャーチストで急進派の活動家であったジョン・クリーヴによって発行された大衆紙に『クリーヴズ・ペニー・ガゼット』があるが、その一八四〇年一二月二六日号に「政治的プラム・プディング」というキャプションのついた風刺画（図67）が掲載されている。プディングはロースト・ビーフとともにイギリスの豊かさの象徴であった。この風刺画においても、大きなプディングが「古きイングラ

図 67　「政治的プラム・プディング」

ンドの富」として登場する。貴族、軍人、聖職者が争ってこの富の分け前にあずかろうとしており、左端の男は気前よくこのプディングを切り分けようとしている。この男は、ジョン・ブルであるとも考えられる。そこに群がる人々の数とその贅沢におぼれた姿からすれば、ウィリアムズの風刺画『イギリスのアトラス』（図65）に描かれたような将来が予想できるにもかかわらず、そこに群がった者たちと同じように浪費に無頓着な世相が風刺されていると言える。

ギルレイによる一八〇五年の『危機に瀕したプラム・プディング』という風刺画が想起される。地球に擬した大きなプラム・プディングがテーブルの上に置かれ、左に座ったピットが大西洋にナイフを入れ、アメリカを含むプディングの半分近くを自分のものにしようとしており、一方では、テーブルの右手に座ったナポレオンは必死の形相でヨーロッパと記された部分を切り取ろうとしているものである。

大きなプディングは、海外での拡大政策によって得られたものであり、海軍力を背景にして集められたものであった。そのことは、どんなにイギリス人が楽天的で、厚顔であったとしても分かっていたはずである。それにもかかわらず、気前よく無頓着に富を分配するジョン・ブルの姿は、この富を守ろうとするジョン・ブルの姿と紙一重であった。『パンチ』の一八五九年一二月三一日号には、

「ジョン・ブル、プディングを守る」というキャプションのついた図版（図68）に、威圧的なジョン・ブルが登場する。「古きイングランドよ、永遠に！」と記された大きなプディングを背に、鉄砲を手に身構えた軍服姿のジョン・ブルが登場し、足元には威嚇的なブルドッグが控えている。イングランドの富、プディングを守るためには、武力も辞さないという自衛的ではあるが、好戦的なジョン・ブルである。このジョン・ブルの姿には、カリカチュアの精神は希薄である。武力による富の獲得やそれに起因する消耗に対する自嘲も、政府の政策に対する批判も感じられない。ここにいるのは、単純な愛国主義者のジョン・ブルである。

一方、このように単純化された愛国主義者のジョン・ブルに対する風刺画もある。『クリーヴズ・ペニー・ガゼット』の一八四〇年の九月一九日号に掲載された「好戦的なジョン・ブル」というキャプションのついた風刺画（図69）がその一つである。ブリタニア風のヘルメットをかぶり、右手に矛、左手にユニオン・フラッグの意匠の盾を持った姿は、ブリタニアとジョン・ブルの奇妙な合成物である。左側で、「さあ、ジョン。矛を握って、にらみを利かせて。『大儀があれば武力は三倍』という言葉もあるだろう」と言って彼の

JOHN BULL GUARDS HIS PUDDING.

図68　「ジョン・ブル，プディングを守る」

John' Bull in a Warlike Attitude.
図69 「好戦的なジョン・ブル」

戦意をかき立てているのは、パーマストン子爵ヘンリー・ジョン・テンプルである。国益を守ることを第一に考え、そのためには自由主義運動も支持したが、弱小国には砲艦外交も辞さなかった当時の外務大臣である。国権を強く主張して人々の愛国心を動かしたが、独断が先行することも多く、「扇動家のパーマストン」という異名をとった人物である。右側で、「さあ、ジョン。盾に手を通して、シリアを異教徒から守り、イギリスの商業を中国商人から、祖国をカエル食いのフランス野郎から守るのだ。実に勇ましい兵士に見えるよ」と言ってジョン・ブルをそそのかしているのは、メルバーン子爵ウィリアム・ラムである。彼らの言葉に、ジョン・ブルは、「自分が、三文芝居の木戸口にくっついている間抜け役にそっくりなのは承知している。しかし、君たちが名誉のために戦わねばならないと言うように、必要ならば、血も流すことになっても致し方ないし、自分のポケット・マネーを惜しむものでもない」と乗せられている。この風刺画は武力外交も辞さないテンプルの外交を皮肉ったものであり、自由主義とか愛国心が隠れ蓑として使われていることを批判したものである。しかし、ここで注目すべきは、その意図は別にして、この風刺画もまた、この時代に次第に多くなってくる、強圧的で好戦的なジョン・ブル像の一つであることだ。

一八五九年一一月一二日号の『パンチ』の図版（図70）に登場するジョン・ブルはこの延長線上にある。キャプションはなく、ジョン・ブルの、「侵略だって、本当に。プードルどもがしゃべり立てるものだから、イギリスのブルドッグは死んでしまったと思われるだろうな」という言葉が添えられている。一八五〇年代の後半はクリミア戦争、アロー戦争、セポイの反乱などの騒動が続き、対処方法をめぐってパーマストン子爵内閣とダービー伯爵内閣の間で政権がめまぐるしく代わった。そして一八五九年半ばに、パーマストンを首相、ジョン・ラッセルを外相、ウィリアム・ユアート・グラッドストンを大蔵相とする内閣は、イタリア統一をめぐるフランスの干渉をかろうじて回避した。フランスの干渉を批判するこの風刺画でも注目したいのが、国民感情を映し出す象徴としてのジョン・ブルの落ち着いた、威圧的とも言える姿である。「お気に入りの肖像——新しい散歩服のジョン・ブル」という図版（図71）のように、攻撃的な面相のブル・ドッグを従え、右手には棍棒あるいはむちのようなものを持った、堂々としてあたりを睥睨するかのようなジョン・ブル像がしきりに現れる。より穏やかな表情と柔らかな物腰のものも含め、これと同じようなジョン・ブルの絵が、愛国心を表明するものとして市中に出回るようになったと言われる。こ

MR. BULL. "INVASION, INDEED! THAT'S A GAME TWO CAN PLAY AT!—WHY, TO HEAR THESE POODLES TALK, ONE WOULD THINK MY BULL-DOG WAS DEAD!"

図 70　「侵略だって，本当に」

図 71 「お気に入りの肖像——新しい散歩服のジョン・ブル」

れは、好戦的なブリタニア像の増加の時期と一致している。

具体的に見てみると、一八九九年の一〇月一一日号の『パンチ』の「平易な英語」というキャプションのついた図版では、なかなか思うように運ばず、長引くブール（ボーア）戦争の戦場に現れたジョン・ブルは、ブール人に向かって、「君たちが戦うつもりなら、やろうじゃないか。今度こそは、決着をつけよう」という言葉を吐いている。これは、平易な英語では「やれるものなら、やってみろ。今度こそ息の根を止めてやるぞ」という威嚇の言葉にほかならない。何とも強圧的な帝国主義者のジョン・ブルである。

同じく一八九九年の一月三日発行の『デイリー・ニューズ』には、当時「政治的な牧師」として知られ、さまざまな社会的発言を積極的にしたジョン・クリフォードが、ある集会で年頭にあたって若者に訴えた演説が掲載されている。その演説で彼は、「ジョン・ブルはいまや帝国主義者で、外国で住むようになった。……自分のブドウ畑がうち捨てられ、荒れ放題になっているのがやがて分かるだろうが」という言葉で、イギリスの拡大政策を憂い、小イングランド主義を訴えている。帝国主義を体現するものとしてジョン・ブルが盛んに利用されたことがうかがえる。

第5章　大英帝国の衰退とブリタニア――二〇世紀以後

1　商業主義と軍国主義の時代の国家表象

商品広告に登場するブリタニアとジョン・ブル

植民地主義的帝国主義の覇者、大英帝国の勢力はヴィクトリア女王の結婚五〇周年の頃に頂点に達した。産業革命の成功がこの海外政策を支えた。当時、イギリスは世界中でもっとも繁栄を誇った国であった。さまざまな工場製品が市場にあふれ、人々は珍しい外国の産物を享受した。しかし、自由貿易によってイギリスの産業は繁栄したが、一方で外国の工場製品も容赦なくイギリスへ入ってきた。この増大する外国製品の輸入に対処するため、製造業者たちは、商品をより人目に付くようなカラー刷りの意匠で飾り、盛んに商品の宣伝広告をするなどして、製品の販売促進をはかった。オフセット・リトグラフィーをはじめとするカラー印刷技術の発達がこの傾向に輪をかけた。

帝国主義の時代の特徴がこれらの宣伝広告にも如実に現れる。諸外国の製品との販売競争に勝利す

BORWICK'S
means
THE BEST
THE BEST means
BORWICK'S
BAKING POWDER

図72 「ボリックス・ベイキング・パウダー」

るため、国の内外での商品の宣伝広告に人々の愛国心が利用されるのである。「イギリス産」とか「イギリス資本によってイギリスの労働者によって作られた品物」という表示や、「イギリス製品を支持しよう」、「国内製品を使おう」などのスローガンとともに愛国的な意匠の商品やその宣伝広告が現れる。硬貨の裏面の肖像画や『パンチ』などのジャーナルによって、すでに広く国家表象として受け入れられていたブリタニアやジョン・ブルが、イギリス製品の優秀さを宣伝し、人々の愛国心をそそるものとして商品のラベルや宣伝広告に盛んに現れる。「ボリックス・ベイキング・パウダー」の宣伝ポスター（図72）は一九一〇年頃のものである。

ブリタニアが商品の意匠や宣伝ポスターに現れるようになるのは一八八〇年代で、一九〇〇年代、一九一〇年代にもっとも盛んにその姿が見えるようになる。しかし、考えてみれば、商品の登録商標や、商品のラベル、宣伝ポスターはいずれも象徴的意味をもつものであり、すでに、一七五七年に海洋協会の勧誘パンフレットにブリタニア像が使われていたことを考えれば、当然の成り行きであったとも言える。本来国の守護神のような象徴的意味をもっていたブリタニアのこのような利用の起源は、実は、さらに古くまでさかのぼることができるかもしれない。一七二〇年頃にすでに、ブリタニアは保険会社のトレード・マークに使用され、一八、一九世紀を通じて、とくに火災保険会社のトレード・マークとして広く使用されていたのである。ただ、帝国主義の時代は産業主義の時代であり、消費文化の時代であった。一九世紀末にその兆候が現れ、二〇世紀の初めにかけて爆発的に増える商品名やその意匠におけるブリタニア像は、新しい生活文化の到来を示すものであった。

大英帝国の力はその版図の大きさとともに、その経済活動の活発さではかることができた。いまや、国民的人物となっていたジョン・ブルも、ブリタニアと同様、商品名やその宣伝に盛んに現れるようになる。たとえば、一九〇五年頃の広告ビラには、「世界中で」というキャプションのついた世界地図を背景に、宣伝商品であるマスタードの缶を提げて世界中を駆け回るかのようなジョン・ブルが登場する。世界をまたにかけて商売するジョン・ブルである。

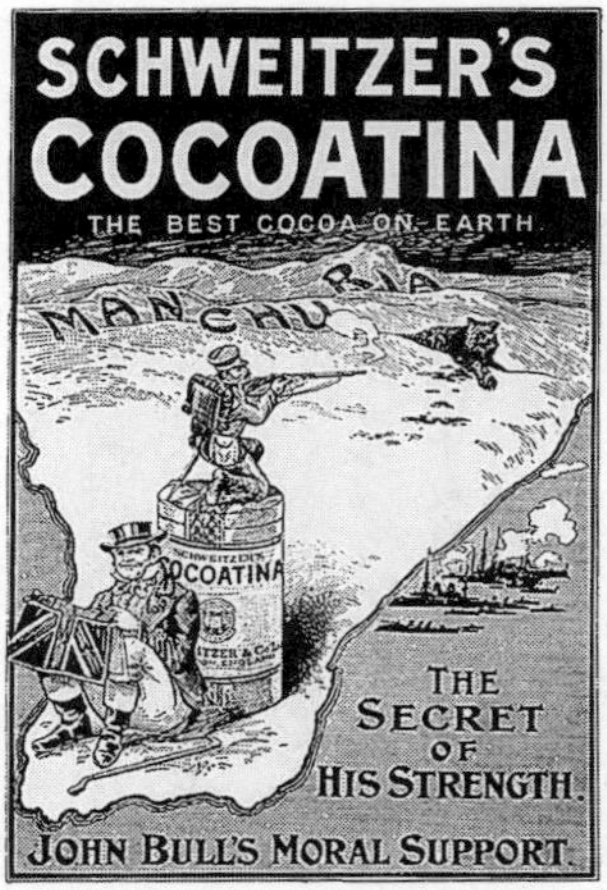
SCHWEITZER'S
COCOATINA
THE BEST COCOA ON EARTH
MANCHURIA
THE SECRET OF HIS STRENGTH.
JOHN BULL'S MORAL SUPPORT.
図73　「この兵士の力の秘密，ジョン・ブルの精神的支え」

さらに象徴的であるのは、一九〇四年のある雑誌に掲載されたココアの宣伝（図73）である。満州に姿を現したロシアを表象するクマに対して、ココアの缶の上で日本軍兵士と思われる男性が銃を構えている。ココアの缶を背にユニオン・フラッグを手にしたジョン・ブルが描かれ、「この兵士の力の秘密、ジョン・ブルの精神的支え」というキャプションが付けられている。ロシアの南下を危惧して、日本の満州侵略を支持した当時のイギリスの軍事政策が、日本兵士を支えるイギリス製のココアという形で示される。帝国主義と軍国主義そして商業主義が結びついた当時の世相を語るものである。

ブリタニアやジョン・ブルだけではなく、ライオンやブルドッグなどもしきりに商標や宣伝ポスターに現れたし、国王紋章やユニオン・フラッグ、さらには王室の人物も同じような目的で盛んに使われた。王室御用達ということがブランドを形成するのに利用された。次第に拡大する消費文化のなかで、王室御用達であるというお墨付きや王室の人物を直接商品の意匠に用いることは、商品の質を保証し、高級イメージを作ることに役立ったのであろう。しかし、根底では、ヨーロッパ列強の勢力争いのなかで、一段と自国意識が高まり、商品の販売拡大にも人々の愛国心が利用されたという側面は否定できない。

狂信的な愛国心に利用されるブリタニアとジョン・ブル

その名も「イングランドの栄光」という名のマッチの一九〇五年頃の看板（図74）は、商業における国際競争が激しくなるにつれ、折からの軍国主義の時代を背景に、愛国心を利用して商品の販売促進がはかられたあからさまな例である。「『イングランドの栄光』を買って、外国との競争に打ち勝とう」というキャプションが付き、ボクシングのリング上で、ユニオン・フラッグのトランクスをはいたイギリス選手が、ドイツの選手に一撃を浴びせた瞬間が描かれている。リング下では、ジョン・ブルが余裕の表情でこれを見守っている。

　このようにこの時代の商業主義、産業主義は、軍国主義と分かち難く結びついていた。一九一一年には、「全イギリス購買促進週間」が設けられ、「イギリス産、すなわち最高品質」というスローガンのもとに、愛国心を利用して人々の購買意欲をそそった。当時の新聞広告の一つ（図75）では、背後に大きなユニオン・フラッグをなびかせ、凛としたブリタニアが直立し、険しい表情をしたライオンがそばに控えている。

　この購買促進週間の宣伝には、ジョン・ブルが現れるものもある。背後にたなびく大きなユニオン・フラッグの上に「全イギリス購買促進週間」という文字が大書され、この文字を指さすジョン・ブルの絵の下に、その趣旨が説明されている。

　　ブリテン島の主要なすべての町で開催される、今世紀最大の販売・購買行事である。実際的な愛国行為であり、販売者と購買者がともに利益を得ることができるのである。

大戦前の不安な社会において商業主義が軍国主義と結びつい

STRIKE OUT FOREIGN COMPETITION
BY BUYING
ENGLAND'S
GLORY
MATCHES

図74　「『イングランドの栄光』を買って，外国との競争に打ち勝とう」

ている様がうかがえる。やがて参戦に至ると、ブリタニアは、陳腐なほどにあからさまに狂信的な愛国主義に利用されるようになる。徴兵の先頭に立つブリタニアが登場するのである。

第一次世界大戦中のフレッド・スパージンの「イギリス人よ、目覚めよ」というキャプションのついた絵はがき（図76）には、徴兵ラッパを吹くブリタニアが登場する。戦争への参加を呼びかけるラッパは、軍神マルスの先触れをする「ルーモア（名声の女神）」の小道具である。全身に耳と口をつけたこの女神は情報を操作する「うわさの女神」でもあり、人々を戦いに駆り出すのがその大きな役割である。シェイクスピアの『ヘンリー四世・第二部』の冒頭に登場するルーモアの言葉にその伝統的な役割は明確に述べられている。彼女は、この世の出来事を風という早馬に乗せて広げるのが自分の役割であると述べるが、単にいち早く情報を伝えるだけではなく中傷や誹謗を含め誤った情報を故意に流すこともすると言ってのけ、戦う必要の微塵もないときに戦争の危険を流して人々を徴兵に駆り立てることもすると述べる。このシェイクスピアの作品ではルーモアの駆り立てる徴兵の実態がその後の劇の展開のなかで明らかにされ、戦争の虚しさが語られているが、このスパージンの絵はがきは単純なプロパガンダであるにすぎない。

図75　「全イギリス購買促進週間」

同じく一九一五年には、「兵役忌避者」というキャプションのついたバイアム・ショーの風刺画がある。イギリスの大戦への参戦とともに入隊をすすめる圧力は一段と強くなり、街中を私服姿で歩いている男性には、若い女性たちによって白い羽根が手渡されたと言われる。一九一五年末の時点で潜在的には六五万人の兵役忌避者が存在したとされ、翌年には新兵の補充は志願制から徴兵制に変わる。するとたちまち兵役忌避者に対する風当たりは強くなる。このような風潮のなかで徴兵の先頭に立つブリタニアが登場する。「シャーカー」と呼ばれた兵役忌避者に「これまで私の呼びかけが聞こえませんでしたか」と言って、徴兵のラッパを指し示しているのだ。ときには国の守護神として、また、ときには母性の象徴として自国意識を体現してきたブリタニアは、このような狂信的な愛国心の道具になることを免れなかったのである。

BRITONS AWAKE.
FRED^K SPURGIN.
図 76　「イギリス人よ，目覚めよ」

狂信的な愛国心とユニオン・フラッグ

第一次世界大戦下、ミュージック・ホールや街角で歌われ、敵国ドイツに対して連合王国の人々の戦意をあおったジンゴ・ソングの一つに、「われらは皆一つの旗の元に」がある。「ジンゴ・ソング」とは、元々対トルコ戦争当時に流行した俗謡のリフレインである

「戦いは好きじゃないが、やらねばならないならば、さあやるぞ。バイ・ジンゴ、バイ・ジンゴ」という歌詞の最後の部分にある意味不明の掛け声「バイ・ジンゴ」に由来するもので、盲目的な愛国主義を意味する「ジンゴイズム」もここに由来する。第一次世界大戦時にも数多くのジンゴ・ソングが生まれたが、この歌はもっとも典型的なものだと言える。第一連の冒頭では、「ユニオン・ジャック」に盾突くドイツ兵は、「ルール・ブリタニア」と「ゴッド・セイヴ・ザ・キング」の歌声に、やがて吠え面をかいておとなしくなるであろうと歌われ、第二連の冒頭では、「ルール・ブリタニア」を下敷きにして、「われわれは今も怒濤の支配者なり／イギリス人は決して奴隷になることはない／われらの軍旗ははためき／敵の心胆を寒からしめる」と、大英帝国の意気軒昂な愛国心を象徴する「国旗」と「国歌」が繰り返し称揚される。各連の最後で繰り返されるリフレインに、この歌の趣旨は明確にされている。

われらは皆一つの旗の元に
　武装した兄弟
一つの旗、一つの大志、一人の国王、一つの帝国
イングランド、アイルランド、スコットランド、ウェイルズ
そして、海のかなたの同胞も
正しき大義の元に結束し

ドイツ打倒のために戦う

ユニオン・フラッグが、イングランド、アイルランド、スコットランド、ウェイルズの連合旗であるだけではなく、植民地の人々を含めた世界中の同胞の心を一つにする統一の象徴であることが歌われる。事実、このユニオン・フラッグの意匠が、アメリカ合衆国旗の元になり、オーストラリアやニュージーランドの国旗や、カナダやアメリカ合衆国の一部の州の旗に組み込まれているように、それはいまや大英帝国の旗になっていた。

しかし、このジンゴ・ソングのリフレインは、むしろ、この旗が統一された一つの国の旗ではなく、四つの国の連合旗であること、そこに内包されているイングランド覇権を含むイギリス体制の象徴であることを明るみに出している。ユニオン・フラッグはあくまでも内外での占有、それに対する反抗や従属を含む交渉の歴史が染みついた連合旗であり、統一された一つの旗ではない。国家存亡の危機に際しても、この国は一つの統一国家としては存在しえなかったのである。

"Many a battle has been fought under this grand old flag!"

図77「たくさんの戦いがこの偉大なる，由緒正しき旗の元に戦われた」

狂信的愛国主義の象徴として使われるユニオン・フラッグに対する批判も当然あった。たとえば、二〇世紀の初め頃から一九六〇年代まで数え切れないほど量産され、人気のあったドナルド・マッギルの絵はがきにそれは見られる。どちらともとれるあいまいな含みをもつキャプションとともに、体制に同調するかに見せて風刺の矢を放つのである。

「たくさんの戦いが、この偉大なる由緒正しき旗の元に戦われた」というキャプションが付いた絵はがき（図77）では、よく太った年配の女性がユニオン・フラッグをあしらった衣装をまとって登場し、人々の前で演説している。マッギルの絵はがきの典型的な登場人物である太った、肉感的な女性がまとったぴちぴちのユニオン・フラッグの服は、「ユニオン・ジャックの元に戦われた帝国形成のための数々の戦争」を象徴するが、彼女のこれまでの数多の経験という、卑俗なセックスのイメージで茶化されているのである。この女性に、母なるブリタニアの一つのヴァリエーションを見たとしても、唐突ではないであろう。

水浴中の男の子が湯の中にいれた右手で何かをつかみ、左手にユニオン・フラッグの小旗を掲げている絵はがきもある。その絵に付けられたキャプションは、「われわれは、所有しているものを保持する」である。少年が水中でつかんでいるものの卑小さの連想とともに、左手に掲げる小さなユニオン・フラッグには声高の愛国主義、拡大主義への風刺が含まれていると言える。

クリスマスや身近な者の誕生日などに絵入りのカードに短いメッセージを添えて送る習慣が、当時、すでにイギリス人の生活に深く根付いていたと言われる。なかでも人気が高かったのが、マッギルの絵はがきであった。主な登場人物は、太った中年の男女や、無邪気で辛辣な子供たちであり、卑俗とも言える絵柄に日常生活やセックスを茶化すキャプションがついているものであった。マッギルの絵はがきのもっている風刺性について、ジョージ・オーウェルの「愛国的でないだけでなく、『ゴッド・セイヴ・ザ・キング』やユニオン・ジャックなどを冗談の種にして、やんわりと愛国主義をからかっている」という指摘があるが、この二つの絵はがきにも、戦争に結びついた帝国主義の象徴とも言えるユニオン・フラッグへの風刺が含まれていると言える。しかし、それは、自嘲を含んだ、ささやかな意志表示にすぎない。怒濤のように現れ、巷に溢れる、愛国心を高揚する意図をもったユニオン・フラッグを前にして、ほとんど無力であったと考えられる。ユニオン・フラッグは、まぎれもなく帝国の旗印であったのだ。

ジンゴ・ソングと「エルサレム」

同じことが、第一次世界大戦下のイギリスで大流行した「ティペラリーへの長い、長い道」と呼ばれる次のような歌にも言える。

ティペラリーへの長い道
僕の前には長い道
ティペラリーへの長い道
ご機嫌よろしく、ピカデリー

さよなら、レスター・スクエア
ティペラリーへの長い、長い道
でも、僕の心はもうそこに

ドイツ皇帝に対する敵意をむき出しにし、帝国の旗としてのユニオン・フラッグ、「ゴッド・セイヴ・ザ・キング」および「ルール・ブリタニア」の元での統一を歌った、典型的なジンゴ・ソングである「われらは皆一つの旗の元に」と比べると、この歌はとてもジンゴ・ソングとは考えられない。帝国賛歌の歌でもなく、イングランド覇権をうたいあげるものでもない。また、それらを象徴する国旗や国歌を称揚するものでもなく、戦意を鼓舞するものでもない。ティペラリーはアイルランドのマンスター地方にある町の名前であり、「強大なロンドン」へ出てきたアイルランド人の青年が街々が黄金で舗装されたその華やかな様子を興奮して故郷の恋人に知らせるが、ほかの青年から求婚されたという恋人の返事に急いで帰郷するというものである。

それまでの帝国主義、植民地主義を鼓舞する狂信的な愛国歌とは趣を異にするこの歌は、帝国の総動員戦になった大戦の戦場で兵士たちの望郷の歌として、アイルランド出身の兵士だけでなく広く歌われ、巷にも流行したと言われる。ブール戦争には多数のアイルランド人が出兵したこともあって、これによって、イングランドと最後まで強い確執を残していたアイルランドもようやく帝国の一員として認められたという主張がある。確かに、この大戦でも帝国の兵士としてもっとも果敢に戦ったのはアイルランド人であったとも言われている。

しかし、ブール戦争への積極的な参加、戦場での勇猛果敢な戦いは、むしろ、屈折したアイルランド人の自国意識を示していると言わねばならない。支配と抵抗の歴史に伴う遺恨や愛憎はたやすく消えるものではないことをその後の歴史が示している。この歌の流行はアイルランド人の帝国の一員となるための努力が認められた証であるとは単純には考えられない。その流行の背景にあるのは、むしろ、この歌に漂う一種の厭戦感であると言えよう。黄金を敷き詰められたロンドンの街は大英帝国の象徴であり、それに引き寄せられた青年が、真に大事なものを知って、急いで故郷の恋人の元へ帰るという望郷の歌であり、恋の歌であると言える。

それは、総動員戦となった戦いに駆り出されることになった人々が、ひとしなみにもった素朴な感情を代表する歌であったのだ。一時ほどの勢いは失っていたとは言え、「ルール・ブリタニア」や「ゴッド・セイヴ・ザ・キング」が自国意識をかき立てるために盛んに歌われ、それをあおる先のようなジンゴ・ソングも巷に溢れていたのである。これは、そのような時勢に逆らう、本来はむしろ厭戦歌であった。

しかし、この歌は狂信的な愛国心をあおるジンゴ・ソングと同じように、あるいはそれ以上に列車のなかでも、宿屋でも、町中でも、そしてさまざまな公共の場所でも愛国心を鼓舞するために歌われ、この歌とともにイギリスは大戦に突き進んで行った観があったと言われる。矛盾するようであるが、あからさまなジンゴ・ソングよりも、むしろ何でもないこの望郷の歌が人々の愛国心をかき立てたのである。強制されてではなく人々の自然な感情から歌われ、拡がったのだとすれば、これは狂信的でない愛国歌と言える。しかし、愛国心を鼓舞するために巧妙に利用されたとしたら、やはりこの歌はジンゴ・ソングであったと言わねばならない。

そのような自然な感情の巧妙な利用は、「エルサレム」の誕生にもつきまとっている。「ゴッド・セイヴ・ザ・キング」とも「ルール・ブリタニア」とも趣を異にするが、「エルサレム」は、一九一六年、大戦中の国民の士気を高めるために、ウィリアム・ブレイクの詩にメロディをつけて作られたのである。その意味では、この歌は、ジンゴ・ソング同様、明らかに戦意高揚の歌である。ここにも自分たちの国をプロテスタントの神の国、自分たちを選良と考え、世界の文明化を担う栄光の国とする点で、帝国形成の精神的支柱となった思想が含まれている。しかし、その歌詞のなかでもっともよく知られている次の部分は、ある意味では、帝国形成と違う方向を目指しているかもしれない。

はるかいにしえに、その御足は
イングランドの緑の大地を歩まれたのか
聖なる神の子羊は
イングランドの心地よい牧場におられたのか

ここには、古きよきイギリス、緑の田園へのイングランド人の愛着が歌われているが、第二連には

「そして、エルサレムは、この地に／この暗いサタンの工場に建設されたのか」という言葉がある。そのために、この歌を国民歌にするわけにはいかないという否定的な意見もあった。つまり、世界の工場、商業の中心であることにより、大帝国として発展した自らの発展を否定するものであると言うのだ。しかし、何はともあれ、田園を歌うことにこの歌の愛国歌たるゆえんがあった。

D・H・ロレンスの「私の見るところ、イングランドの真の悲劇は醜悪の悲劇である。田舎は実に美しい。しかし人間の造ったイングランドは実に醜い」という言葉はあまりにも有名だが、田園への愛着はイギリス人の間に連綿と続く強い伝統であった。「自然」という語が「田園」あるいは「農村風景」と同じ意味で使用されるのは、一八世紀に入ってからであると考えられているが、奇しくも「ルール・ブリタニア」の作者であるトムソンが『四季』で緑色を「自然の遍き衣」と呼んだとき彼の頭にあったのは、イギリスの田園風景であったと言われる。

しかし、「自然」という言葉こそ使われないが、実は、先に見た『ヘンリー五世』においてヘンリーが兵士を鼓舞する言葉のなかにも、緑の大地にイギリス人は強い愛着をもっており、それが愛国心の源になるものであることが示されている。「イングランドで五体をつくられた郷士たちよ！／ここで君たちの牧場が育てた勇気を発揮し／さすがにイングランド育ちであると言わせてくれ」というあの台詞である。さらに、この劇ではもはや姿を見せない祝祭の主人公、フォールスタッフが臨終の床で「うわごとで緑の田園のことを語った」ことを伝える他の登場人物クイックリーの哀切な言葉でも繰り返されている。

産業化と都市化はイングランド、そしてその中枢であったロンドンの進んだ道であった。だからこそ、緑の田園への愛着は増大する。「エルサレム」は、都市化、産業化によってどんどん失われる自然への哀惜の念を利用することで、帝国維持の戦いにおいて兵士を鼓舞する愛国歌となるのである。人々の自然な感情に基づく愛国心と狂信的愛国主義は本来相容れないものであるにもかかわらず、その境界はかくもあいまいで、危ういのである。そして、国旗や国歌、あるいはブリタニアやジョン・ブルといった国家表象が、複雑な現実を包み込んで、人々の愛国心を醸成するのに作用したように、ここにも、さまざまな論理矛盾を押さえ込んで、愛国心を高揚させるという一種の単純化の方法がある。

2　帝国の衰退と国家表象

帰属意識の変化と国旗・国歌

第二次世界大戦後、大英帝国の衰退が次第に顕著になるにつれ、帝国の表象として使用されたユニオン・フラッグや、ジョン・ブル、そしてブリタニアに対する扱いにも明らかに変化が起こる。イギリスの表象として人為的に作られたユニオン・フラッグが、帝国形成期にはあれほど盛んにいたるところに掲げられたにもかかわらず、帝国の衰退とともにその掲揚に翳りが見られるようになる。

一九四一年、オーウェルは「ライオンとユニコーン」において、大英帝国の沈滞の理由の一つとして左翼インテリの醸し出す反愛国主義を挙げ、「イングランドのインテリのほとんどは、ユニオン・ジャックを冷笑し、『ゴッド・セイヴ・ザ・キング』の演奏中に気をつけの姿勢をとることを慈善箱から金を盗むより恥ずかしく思う者たちである」ことを指摘している。しかし、オーウェルが、国威発揚の目的で国歌の斉唱や演奏を奨励するような愛国者でないことは言うまでもない。

同じ文章のなかで、オーウェルは、労働者たちもユニオン・ジャックを見て心を躍らせたりしないと述べ、「イングランドでは国威を誇示したり、国旗を振りかざしたり、『ルール・ブリタニア』を高唱したりするのはほんの一握りの人たちであり、一般民衆は愛国心をことさらに唱えたりしないし、意識さえしないものである」と、民衆の分別に共感を示している。これが彼の本意である。ただ、ここから、この頃、帝国の歌としてこの歌を歌うことに抵抗があったことは読みとれる。このような感情は、その後、さらに強まっていると思われる。

ジェレミー・パックスマンは、現在では、「ゴッド・セイヴ・ザ・キング」が演奏されるときに起立する者はいないし、もはやこの歌を国歌として劇場や映画館で演奏する習慣を復活させようなどと誰も思わないであろうと言う。そんなことをすれば、歌詞の第一連が終わる前に観客席が空っぽになってしまうことを請け負っている。また、「ルール・ブリタニア」は、いまや、時代錯誤的な愛国心を抱いた一部の者たちの間で懐古的な気分のなかで歌われるにすぎないとも言う。このことを、パックスマンは、ことさらに国家意識を強調する象徴など必要としないイングランド人の自信の表れであると述べながら、イギリス社会の変化をも率直に認めている。

これは、大英帝国の崩壊、さらには欧州連合の登場による、イングランド人の喪失感を語るものにほかならないとも言える。イギリスとイングランドを同一視して憚らなかった多くのイングランド人には、それが破綻したいま、もはや大英帝国の国歌である「ゴッド・セイヴ・ザ・キング」のみならず「希望と栄光の国」でさえ歌うことにためらいがあると言う。国家の威信をこのような形で公然と誇示することは野暮であるだけでなく、どこか非道徳的でもあると思うのだとパックスマンは説明する。ここには、帝国支配の過去に対するイングランド人の反省が込められているのかもしれない。

イングランド覇権が自他ともに認められていると考えていたイングランド人は、「ルール・ブリタニア」や「ゴッド・セイヴ・ザ・キング」をイギリス全体の歌であると同時に自分たちの国歌であることに疑問を感じなかった。帝国形成期には、連合王国を構成する各国のアイデンティティをぼかす必要があった。その結果、イングランド人は、イギリスとイングランドのあいまいな混同のなかに身をおいていたのである。パックスマンによれば、スコットランドやウェイルズ、そしてアイルランドでは自分たちの伝統的なアイデンティティとイギリス人であることは容易に共存できた。ところが、その覇権があいまいになるとともに、イングランド人は自らのアイデンティティに喪失感を抱くことになったと言うのだ。

確かに、イングランド覇権によるイギリス体制は、そのあいまいな統一を利用した狡猾な統治の方法であった。しかし、そのようなシステムにおいて、スコットランドやアイルランドの人々だけではなく、イングランド人も、いわば二重の帰属意識のなかで暮らしたのである。『タイムズ』に周期的に、「イングランドの国歌を制定すべきだ」という投書が載ると言う。現存する歌では、「ゴッド・セイヴ・ザ・キング」、「ルール・ブリタニア」、「希望と栄光の国」、そして「エルサレム」などが候補に挙げられるが、いずれも、もはや、イングランドの国歌としても、イギリスの国歌としても、人々の心を揺さぶらないようである。

イングランドの覇権が緩んできたとき、長い抑圧の歴史のなかでも不屈の反抗精神を残してきたスコットランド人やウェイルズ人、そしてアイルランド人の間に、自分たちの民族の歌を高らかに歌い、独立意識を鼓舞しようとする気運が生まれた。

スコットランドには、ロバート・バーンズの詩にスコットランドの伝統的な曲をつけた「共に血を流せしスコットランド人」や「勇敢なるや、スコットランド」、「スコットランドの花」などいくつか国歌と言えるものがあるが、国歌として広く歌われているのはロイ・ウィリアムソンが作詞、作曲した「スコットランドの花」である。一三一四年、ロバート一世の指揮の元、スコットランド軍がエドワード二世の率いるイングランド軍を撃退したバノックバーンの戦いの故事にちなむものであり、イングランドに対する不屈のスコットランド人魂が歌われている。

ああ、スコットランドの花よ
いつの日、また、その姿を相見ん
この小さき丘と谷を守るために戦い

命を投げ出した者よ
高慢なるエドワード軍に
雄々しく立ち向かい
思い知らせて
敗退させた者よ

ちなみに「ともに血を流せしスコットランド人」もバノックバーンの戦いを歌ったものであり、「勇敢なるや、スコットランド」は、特定の敵を明示していないが、やはり誇り高いスコットランド高地人の闘争心をうたいあげたものである。

ウェイルズでも自立運動が盛んになる。その国歌「父祖の地」には、スコットランド国歌同様、イングランド支配に対するウェイルズ人の自国意識がかいま見られる。「異邦人」という意味に由来する英語の「ウェイルズ」に対して、ウェイルズの人々が自らを呼ぶウェイルズ語の「キムリ」は「同胞」の意味をもつものである。また、国歌で何度も繰り返される「祖国」を意味する「グラッド」という言葉には、単なる「父祖の地」という意味にとどまらない深い思いが込められていると言われる。

わが父祖の地、わが愛の地
心に火をつけ、感動させる詩人たちを生み出した母

栄誉の誇り高き求めに応じ
自由のために命の血潮を流した諸々の英雄の母
わが祖国、わが祖国、わが心はともにある
海が永久にその砦であるかぎり
われらが言葉よ、永遠であれ

この歌は元々、一八五六年に、ミッド・グラモーガンのポンティプリーズ出身の織工であったエヴァン・ジェイムズが作った詩に、その息子のジェイムズ・ジェイムズが曲をつけたものであると伝えられている。しかし、その調べは古くからあったハープの旋律にあったと言われている。人々の間で愛唱されるうちに自然に国歌と考えられるようになったらしい。

アイルランド国歌は、「兵士の歌」である。一九〇七年、イギリス政府に抵抗して戦う兵士たちの間から自然発生的にわき上がったものだと言われている。第三番には、この国に深く、広く行き渡っている反イングランド意識がはっきりと見られる。

ゲールの民、ペイルの男たちよ
待ちに待った日があけようとしている
イニスフェイルの密集部隊が

暴君を震え上がらせるのだ
野営の火はいまはもう小さく
東の空が銀色に白んできた
敵のサクソン人はむこうで待ち受けている
さあ、兵士の歌を歌おう

一八〇一年の合併から一九二二年のアイルランド自由国の独立まで、アイルランドはイギリス政府に統治されていた。その間、青年アイルランド党の民族自立の運動、パーネル率いるアイルランド国民党の自治権獲得運動など、自治と独立の運動は繰り返されたが、その度にイギリス政府によって制圧された。しかし、一九世紀末には、アイルランド文芸復興などアイルランドの人々の自国意識は大きな高まりを見せた。「アイルランドでは、偉大な文学の伝統こそ他の何にもまさる国力であった」というアリス・ストップフォード・グリーンの言葉がある。一八世紀に虐げられたカソリックの住民たちが、苦しい生活の中にも詩や歌による気晴らしや教育を忘れなかったが、この時期のW・B・イェーツをはじめとするアングロ・アイリッシュの詩や演劇の運動にその精神は生きていたのである。この歌はこの時代のアイルランドの人々の反イギリスの自国意識、民族主義の高揚を反映している。

第一次世界大戦中に、大英帝国の愛国歌と見なされることもある「ティペラリーへの長い、長い道」が大流行したことを見たが、一九一六年には、武力によって独立を求めるイースター蜂起が起こる。イギリスとの融和をはかる人たちもいれば、あくまでもアイルランドの民族主義を唱える人もいたのである。アイルランド側から見ても、複合多民族国家としてのイギリスの複雑さはあったのだ。「ティペラリーへの長い、長い道」のほかにも、当時の流行歌には、「アイルランド人の目が微笑むとき」や「われわれは誇り高きアイルランド人」、「アイルランドの歌を歌うのには、アイルランド人の心が必要」などのアイルランドの歌が散見される。いずれも、恋の歌であったり、お国自慢の歌であったり、望郷の歌であったりするものである。「ティペラリーへの長い、長い道」も含めてこれらは、一面で大英帝国の愛国心を鼓舞するものであったが、本来のジンゴ・ソングではなく、アイルランドの民族意識をうたうものであるという多義性を帯びていた。

結局、イースター蜂起は失敗に終わったが、アイルランドの人々の不屈の精神を目覚めさせ、ナショナリズムに火を付けることになる。イギリスもその解決を迫られ、その結果一九二二年にアイルランド自由国が成立する。しかし、このとき、プロテスタントのアイルランド北東部は北アイルランドとして連合王国に留まる。自由国政府は、一九三七年、国名をエールとし、さらに第二次世界大戦後の一九四九年、独立国家としてアイルランド共和国を宣言する。しかし、これでアイルランドとイギリスの確執が解決したわけではない。プロテスタントに有利な政策がとられた北アイルランドでは、カソリック系住民を中心にしたＩＲＡの活動がやまない。彼らの大きな主張は、アイルランド全島がイギリスから完全独立することにある。

連合国家イギリスという現実

イングランド覇権の衰退とともに、連合王国内でも「ゴッド・セイヴ・ザ・キング」や「ルール・ブリタニア」に代わって、それぞれの国歌が盛んに歌われるようになったのと同じように、統一されたイギリスの表象、そして大英帝国の表象として国内および海外のあらゆるところに翻ったユニオン・フラッグに代わって、スコットランドでは聖アンドルー旗が、アイルランドでは、その成立の過程を考えると皮肉なことであるが、聖パトリック旗が掲げられる機会が多くなったと言われる。ユニオン・フラッグにその存在を示す影すらないウェイルズにおいても、上半分が白、下半分が緑の下地に伝説上の動物であるドラゴンを赤で描いた「ウェイルズのドラゴン」が国旗として使われることが多くなっていると言われる。欧州連合という新たな枠組みが始まるとともに、なおさらこの傾向は強まった。つまり、スコットランド、アイルランドそしてウェイルズでも、イギリスという枠を内包するより大きな枠組みである欧州連合の枠のなかでそのナショナリティを主張する傾向が強くなったからだと考えられる。

しかし、現実にこの国は、「イギリス」、すなわち「ブリテン」として存在していることは紛れもない事実である。帝国の衰退、欧州連合という新しい枠組みの発生によって、過去の民族主義に連なる郷愁が引き起こされ、そこから新たな期待が生まれ、同時にさまざまな戸惑いも生まれた。しかし、「連合王国」、通称「ブリテン」としてのこの国の体制は、そうたやすく変化することがないほどに、複雑に入り組んだ長い歴史をもっているのである。

先に、オーウェルの「ライオンとユニコーン」におけるイギリス人の国旗や国歌に対する感情の変化を見たが、「社会主義とイングランド精神」という副題のついたこのエッセイのタイトルは、以下の部分に由来している。

イングランドの社会主義政権は理論一点張りではないだろうし、論理的でさえないであろう。上院は廃止するだろうが、おそらく王政は廃止しないだろう。いたるところに時代錯誤や未解決の問題を残すことだろう。こっけいな馬毛のかつらをかぶった判事や、兵士の帽子のボタンの「ライオンとユニコーン」も残すだろう。

イギリス国王の大紋章中央の盾の部分を左右から支えるライオンとユニコーンを用いた意匠は、盾の部分の国王紋章やユニオン・フラッグなどとともに、イギリス軍の兵士の軍服や軍帽の一部に使われていた。これが、イギリスにおける社会主義政権の可能性について語るこの文章において、たとえイギリスに社会主義政権が成立したとしても残るであろう王政を象徴するものであると同時に、判事のかつらとともに、イギリス社会が温存させるであろう時代錯誤的な陳腐なものとして言及されているのである。

「ライオンとユニコーン」を含む国王の紋章が、国民の戦意を鼓舞する愛国心高揚の道具として用いられた現実がある。それは、人心を一つにするもの、自国意識をかき立てる象徴として使われてき

図 78　「マギーに投票を」

たのである。権威づけのためのかつらとともに、大仰で、空疎なものであるが、理屈を越えて、体制が代わったとしてもこれを残すであろうイギリス人の名状しがたい自国意識にオーウェルは言及している。

しかし、ここで注目すべきなのは、ここでのオーウェルもまた、イングランド中心のイギリスを当然のものとして筆を進めていることである。「イングランド」の文化の特質を語る一方で、「ライオン」と「ユニコーン」を一対の一つの国家表象として論を進め、イングランドとスコットランドの間にことさら境界を設けることはしていないのである。自国意識に関して、オーウェルもまたこのように非論理的だと言える。

サッチャーとブリタニア

確かにイギリスは昔のイギリスではなくなった。帝国の衰退とともに、もっぱら帝国意識の象徴として使用されるようになっていたブリタニアは影を潜めるようになる。しかし、帝国の守護神としてのブリタニアは、一つの根強い伝統となっていた。

二つの大戦によって疲弊し、「イギリス病」と呼ばれるほどに停滞したイギリス経済が、一九七九年に首相になったマーガレット・サッチャーによるさまざまな改革の断行によって回復の兆しが見えると、サッチャーは、しばしばブリタニアと重ね合わされた。一九八三年六月九日号の『サン』紙（図78）には、右手に三つ又の矛をかかえ、ユニオン・フラッグの意匠の盾を足元においたサッチャーが、独特のヘルメットをかぶったブリタニアの姿で登場する。ライオンを傍らに侍らせ、左手でオリーヴの小枝を差し出している。「あなたと子供たちのためによりよいイギリスを」という副見出しを付けた「マギーに投票を」という文字が踊っている。一九八三年の総選挙のときの新聞である。

図79　「マギーの農場」

しかし、このようにサッチャーをブリタニアと重ね合わせるうえで大きな役割を果たしたのが、実は、この前年に勃発したフォークランド戦争であったとも言える。アルゼンチンがフォークランド諸島に侵攻してきたとき、サッチャーを首相とするイギリス政府は、大艦隊を送り、島を奪還するのである。このサッチャーの艦隊の即座の派遣と勝利がイギリス国民の自国意識をあおり、サッチャーの支持率を高め、一九八三年の総選挙での保守党の勝利を容易にしたことはよく知られている。

彼女のキャラクターによるところも大きいが、その決断力と実行力によって、賛否の双方から、サッチャーは「強いイギリス」の象徴とみなされるようになった。虐げられ、立ち向かい、支配する、栄光のブリタニアの伝統と容易に結びついたのである。『シティ・リミッツ』紙の一九八二年の四月八日号に掲載された、スティーブ・ベルの「マギーの農場」(図79)は、ブリタニアのサッチャーがとるであろう対処法を予想したものであるが、その後の経緯はほぼ予想どおりであった。

強力な指導者としての「鉄の女サッチャー」に対する期待があることは確かである。しかし、同時に、それを冷静に眺める自嘲の精神もここにはある。狂信的な愛国心と結びつくだけではない多義性をブリタニアが獲得していることはすでに見た。

「クール・ブリタニア」

ところが、一九九七年に誕生したブレア政権は、再び臆面もなく、国民意識の高揚をはかりイギリス人としての結束を強めるため、「クール・ブリタニア」というスローガンを打ち立てる。全体的にブレアの政策は広く支持を得たにもかかわらず、このスローガンに共鳴する人は少なく、ブレア政権はほどなくこれを引っ込めることになる。科学的成果の重視、能力主義による商業の発展をうたって「新生イギリス」の創生をねらったブレアの思惑は、この国の人々の複雑で微妙な自国意識によって足元をすくわれたとも言える。「ルール・ブリタニア」をもじった「クール・ブリタニア」によって、人々の心を一つにすることはできなかったのだ。欧州連合への参加に積極的なブレアの政策は、イギリスとしての帰属意識を強めるよりも、イングランド、スコットランド、ウェイルズ、そしてアイルランドとしてのナショナリズムを助長しているとも言われている。

イギリスという枠組みを越えた、欧州連合という新しい枠組みの出現によって、イギリスへの帰属意識はあいまいになり、それぞれの地域のナショナリズムが強まったのだと言われる。イギリスの再生ではなく、むしろ連合王国を形成するそれぞれ四つの地域の独立の方向に向かっていると言われる。それは、イングランド覇権の衰退を示すものにほかならないかもしれない。イングランドとイギリスの枠組みをあいまいにし、統合と独立を非常に巧妙に、あいまいな形で操ってきたこの国の在り方に確実に変化が起こっているのである。

イングランド人の帰属意識について「社会研究センター」が二〇〇一年に行った調査の報告によれば、自分をブリティッシュ（イギリス人）ではなく、イングリッシュ（イングランド人）だと考える層が一九九七年の七パーセントから一九九九年には一七パーセントに増え、逆に、自分をイングランド人ではなくイギリス人だと考える層が九パーセントから一四パーセントにともに増えていると言う。前者は、移民を嫌い、欧州統合に反対する傾向が強く、後者は移民に寛大で、欧州統合に賛成の傾向が強いと分析され、前者の数字の増加はスコットランドやウェイルズにおける地方分権の動きに触発されたところがあることが指摘されている。さらに、帰属先をイングランド人という民族性に求める人と、多様な人種や地域を含む共同体に求める人に二分される傾向があるとの分析が加えられている。

しかし、この報告から確実に言えることは、このような調査が行われたという事実が物語っていることでもあるが、他の地域同様、イングランドにおいても自らのアイデンティティについての問いかけが起こっていることである。このような動きは、王立シェイクスピア劇団（ＲＳＣ）の二〇〇〇年上期の公演にも表れている。近代イギリスの礎を築いたテューダー朝の成立を扱うシェイクスピアのイギリス史劇のうち後期四部作が次々と演じられたのである。

シェイクスピア記念劇場において上演された『ヘンリー五世』、併設のスワン劇場で舞台にのせられた『ヘンリー四世・第一部』および『ヘンリー四世・第二部』、そして同じくスワン劇場で上演された『リチャード二世』である。いずれも好評を博したが、とりわけ『リチャード二世』は公演の開始と同時に切符はほぼ完売という状況であった。これらの公演とその人気もまた、欧州連合というヨーロッパ統合の動きとともに澎湃として起こったナショナリズムの動きと無関係ではない。イングランドのヘゲモニーの元にブリテン（イギリス）として国家形成をしてきたこの国のあり方に対する問いかけがここにも見られることは、そのパンフレットでも明らかにされている。

『ヘンリー四世』の上演パンフレットは、『リチャード二世』におけるゴーントの憂国の情を表す台詞に含まれる言葉「この土地、この領土、わがイングランド」を見出しに用い、イングランド人の愛国的な言葉を並べている。また、『ヘンリー五世』のパンフレットは、先に見た「社会研究センター」によるアンケートと同趣旨の「ブリティッシュ」と「イングリッシュ」という二重構造を意識した、自らのアイデンティティの在処を語る有名無名のさまざまな人々の声を掲載しているのである。

同じ頃、一九九八年に発行されたパックスマンの『イングランド人——ある国民の肖像』がベストセラーの上位にとどまり続けていた事実も見逃せない。書名にうたわれているように、この書物の内容はいわゆるイングランド人論であるが、その論の大半は自らをイングランド人と意識して行動する場合もあるし、イギリス人と意識して行動する場合もあるイングランド人のあいまいな帰属意識を扱い、その現状と背景を考察するものである。つまり、「イングリッシュ」と「ブリティッシュ」の間で揺れ動くイングランド人の自国意識を辿るものである。この書物はイングランド人のアイデンティティの二重構造に焦点を当てているが、この二重構造は、その様態に微妙な違いはあるが、ウェイルズ人であれ、スコットランド人であれ、あるいはアイルランド人であれ、イギリス人がひとしなみにもつものであることは言うまでもない。イギリス社会におけるこの問題の根深さをこの本は改めて問いかけているのである。

現在流通している一ポンド硬貨のさまざまな意匠は、この国のこのような特質を如実に物語っている。この硬貨の表面にはすべてエリザベス女王の肖像が浮き彫りにされているが、裏面には、国王紋章やライオン、イングランドを表象するバラのほか、ウェイルズを表象するドラゴンやリーク、スコットランドを表象するアザミなどさまざまな意匠のものがある。決して一様ではない複雑で入り組んだこの国のあり方が、まさしく浮き彫りにされているのである。「クール・ブリタニア」の創生が容易くないことは、ここにもうかがえる。

終章　イングランドとイギリス

ブリタニアとジョン・ブルの二重性

イギリス人のアイデンティティの二重性は、ブリタニアの相反する二つのイメージに反映されている。一つは、ブリタニアの装具である盾に描かれたユニオン・フラッグ同様、連合王国の統合の象徴としてのブリタニアである。それは、自由や平和、繁栄といったかくあれかしという国の理想を表す、人為的、政治的なブリタニアであり、とくに帝国形成期のイギリス体制の象徴であった。いわば、アンダーソンのいう公定ナショナリズムの形成に寄与するブリタニアの姿である。しかし、ブリタニアは、「母なる自然」に連なる象徴的存在でもある。それは、政治的な分裂を来す前の理想の国家の象徴であり、生まれた土地とその言葉、すなわち祖国の土と母国語によって育まれる、自然な、理屈抜きの愛国心の象徴である。ブリテン島内での国家統一の兆しのなかにすでにイングランド優位が胚胎していたことを考えれば、母乳の役割を果たす母国、母国語はイングランドであり英語である。ブリタニアが、しばしばイングランドの愛国心、そしてイギリス体制におけるイングランドの覇権を象徴するゆえんである。

「ブリティッシュネス」と呼ばれる帝国形成のシステムにおける政治・経済・文化状況は、そこにイングランドのヘゲモニーの介在を認めるならば、「イングリッシュネス」と同義語になる。このあいまいな二重性が、実は、この国の大きな特徴であると言えるが、ブリタニアも、こともなげに、なんのこだわりもなく、この相反する二つの姿で現れる。

先に、『パンチ』の一八八一年一〇月二九日号に掲載された「二つの勢力」というキャプションの付いた挿し絵では、ブリタニアは、アイルランドの抵抗勢力に対して親イングランド勢力をかばうイングランドの表象として登場していることを見た。しかし、それより一〇〇年以上前の一七七四年に、すでにイングランドだけを表象するブリタニアの姿が、ジョン・ディクソンの描いた『神託――ブリタニア、ヒベルニア、スコティア、アメリカを表す』（図80）には見られる。

「時の翁」が映し出すのはイギリスの連合体制を危機にさらす混乱を克服して、連合体制と自由が守られた輝かしい未来図である。ブリタニアはこの未来図を指し示しながら満足げに微笑み、左側にいるアイルランドを表象するヒベルニアに話しかけている。ブリタニアの隣にいるのはスコットランドのスコティア、そして少し離れたところにいる、手と足をむき出しにして、頭に羽根飾りを着けた、褐色の肌のアメリカ原住民風の女性はアメリカである。この配置は、幻灯で映し出された絵の構図と対応している。植民地を含んだ連合体制を寓意的に示すこの図版が作られた約一年後に、アメリカ独立戦争が起こる。これはすでにそのような混乱の気配を察知したアイルランドのダブリン出身の画家、ディクソンのかくあれかしと願う未来の想像図である。ブリタニアはイングランドのみを表象しているが、イギリス体制での覇権を是認されたものとして描かれている。

このようなイングランドとイギリスの混同は、イングランドの勢力が強大になりはじめたテューダー朝に起こっていたことをすでに見たし、エリザベス朝のイングランド人の自国意識をあおり、その後もイギリス人の愛国心をくすぐり続けているシェイクスピアの『リチャード二世』におけるあのゴーントの憂国の台詞のなかに表れていることも見た。

図80『神託——ブリタニア，ヒベルニア，スコティア，アメリカを表す』

豊穣の島であるイングランドの至福と歴代の王の血統の純粋性を語るゴーントのこの言葉は、エリザベス朝においてのみならず、その後もイギリス人の、とくにイングランド人の愛国心に訴えつづけたことは、そのなかの言葉を踏まえた「わがイギリス」であるとか、「王に統べられた島」などのタイトルをもついくつかの愛国的な書物が存在することからもうかがえる。

ノルマン征服後にかぎっても、イングランドの歴代の王の純血性は、主なものだけでも、スコットランド王ジェイムズ六世のイングランド王ジェイムズ一世としての即位、オランダのオラニエ公爵ウィレムのウィリアム三世としての即位、ハノーファー選挙公ジョージのイングランド王ジョージ一世として即位など、ある意味では雑種性の容認によって保たれたとも言えるのである。さまざまな民族が交渉を繰り返したこの国の形成過程を考えれば、ときにはイングランドのみを表象し、ときにはイギリス全体を表象するというブリタニアのもつ矛盾は理解できる。統合の象徴として純粋性が求められるが、一方でその雑種性を包み込む必要がブリタニアにはあるのだ。

その意味では、イングランドを表象する人物として登場したジョン・ブルが、イギリス体制が進展するとともに、イギリスの表象としての役割も担ってゆくことになるのも興味深い。「生粋のイングランド人」を体現する役割を課せられたのがジョン・ブルであるが、そのことによって複合国家イギリスの表象となるのである。つまり、イギリス体制におけるイングランド覇権の象徴であり続けるのである。ブリタニアとは逆であるが、やはり二重性を帯びた存在なのである。

実は、この「生粋のイングランド人」もシェイクスピアの『リチャード二世』に由来する。この劇には、国外追放の憂き目にあったモーブレーが自らを育ててくれた英語から引き裂かれる悲しみを切々と訴える言葉など、愛国心を吐露するいくつかの有名な台詞があるが、同じく国外追放になったボリンブルックは、自らを生み育ててくれた国土への愛着を訴え、「国外追放になったとはいえ、自分が生粋のイングランド人である」ことを表明して退場するのである。

この「生粋のイングランド人」の胡散臭さは、一六九八年にダニエル・デフォーによって自嘲的に暴かれている。さまざまな民族が渡来し抗争と融合を繰り返した、いわゆる複合多民族国家がこの国の現実であり、ことさらにイングランド人の純粋性を主張するのは、ゼノフォウビアをあおり、自らの優位を確保するための騙りにほかならないことを指摘するのである。

ブリトン人とスコットランド人の間で
強姦や狂暴な欲望によって生み出されたのがはじまり
その子孫も誰とでも交わり、ローマ人がやって来ると
すぐに屈服して娘たちを差し出す
そこから生まれるのは雑種の民族
……
この不快な雑種の民族に
イングランド人の純粋な血が流れているだって
生粋のイングランド人なんてものは、矛盾
言葉にすれば皮肉、事実は捏造

ジョン・ブルと不即不離でイングランドを表象するブルドッグはしばしばマスティフと同一視されるが、一説には「マスティフ」の語源は、皮肉なことに、「雑種」そのものなのである。ブルドッグと重ね合わされることのある、典型的なイングランド人、ジョン・ブルの純粋性はここからも揺らぎ

始める。

イングランドとイギリスの混同

しかし、一方では土着の自然な愛国心を温存し、もう一方で人為的で、政治的な愛国心をあおることの方法は、政治の方法としてはきわめて有効に作用したのかもしれない。人々の心を一つにするためには、外に敵を作り、自分たちの純粋性、正統性を捏造するのがもっとも有効な方法であった。

しかし、現実には、一つの政府をもつ統一国家としてのイギリスの創生がはかられたわけではなかった。イングランドのヘゲモニーを温存した連合王国こそ、イングランド人の望むものであった。イングランドの愛国主義者ウィルクスの言動は、逆説的ではあるが、そのようなイングランド人の自国意識をよく表している。彼は、「グレイト・ブリテン」という言葉を嫌い、グレイト・ブリテン島全体を示す言葉として「イングランド」を、そしてスコットランド人を含めたイギリス人全体を示す言葉として「イングランド人」を用いることを提唱し、多くの人々がそれに従ったと言われる。その一人、ジョン・ホーン・ツックという人物は、一七六五年、その著『あるイングランド人の請願』のなかで、ビュート伯やマンスフィールド伯、そしてジョージ三世のような人々によって、イングランド人という名前が溶解されて、みんながイギリス人になってしまったことを嘆き、その危険、つまりイングランド優位の衰退に警告を発している。

このような言説は帝国形成期には当たり前だったようであり、枚挙にいとまがない。たとえば、典型的なものとして、植民地を巡行し、あらゆる場所でイングランド人の優秀さを再確認する紀行文の形をとる、一八六九年に出版されたチャールズ・ディルクの『大英国』の序文に次のような言葉がある。

一八六六年と一八六七年に、私は世界中にあるイングランドを巡りました。あらゆるところに英語を話す、イングランド統治の国がありました。気候、土地、風習、諸国民との混血が、その血統に少し変化を加えていることは認めますが、本質的にわが民族は常に一つであることを知りました。

はしなくも、大英帝国はイングランドと同義語であることが示されているが、拡大主義的な国家主義が台頭しはじめるとともに、内的な統一をはかるだけではなく植民地においても、政治的にも、経済的にも、優位に立っていたイングランドの諸制度が適用されるのである。それは、教育の現場においても、当然のように受け入れられていた。パブリック・スクールは帝国形成期の人材育成に大きな役割を果たしたが、この教育現場でもイングランドの覇権は当然のごとく受け入れられていた。この頃、パブリック・スクールにおいてスポーツが人格陶冶の道具として広く利用されるようになるが、ハロー校の校長J・E・C・ウェルダンの「帝国の歴史において、イングランドはその覇権をスポーツに負っていることは自明だ」という言葉にも、イングランド覇権を含むイギリス体制というこの国の形が見える。

大英帝国時代のイギリス人の傲慢とも言える自信は、植民地で発揮されるだけにはとどまらなかった。J・W・クローカーは一八八四年の文書に、まるでウェイルズ語のようなおかしな英語を喋っているにもかかわらず、「まさしくジョン・ブルだ。イングランド人のような英語を話される」とおだてられて上機嫌であったバイエルンの皇太子のことを書き残している。外国の皇太子が努力してたどたどしい英語を話すことはイギリス人、とりわけイングランド人の自国意識をくすぐったのである。

しかし、当時のイギリス人がこぞって、そのように楽天的であるわけではなかった。先に見た一八五一年五月三日に発行された『パンチ』の「一八五一年のメイ・デイ」（図54）の図版には、万国博覧会に集まった数多の国々、国内のさまざまな地方を代表する人物が描かれているが、そこに漂っているのは、必ずしも祝祭の陽気な気分だけではない。バイエルンを代表する人物も登場しているが、最前列で膝を折って座った脚のなかにうなだれた頭をつっ込んだ姿で描かれている。これは、決して両手を挙げて大英帝国を賛美するものではない。

このような自国意識とそこに含まれる不協和音の根は深い。シェイクスピアの『ヘンリー四世・第一部』において、ホットスパーにその言葉を揶揄されたウェイルズの将軍グレンダウアーの「イングランドの宮廷で教育を受けましたので、私はあなたと同じように英語を話すことができます」という抗弁や、『ヘンリー五世』におけるフルーエリンの卑屈な擦り寄りともとれるヘンリー王への協力の姿にもうかがえる。シェイクスピアはこれらに批判的な、あるいは自嘲的な台詞も加えているが、エリザベス朝のロンドンのイングランド人の自国意識は、大勢においてこのようなものであったと考えられる。

イングランド中心の帝国意識は一九世紀末から二〇世紀初めにかけて頂点に達し、その後も根強く残った。イングランドでイギリスを代表させるような状況は未だに残存していると言える。ハンガリー出身のジャーナリストであるジョージ・ミケシュが、イギリスとイギリス人に関する軽妙な書物である『外国人になる方法』において、次のような言葉を残したのは一九四六年のことである。

この国の人々が「イングランド」と言うとき、それは「グレイト・ブリテン」の意味であったり、「連合王国」の意味であったり、「ブリテン島」の意味であったりする。しかし、決して「イングランド」を意味するものではないのだ。

『オックスフォード英語大辞典』における「イングランド」の第二番目の定義――「グレイト・ブリテン島の南部地域、普通はウェイルズを除く。ときにはあいまいに、グレイト・ブリテンを指すのに用いられ、しばしば、イングランド(あるいはイギリス)国家を表す」にもそのような実態がうかがえる。

実際、イギリスの歴史が歴史学者の間で、イングランドの歴史ではなく、イングランド、スコットランド、ウェイルズ、アイルランドの四つの国からなるイギリスの歴史として本格的に語られるようになるのは、ヒュー・カーニーの『ブリテン島——四つの国の歴史』など、ごく最近のことである。

「イギリス」という呼称

日本語の「イギリス」あるいは「英国」という言葉は、奇妙な形でこの「イングランド」と「イギリス（ブリテン）」の混同を引き継いでいる。公式名は「グレイト・ブリテンおよび北アイルランド連合王国」、短縮して「連合王国」であるが、現在わが国において一般に広く使用されているのは、「イギリス」や「英国」という俗称である。イギリス国内では「ブリテン」という通称が使われることが普通であるにもかかわらず、わが国においては、四つの地域の一つである「イングランド」に対しても、「連合王国」、「ブリテン」に当たる四つの地域の総称としても「イギリス」、「英国」という言葉があいまいに使われ続けている。そこには、この国の歴史と、わが国とこの国の交流の歴史が複雑に絡んでいる。

「ブリタニア」あるいは「アンギリア」などと呼ばれ、「貌利太尼亜」や「諳厄利亜」などの漢字が当てられるなど、この国に対しては百通り以上の呼び名があったが、次第にポルトガル語の「イングレス」およびオランダ語の「エゲレス」のなまった「イギリス」が定着したと考えられている。これに「英吉利」という漢字があてられ、その一部を用いた「英国」という呼称が生まれたのである。わが国の海外交流において、ポルトガル、オランダが大きな役割を果たしていた歴史がここに反映している。

日本と西洋との接触は、フランシスコ・ザビエルの来日に代表されるカソリック教団による布教活動の一環として行われた。しかし、それは、ヘンリー八世のローマ教会との絶縁と英国国教会の設立に見られるように、きわめて政治的なものであったし、経済活動をともなったものであった。このような時代にあって、イギリスは、少なくとも東アジア貿易においては、ポルトガル、スペイン、そしてオランダの後塵を拝していた。それ以前にもイギリス船の日本到来の記録はあるが、日本とイギリスの明確に記録に残る接触は、一六〇〇年のウィリアム・アダムズの豊後への漂着に始まる。アダムズを航海長として東アジアを目指したオランダの東インド会社の船団は、さまざまな苦難ののち、這々の体で日本に漂着するのである。アダムズは徳川家康の寵愛をうけ、三浦半島の逸見に領地を与えられ、三浦按針と名乗る。一方、エリザベス女王の治世の一六〇〇年にイギリス東インド会社が設立され、ジェイムズ一世の時代に入った一六一三年に将軍に宛てた国王ジェイムズ一世の親書をもったセーリスが日本を訪れ、アダムズすなわち三浦按針の仲介で通商の交渉がなされ、平戸にイギリス商館が設置される。

ところが、東アジアでのイギリスの貿易は思わしくなく、結局この平戸の商館は一六二三年に閉じられる。一方、徳川幕府は、一六二四年のスペインとの国交断絶、一六三九年のポルトガル人の来航禁止の後、ついに出島におけるオランダ商館を通じての交易をのぞいて鎖国状態に入る。その後、さまざまな形での接触、交渉はあるものの、幕末の一八五八年の日英修好通商条約の締結まで、日本とイギリスの交流はなかったと言ってよい。

一六二三年から一八五八年の二百数十年のあいだ鎖国の眠りついていた日本が眼を覚ましたときに、そこにあったのは七つの海に君臨し、その領土に陽の没するところのない大帝国のイギリスであった。それは、海外においてのみならず国内においても、スコットランドやウェイルズ、アイルランドよりも政治、経済、軍事などの分野で優位に立っていたイングランドの覇権を含んだイギリスであった。

先に見たように、イギリス国内においても、とくにイングランド人の間では、「イングランド」を「ブリテン（イギリス）」の同義語として用いて憚らない状況があったが、まさにそのようなイングランド中心主義が頂点にあった時期に、日本はイギリスと再会したのである。幕末から明治の初期にかけて西欧文明の吸収にやっきになっていたわが国が近代化の手本を求めたのが、当時、世界に先駆けて産業化をなしとげ、繁栄を謳歌していた大英帝国・イギリスであったのである。近代化を急ぐ日本は、産業使節団による視察、お雇い外国人の招聘、留学生の派遣などの方法により、その手本の多くをイギリスに求めたのである。すでにさまざまな矛盾を露呈していたにもかかわらず、軍国主義と手を結んだ産業主義の帝国システムを光り輝くものとして取り入れるのである。それは、イングランドとイギリスという言葉のあいまいな使用に象徴的に示される、イングランド覇権による連合国家体制そして植民地主義的帝国主義の方法にほかならなかった。

ブリタニアと日本

もう一度、『パンチ』の「一八五一年のメイ・デイ」（図54）の図版を見てみよう。万国博覧会の象徴とも言える水晶宮を背景に玉座とも考えられる高台に、右手のパンチ氏、左手のライオンとともに座したブリタニアのほかに、もう一人ブリタニアがいる。世界中からそれぞれの産物をもって集まった人々でごった返す一番下の段に、浮かぬ顔でたたずんでいるのである。高台に座っているのは、帝国の公的な象徴とも言えるブリタニア、下にいるのは庶民の代弁者としてのブリタニアであると言える。よく見れば、高台の両端に座った、オリーヴの小枝をもったリバティーも、麦の束をもったケレースもうなだれている。概して陽気で、ブリタニアを称える人々の群に比して、下段の賑わいには混乱の様相があり、うなだれている者、そっぽを向いている者が含まれている。ここには、この時代の正直な世相が暗示されているのかもしれない。

繁栄に比例するかのように、ロンドンをはじめとする多くの都市に人口が集中し、衛生状態が悪化し、食糧不足も深刻になっていた。一八三一年、一八四八年から四九年にかけて、一八五三年から五四年にかけてと、何度もコレラが襲ったし、貧富の差が拡大していた。テムズ川の汚染が何度も『パンチ』で追求されたのもこの頃であった。

これより一〇年ばかり後の竹内保徳下野守を団長とする幕府使節団をはじめ、多くの視察団がイギリスを訪れ、産業立国の輝かしい姿に驚嘆した。その驚きが、近代国家として歩むことを決意した日本の方向を決めた。嘆きのブリタニア、不安なブリタニアの姿は、そのまばゆいばかりの近代文明の豊かさに圧倒された日本人には見えなかったのだ。

一方、イギリスにおける開国期の日本の印象は、その特派員として日本に滞在したチャールズ・

ワーグマンが送った『イラストレイテッド・ロンドン・ニューズ』の挿し絵のほか、『パンチ』に掲載された何葉かの挿し絵にかいま見ることができる。当初、日本人は黒人として描かれたり、中国人風に描かれたりした。そうでない場合でも、関心はもっぱら、和服やちょんまげなどの物珍しい風俗やエキゾティックなものにあった。それはジャポニスムにつながってゆく側面をもっていたが、エドワード・サイードのいうオリエンタリズムのまなざしを含むものがほとんどであった。サヴォイ・オペラの『ミカド』を生み出すことになる、軽妙で、見方によっては軽蔑的な、卑小なものとして日本を捉える傾向があったことは否めない。すでに矛盾を露呈していた「西洋の文明」をやっきになって吸収しようとする日本の姿を、自嘲を込めて揶揄するものも少なくないが、大勢において、文明開化期におけるイギリス人の日本のイメージは、「卑小なもの」あるいは「軽薄なもの」であり、その関心もその辺りにあった。

大英帝国の自負と優越感が背景にあったと考えられるが、この時代のイングリッシュネスは、まず、経済的にも軍事的にも、そして文化的にも拡大主義と同義であった。確かに、イングリッシュネスが、一面で真にイングランド的なものを求める求心的なものとして考えられていたように、当時の日本人の屈託のない日常生活に感心し、根付けや小紋、浮世絵などの日本文化を称賛する面もあった。しかし、少なくとも政治的、軍事的、そして経済的な意味において、日本は弱小な、とるに足らない後進国であった。

ところが、日清戦争で、大国の清を相手に日本が有利に戦いを進めるのを見てイギリス人は驚くのである。『パンチ』の一八九四年九月二九日号に「巨人殺しのジャップ」というキャプションの付いた図版がある。そこには、巨人に立ち向かうジャック、すなわち一寸法師のような「日本」がサムライ姿で描かれている。この年の八月に始まった日清戦争は、九月に日本が黄海の海戦で勝利し、その後一一月には大連、旅順を攻略するという形で展開する。この年の『パンチ』第一〇七巻の表紙には、小人のようなサムライ姿の「日本」の勢いにたじたじとなる巨人である「中国」の様子を物陰から見るパンチ氏が描かれている。

しかし、一方で、この日本の躍進を批判的に見る挿し絵も当然現れる。『パンチ』一八九五年四月二七日号の「中国人の店の日本人」では、中国人の経営する店屋に入って、乱暴狼藉を働く少年として「日本」が描かれている。そして、『パンチ』一九〇〇年七月四日号の「くどくど言う」では、義和団事件の原因は三国干渉のためであるとして、西洋列強に抗議する「日本」が、さらに『パンチ』七月一八日号の「北京へ」では、八カ国連合の先頭に立つサムライ姿の「日本」が描かれている。

日清戦争に続いて、日露戦争における日本の善戦はさらに驚きであったらしい。『パンチ』一九〇二年二月一九日号の「盟友」(図81)は、この年の一月に締結された日英同盟に言及するものであるが、ここではブリタニアと肩を並べる武者姿の女性である「日本」が描かれている。日英同盟がロシアの南下を牽制するためのものであったという歴史的な事実は、背後にいるロシアを表象する女性の独白「この信頼関係は気に入らないね」という言葉によって示されている。高い下駄を履いた小柄な「日本」には、従来の卑小なイメージの名残がある。

SWORN FRIENDS.
RUSSIA (aside). "H'M—I DON'T LIKE THESE CONFIDENCES."

図 81 「盟友」

A LESSON IN PATRIOTISM.

図 82 「愛国主義の教訓」

『パンチ』一九〇四年六月六日号の「愛国主義の教訓」(図82)では、日露戦争における日本の快進撃の理由を、ジョン・ブルが袖に日章旗のついた和服姿の女性に尋ねている。その秘訣を軍隊組織の円滑な動きにあると見たジョン・ブルに、日本を表象するこの女性は、「わが国では、誰もが国のために自分を犠牲にする覚悟ができているし、実際にそれを実行している」と答えている。女性が手にする扇子は、当時すでに日本を表象する小道具になっていたものであり、後ろにかかった掛け軸風の地図には、日本の進撃を示す旗が描き込まれている。印象的なのは、日本における軍国主義教育の成功を羨望のまなざしで見つめるイギリスの姿である。それは西洋列強に伍して植民地主義的な軍国主義、国民皆兵の愛国教育を推進する日本の姿であり、ブール戦争で手痛い失敗をした大英帝国の悔恨を物語る図でもある。

図 83 『平和をもたらすブリタニア』

その後の日英交流は必ずしも幸せなものではなかった。第二次世界大戦においては敵対して戦うという深刻な事実を残した。また、イギリスの近代工業文明に圧倒され、その吸収にやっきになった日本が、およそ一〇〇年後の一九八〇年代に世界有数の経済大国となり、「イギリス病」と呼ばれる経済の停滞に悩むイギリスをその経済力で逆に圧倒したこともあった。そのようななかで、ブリタニアやジョン・ブルは、もはや支配的な力の象徴ではなく、「古きよきイギリス」を代表するものとなった。それが、ある意味では、日本人が作り上げた、現実と遊離した幻想のイギリスと一致していたと言える。ただ、このような傾向は、あながち、われわれの側にのみあるのではない。

たとえば、先に見た「盟友」と同じく日英同盟の頃にシジズモンド・グーツアによって描かれた『平和をもたらすブリタニア』（図83）という壁画が、イギリスの外務省の目立つところに掲げられていると言われる。イギリスの支配によって平和がもたらされるという一九世紀末に頂点に達したパックス・ブリタニカの考え、文明化の使命を信じて疑わない大英帝国の姿がここにはある。ほとんど裸の兵士やさまざまな民族衣装に身を包んだ人々に囲まれたブリタニアが描かれているが、どうみても武力による支配によってもたらされた平和を暗示するものである。そのなかに、ひときわ小さく和服姿の日本女性も描かれている。それは、幕末から明治初年の頃に始まって、その後も長く残った、西洋人のきわめて一面的な日本理解を物語る、ゲイシャ、フジヤマに連なる姿である。この構図は、明らかにイギリス、さらに厳密に言えば、イングランドによる世界支配願望の図である。もはやグロテスクでさえある過去の遺物ともいうべきこのブリタニアが、それを誇るかのようにイギリス外務省に掲げられているとしたら、それは、イギリスの人々、とくにイングランド人のなかにこのような自国意識がいまも棲み着いていることの証左であろう。そして、われわれ日本人の心のなかにも、いまだにこのようなイギリスを容認しているところがあるのも事実である。

あとがき

　本書では、イギリスの国家形成の過程で大きな役割を果したさまざまな表象を取り上げた。国王紋章、国旗、国歌と「ルール・ブリタニア」、そして、あらゆるところに登場するブリタニアやジョン・ブル、この国を表象する動物であるライオンやブルドッグなどである。これらの表象は、おおむね支配者層が自国意識を醸成するために意図的に使用したものであったが、それに風刺の矢を向けるものもあり、必ずしも一方的なものではなかった。

　歴史を通して見ると、それぞれの時代におけるこれらの表象の用いられ方は、それらを伝える媒体の変化と密接に関係しており、イギリス社会の変化そのものを物語るものであることが分かる。ブリタニアを例にとると、書物の出版がまだ高価でその利用も限られていたとき、彼女はまず王権の称揚をはかる歴史書や地図に現れる。そして、一八世紀の風刺版画の時代には、フランスをはじめとする外部の敵に対する愛国心をあおるために盛んに登場する。当然それは国内の権力を批判するためにも用いられる。一九世紀に入ってジャーナルの時代になると、帝国意識形成の一翼を担うとともに、『パンチ』をはじめとする週刊誌や日刊紙に、保守派、急進派いずれの立場でも登場し、政治風刺の道具となる。イギリスの産業化と商業化がさらに進むと、商品の宣伝広告などに頻繁に登場するようになる。さらに、軍国主義が台頭してくると、愛国心をあおるプロパガンダに登場するようになる。象徴や表象は、偶像崇拝を戒める歴史からもうかがえるように、単純な図像や言葉で人々の心をあおる方向に誘導するために使用される。正邪は別にして、とくに国家表象は、人々の帰属意識を高め、一つの国民として団結させるのに有効である。その方法は複雑な現実を捨象する単純化にあると言えるが、ここに大きな落とし穴がある。大量のものを一度に供給する複製文化の発達とともに、その危険は増大する。政治的な意図が加わるとこれらの表象はたちまち危険きわまりないものになるからである。

イギリスにおいてこれらの表象が利用された実態を辿ってみると、この単純化の手法は、極端なデフォルメで誇張された図像や事実を歪曲しているともとれる一方的なスローガンなどによって本来の機能を果たしている。しかし、まがりなりにもこの国が独裁政治を免れているように、イギリスでは表象は決して一面的には使用されていない。さまざまな国家表象が多様で、複合的な使われ方をしているのである。つまり、ある一つの表象が、相反する主張や主義のためにさまざまに異なった意味で使用されているのである。本来護国の女神であったブリタニアは、帝国形成の時期には神格化された愛国心の象徴となったが、身近で日常的な姿でも現れ、狂信的な愛国心をあおる自らの姿を自嘲的に批判することもした。「ゴッド・セイヴ・ザ・キング」が国歌として容認される過程にも、さまざまな紆余曲折があった。本来、国王称揚の歌であるが、正反対の内容をもつパロディが民衆の歌として広く歌われることも繰り返された。

このような多義性は、議会民主制を取り入れたこの国の政体の特性からくるものかもしれないし、とりわけ表象や象徴についても長い歴史をもっているこの国の古さに由来するものであるかもしれない。あるいは、複合多民族国家であるこの国の在り方が微妙に影響しているとも考えられる。いずれにせよ、表象が、ときには狡猾ともいえる形で利用され、複眼的で批判的な視点で眺められているのである。複雑な現実を単純化して示す基本的な機能に変わりはないが、これらの表象が必ずしも単純で、一面的なものとして扱われていないのである。

実は、単純であるはずの国家表象のもつこの複雑さは、わが国における国家表象の単純でナイーヴな在り方によって浮き彫りにされる。近代的な国民国家のすみやかな創生を迫られたわが国は、その手本を一九世紀末から二〇世紀はじめにかけての西洋列強の政策に学んだが、表象の利用についても、イギリスをはじめとする西洋列強の帝国システムに倣ったのである。近代国家を創生するにあたって、明治政府は、国民の心を一つにするため、天皇の肖像画や国旗、国歌を利用し、古来からの日本人の桜の花への愛着を軍国主義教育に利用したのである。わが国においても国家表象は大きな役割を果たした。しかし、その近代化があまりにも性急で、結局表面的なものでしかなかったように、国家表象の利用も短絡的であったと言える。

表象についての考え方の基本的な相違や、それが定着するに至る長い変遷の歴史が十分に理解されていたわけではなかったのである。国歌斉唱や国旗掲揚が論議をよび、ときにはきわめて深刻な問題となっているが、愛国心に関する齟齬に起因するこの問題は、それをあらゆる機会に目に触れさせ、耳に届ける、刷り込みの方法で解決するものではない。真の自国意識は、一方的な押しつけによって育まれるものではない。国家表象も、複雑な現実にもまれ、人々の自然な感情を伴ったものになってはじめて本物になるように思える。本書の目的は、イギリスの国家形成の過程において大きな役割を果たしたさまざまな表象や象徴を、その自国意識に焦点を当てて辿ることによってこの国の特質を明らかにすることにあったが、それは、国家形成期にその大きな影響下にあったわが国における自国意識の形成と国家表象について側面光を与えるものでもある。

わが国の近代国家としての形成において、イギリスの果たした役割は大きい。計り知れない恩恵を受けたことは確かであるが、負の要素を無自覚に取り入れていることもまた確かである。グローバリゼーションが声高に叫ばれ、その是非が問われる一方で、さまざまな形でのナショナリズムが澎湃として起こっている現代において、自国意識の問題は、あらゆる分野で新たに問い直されつつある。イギリスにおける自国意識の形成過程を、国家表象の来歴にさかのぼって考察する本書がこの問題に一石を投じることができ、日英両国の相互理解に利することができれば幸いである。

最後に、出版をお引き受けくださったミネルヴァ書房社長杉田啓三氏と、行き届いたご配慮でお力添えくださった編集部の澤村由佳さんに心からお礼を申し上げたい。

二〇〇五年四月

飯田　操

イギリス帝国史研究の精髄

イギリス帝国と20世紀　全五巻

A5判 上製カバー装／各巻平均四〇〇頁

＊第一巻　パクス・ブリタニカとイギリス帝国　秋田 茂 編著

＊第二巻　世紀転換期のイギリス帝国　木村和男 編著

第三巻　世界戦争の時代とイギリス帝国　佐々木雄太 編著

第四巻　脱植民地化とイギリス帝国　北川勝彦 編著

第五巻　現代世界とイギリス帝国　木畑洋一 編著

＊は既刊

ヴィクトリア時代の政治と社会　村岡健次著　A5判三三八頁　本体四〇〇〇円

近代イギリスの社会と文化　村岡健次著　A5判三五二頁　本体四二〇〇円

ヴィクトリア朝の人びと　A・ブリッグズ著　村岡健次・河村貞枝訳　A5判四一六頁　本体六〇〇〇円

ヴィクトリア時代の女性と教育　J・パーヴィス著　香川せつ子訳　A5判二一二頁　本体二六〇〇円

大英帝国と帝国意識　木畑洋一編著　A5判三一二頁　本体三五〇〇円

イギリス人の帝国　竹内幸雄著　A5判二四〇頁　本体三二〇〇円

大英帝国のアジア・イメージ　東田雅博著　A5判二八〇頁　本体三五〇〇円

大英帝国のオリエンタリズム　ジョン・M・マッケンジー著　平田雅博訳　A5判三六八頁　本体四八〇〇円

《著者紹介》

飯田　操（いいだ・みさお）

1946年　兵庫県生まれ
1971年　大阪教育大学大学院修士課程修了
現　在　広島大学総合科学部教授・博士（学術）
著　書　『シェイクスピア——喜劇とその背景』文化評論出版，1985年
『エドワード・トマス——人とその詩』文化評論出版，1988年
『エドワード・トマス　ラフカディオ・ハーン』文化評論出版，1990年
『釣りとイギリス人』平凡社，1995年
『エドワード・トマスとイングリッシュネス』渓水社，1997年
『川とイギリス人』平凡社，2000年
共編著　『イギリス文化を学ぶ人のために』世界思想社，2004年
訳　書　アイザック・ウォルトン他『完訳　釣魚大全Ⅰ・Ⅱ』平凡社，1997年
エドワード・グレイ他『釣り師の休日』角川書店，1997年

MINERVA 歴史・文化ライブラリー⑥
イギリスの表象
——ブリタニアとジョン・ブルを中心として——

2005年9月1日　初版第1刷発行　〈検印廃止〉

定価はカバーに
表示しています

著　者　飯　田　　操
発行者　杉　田　啓　三
印刷者　今　西　典　子

発行所　株式会社　ミネルヴァ書房
607-8494　京都市山科区日ノ岡堤谷町1
電話 (075) 581-5191（代表）
振替口座　01020-0-8076番

冨山房インターナショナル・オービービー

ISBN 4-623-04436-X

Printed in Japan

索　引

著書・図版などの作品名については作者の人名の下に，新聞・雑誌に掲載された記事・図版などについてはその紙・誌名の下に，商品名・商品広告などについては「商品名・商品広告」の項目の下に，それぞれ細目を設けて記載した。

イギリスの国名については，基本的には，「イギリス」(Britain)，「イングランド」(England)，「連合王国」(U. K., the United Kingdom)，「大英帝国」(the British Empire) の使い分けをした。ただし，前後の文脈から「ブリテン」(Britain) あるいは「グレイト・ブリテン」(Great Britain) を用いた場合もある。これらの語については，本文中に頻出するため，「索引」に記載するのは省略した。

ア　行

IRA　Irish Republican Army　227
「アイ・ワズ・グラッド」'I Was Glad'　175
愛国心，愛国主義　patriotism　2, 9, 22, 24, 41, 79, 80, 87, 99, 114, 117, 121, 124-126, 129, 137, 142-144, 147, 149, 151-155, 160, 172, 174, 195, 196, 201-203, 206, 208-215, 218-221, 227, 229, 232, 237, 239, 240, 242　自国意識，ナショナリズム参照
アイコン　icon　28, 65
アイデンティティ　identity　154, 222, 233-235, 237
アイルランド王　King of Ireland　51, 55, 56
アイルランド卿　Lord of Ireland　55, 56
「アイルランド人の目が微笑むとき」'When Irish Eyes Are Smiling' 227
「アイルランドの歌を歌うのには，アイルランド人の心が必要」'It Takes an Irish Heart to Sing an Irish Song' 227
アイルランド文芸復興　Irish Renaissance　168, 226
アウグスト（ハノーファー選挙侯）Augustus, Ernest　83
アグリコーラ（ブリタニア総督）Agricola, Gnaeus Julius　44
アーサー（ヘンリー７世の長男）Arthur　6, 59
アーサー王　Arthur, King　32, 41
アザミ　thistle　11, 101, 102, 108, 115, 188, 235
アジャンクールの戦い　Battle of Agincourt　41, 42, 170
アセンダンシー　Ascendancy　167
アダムズ，ウィリアム（三浦按針）Adams, William　247

アダムズ，サミュエル　Adams Samuel　142
アチーヴメント　achievement　51
大紋章参照
アディラ（ロンゲイペイの妻）　Adela　35
アディラ（ロンゲイペイの娘，ウォリック伯爵）　Adela　35
アディントン　Addington, Henry（シドマス子爵 1st Viscount of Sidmouth）　134, 135
アトラス　Atlas　196-198
アーバスノット　Arbuthnot, John　10, 111-113, 116
『ジョン・ブル物語』 *The History of John Bull*　10, 111-113
アミアン和平条約　Peace of Amiens　134
アメリカ独立戦争　War of American Independence (Revolutionary War)　141, 238
アルバート公（ヴィクトリア女王夫君）　Albert, Prince　175, 180, 181
アルフレッド大王　Alfred, the Great　57, 97-99
アロー戦争　Arrow War　203
アーン　Arne, Thomas Augustine　96
アンガス・マク・ファーガス　Angus Mac Fergus　48
アングロ・アイリッシュ　Anglo-Irish　167, 226
アン女王　Anne, Queen　81-83, 101, 170, 171
アンジョー伯爵ジョフロア　Geoffrey of Anjou　35
アンダーソン　Anderson, Benedict　73, 237
アンリエッタ・マリア（チャールズ1世王妃）　Henrietta Maria　69
イェーツ　Yeats, W. B.　226
イコノロジー　iconology　17, 18, 153
イザベラ（フランス王フィリップ4世の娘，エドワード2世の王妃）　Isabella　168
イースター蜂起　Easter Rising　226, 227
『イソップ物語』 *Fables of Aesop*　116
イタチ　weasel　62, 100, 103
犬　dog　42, 74, 117-119, 138, 181, 190
イノシシ　boar　118
『イラストレイテッド・ロンドン・ニューズ』 *Illustrated London News*　250
イーリー司教　Bishop of Ely　62
『イングランドの傭兵費用一覧』 *A List of Foreign Soldiers in Daily Pay for England*　135
イングリッシュ・ドッグ　English Dog　119
イングリッシュネス　Englishness　238, 250
イングリッシュ・ライオン　English Lion　122
「イングレス」 'Inglês'　246
インダストリー　Industry　182
ヴィクトリア（ヴィクトリア女王の王

女）Victoria, Princess　175
ヴィクトリア女王　Victoria, Queen　171, 172, 175, 181, 183, 194, 195, 205
ヴィクトリアニズム　Victorianism　175
ウィリアム1世（征服王）William I (the Conqueror)　34, 57
ウィリアム3世　William III　76, 81, 98, 170, 239
ウィリアムズ　Williams, Eric　160
ウィリアムズ　Williams, Charles　196, 200
『イギリスのアトラス，あるいは平和体制を支えるジョン・ブル』*The British Atlas, or John Bull supporting the Peace Establishment*　196, 200
ウィリアムソン　Williamson, Roy　223
ウィリアム4世　William IV　171, 174, 175　クラレンス公爵参照
ウィルクス　Wilkes, John　102, 108, 109, 114, 142, 144, 242
ウェイル　Wale, Samuel　155
『海洋協会の活動を推進する動機』*Motives for the Encouragement of the Marine Society*　155
ウェイルズ大公　Prince of Wales　58
『ウェストミンスター・マガジン』*Westminster Magazine*　143
ウェルダン　Welldon, J. E. C.　243
ウォルポール　Walpole, Robert　119, 125, 159
ウッチェロ　Uccello, Paolo　39
『聖ジョージとドラゴン』St. George and the Dragon　39
「海を越えてチャーリーの元へ」'Over the Water to Charlie'　89, 91, 92
運命の女神　Fortune　26
英国国教会，国教会　Anglican Church　30, 55, 67-69, 75, 76, 113, 247
エクス・ラ・シャペル条約　Treaty of Aix-la-Chapelle　118, 122
エグバート（ウェセックス王）Egbert　19
「エゲレス」'Engels'　246
エセックス伯爵　Essex, Robert Devereux, 2nd Earl of　61
エドワード（ケント公爵，ヴィクトリア女王の父）Edward　171
エドワード（ヘンリー8世の長男，後のエドワード6世）Edward　45
エドワード1世　Edward I　36, 39, 40, 45, 58
エドワード3世　Edward III　5, 36, 45, 82, 98, 168, 169, 171
エドワード証聖王　Edward the Confessor　34
エドワード2世　Edward II　36, 58, 223
エドワード4世　Edward IV　5
エリザベス（エドワード4世の娘）Elizabeth　5
エリザベス（チャールズ1世の姉）Elizabeth　83
エリザベス1世　Elizabeth I　6, 7, 20-22, 24-31, 38, 41, 43-45, 55, 60-63, 65-68, 72, 73, 77, 83, 98, 170, 172,

183, 235, 247
エリザベス・カルト　the cult of Elizabeth　63, 66
エリザベス2世　Elizabeth II　13, 53, 172
エリン　Erin　185, 186, 188
「エルサレム」 'Jerusalem'　218, 220, 223
エンサイン　ensign　82
エンブレム　emblem　11, 116, 159
オーウェル　Orwell, George　215, 220, 221, 229, 230
「ライオンとユニコーン」 'The Lion and the Unicorn'　220, 229
王冠　crown　13, 29, 51-53, 56, 72, 132, 135
王権神授説　Divine Right of Kings　60, 67, 68, 77
雄牛（ブル）　bull　10, 74, 112
欧州連合(EU)　European Union　222, 228, 232-234
王政復古　Restoration　72, 81, 170
オオカミ　wolf　118
「おお，チャーリー，愛しい人」 'Oh, Charlie is my Darling'　89
オーガスタス　Augustus, William（カンバーランド侯爵　Duke of Cumberland）　90
「お気に入りの肖像——新しい散歩服のジョン・ブル」 'A Fancy Portrait: John Bull in His New Walking Dress' 203
オギルヴィ　Ogilvie, John　73
『ブリタニア第1巻，あるいはイングランド王国とウェイルズ領の図』 *Britannia, Vol. 1: or an Illustration of the Kingdom of England and Dominion of Wales*　73
オーク　oak　11, 130, 132
オーストリア継承戦争　War of the Austrian Succession　120, 122, 149
『オックスフォード英語大辞典』 *The Oxford English Dictionary*　245
オーディナリー　ordinary　37
『怯えるグランモナルク，あるいはイギリスのライオン無気力より立ち上がる』 *The Grand Monarque in a Fright: or the British Lion rous'd from His Lethargy*　120
『親殺しの罪——近代の愛国主義の図』 *The Parricide, A Sketch of Modern Patriotism*　143
オリーヴ　olive　13, 16, 18, 26, 101, 153, 183, 231, 249
オリエンタリズム　orientalism　250
オールド・イングリッシュ　Old English　54, 167
『音楽の玉手箱』 *Thesaurus Musicus*　87
雄鶏　cock　11, 118-120, 128, 135, 150

カ 行

『海水浴の「ゴッド・セイヴ・ザ・キング」』 *'God Save the King' When He Bathes*　92
海洋協会　Marine Society　154, 155, 206

カヴァデイル　Coverdale, Miles　84
カウンター・チェインジ counter change 166
カエル　frog　10, 111, 118, 202
カソリシズム　Catholicism　75
カソリック　Catholic　6, 8, 24, 44, 55, 67-69, 75-77, 90, 96, 123, 159, 160, 167, 226, 227, 247
カーニー　Kearney, Hugh　246
『ブリテン島——四つの国の歴史』 *The British Isles: A History of Four Nations*　246
カボット　Cabot, John　139
火薬陰謀事件　Gunpowder Plot　68
ガリヴァー　Gulliver　198
『ガリヴァーのジョン・ブルに群がる小人たち』 *The Liliput Levy on John Bull Gulliver*　197
カルロス2世（スペイン王） Charles II 111
カレドニア　Caledonia　185, 188
カンバーランド公爵　Duke of Cumberland　90　オーガスタス参照
『議会，あるいは土地税を下げる方便』 *The Congress; or, a Device to lower the Land-Tax*　106
議会派　Parliamentarians　69
「生粋のイングランド人」 'a true-born Englishman'　103, 114, 240, 241
キツネ　fox　30, 105, 107, 118, 144, 190
『キツネのレイナードの物語』 *Reynard the Fox*　30
「希望と栄光の国」 'Land of Hope and Glory'　223
「キムリ」 'Cymry'　224
キャクストン　Caxton, William　30
キャサリン（シャルル6世の娘，ヘンリー5世の王妃） Catherine　170
キャサリン・オヴ・ブラガンザ（チャールズ2世王妃） Catherine of Braganza　14
キャドワロン王（ウェイルズ王） Cadwallon　57
キャムデン　Camden, Willian　6, 21, 23, 24, 64, 65, 153
『ブリタニア』 *Britannia*　6, 21, 23, 64, 65
ギャリック　Garrick, David　121
キャロライン（ジョージ4世の王妃） Caroline　178
キュー植物園　Kew Gardens　158
『宮廷の恐怖』 *The Court Fright*　137
ギルレイ　Gillray, James　107, 110, 111, 116, 121, 127, 130, 144, 179, 200
『危機に瀕したプラム・プディング』 *The Plumb-Pudding in Danger*　200
『着心地のよさより流行——奇抜な衣装のために犠牲にされる健やかな身体』 *Fashion before Ease. A Good Constitution Sacrificed for a Fantastick Form*　132
『子供部屋——静かに休むブリタニア』 *The Nursery; with Britannia reposing in Peace*　133

『死神と医者の薬の間のブリタニア』 *Britannia between Death and the Doctor's* 134
『ジョン・ブルを誘惑する悪魔の潜む自由の木』 *The Tree of Liberty, -with, the Devil tempting John Bull* 110
『フランスの勝利の守護神，あるいは和平を懇願するブリタニア』 *The Genius of France Triumphant, -or- Britannia petitioning for Peace* 132
『フランスの侵攻，あるいはジョン・ブル，物売り船を撃退する』 *The French Invasion; or John Bull, bombarding the Bum-Boats* 128
『ブリタニアの暗殺，あるいは共和制の楽しみ』 *Britannia's Assassination. or- The Republican Amusement* 144
『ボナパルト，上陸48時間後の姿』 *Buonaparte 48 Hours after Landing!* 127
『ギロチン，あるいはバスケットのなかのジョージの頭』 *La Guillotine or George's Head in a Basket* 93
寓意，寓意物語，寓意画 allegory 18, 26, 27, 32, 39, 41, 66, 74, 116, 121, 149
クエーカー派 Quakers 71
クォーターリング quartering 169
クジャク peacock 74
グーツア Goetze, Sigismund 253
『平和をもたらすブリタニア』 *Britannia Pacificatrix* 253
クマ bear 11, 117, 118, 190
「グラッド」 'gwlad' 224
グラッドストン Gladstone, William Ewart 203
クラレンス公爵 Duke of Clarence 174, 175 ウィリアム4世参照
クリーヴ Cleave, John 199
『クリーヴズ・ペニー・ガゼット』 *Cleave's Penny Gazette* 199, 201
「好戦的なジョン・ブル」 'John Bull in a Warlike Attitude' 201
「政治的プラム・プディング」」 'The Political Plum Pudding' 199
グリフィン griffin 118
クリフォード Clifford, John 204
クリミア戦争 Crimean War 189, 203
グリーン Green, Alice Stopford 226
クルックシャンク，アイザック Cruickshank, Isaac 130, 179
クルックシャンク，ジョージ Cruickshank, George 146, 179
『死神それとも自由の女神，あるいは危険にさらされたブリタニアと国を守るさまざまな美徳』 *Death or Liberty! or Britannia & the Virtues of the Constitution in Danger* 146
「クール・ブリタニア」 'Cool Britannia' 2, 3, 11, 232, 235
「グレイト・ブリテン王」 'the King of Great Britain' 45, 47, 55, 60, 63, 65-67, 78

「グレイト・ブリテンおよび北アイルランド連合王国」 'the United Kingdom of Great Britain and Northern Ireland' 3, 7, 246
グレイト・マイケル号 Great Michael 48
グレンヴィル Grenville, Richard Temple（テンプル伯爵 1st Earl of Temple） 148
グレンダウアー Glendower 244
グレンダウアー Glendower, Owen 58, 59
クローカー Croker, John W. 244
グローブ座 the Globe 42
クロムウェル Cromwell, Oliver 55, 69, 70-72, 167
軍国主義 militarism 9, 208, 209, 248, 252
ケアリー Carey, Henry 88
ゲイ Gay, John 163
『乞食オペラ』 *The Beggar's Opera* 163
ゲイシャ geisha 254
ゲイラート弟 Gheeraerts, Marcus, the Younger 27
『ディッチリーの肖像画』 *Ditchley Portrait* 27, 65
ケルト辺境 Celtic fringe 4
ゲルマニア Germania 1
ケレース Ceres 64, 183, 184, 249
『減少した植民地』 *The Colonies Reduced* 140
権利章典 Bill of Rights 96
権利請願 Petition of Rights 68
ゴー Gower, George 28, 38
『無敵艦隊の肖像画』 *Armada Portrait* 28, 38, 65
コカトリス cockatrice 136
「国王至上法」 'Act of Supremacy' 24
国王派 Royalists 69, 71
国王紋章 the royal arms 8, 9, 26, 29, 30, 35, 37, 38, 50, 52, 53, 55, 64, 65, 69, 73, 74, 80, 82, 92, 117, 124, 168, 170, 171, 179, 183, 184, 208, 229, 235
国章 national emblem 56, 69, 72
国家表象 national symbol 2, 9, 11, 67, 73, 74, 80, 117, 122, 130, 153, 179, 198, 206, 220, 230
「ゴッド・セイヴ・ザ・キング」 'God Save the King' 2, 9, 83, 84, 87, 90-93, 95-97, 122, 125, 172, 173, 175, 176, 178, 179, 212, 215-218, 221-223, 228
「ゴッド・セイヴ・ザ・クイーン」 'God Save the Queen' 84, 175
コート・オヴ・アームズ coat of arms 31 紋章参照
コモン・ロー Common Law 68
コリー Colley, Linda 7, 129, 155, 174
コロンブス Columbus, Christopher 138
ゴーント John of Gaunt 22, 26, 79, 234, 239

サ　行

サイード Said, Edward 250

サギタリウス　sagittary　34
サクストン　Saxton, Christopher　27, 29, 65
　『イングランドおよびウェイルズ全国地図』 *An Atlas of England and Wales*　27, 29, 65
「雑種」 'mongrel', 'mixed'　241
サッチャー　Thatcher, Margaret　231, 232
ザビエル　Xavier, Francisco, St.　247
サポーター　supporter　27, 29, 51, 53, 172
「サリカ法」 'Salic Law'　168, 171
猿　ape, chimpanzee　105, 107, 185-188
サーロー　Thurlow, Edward　144
『サン』 *Sun*　231
　「マギーに投票を」 'Vote for Maggie'　231
三角貿易　triangular trade　160
産業革命　Industrial Revolution　205
産業主義　industrialism　207, 209, 248
サンドウィッチ伯爵　4th Earl of Sandwich　142　モンタギュー，ジョン参照
シェイクスピア　Shakespeare, William　22, 24, 33, 41, 42, 44, 48, 59, 60, 61, 74, 103, 117, 191, 210, 234, 239, 240, 244
　『ジョン王』 *King John*　191
　『ヘンリー５世』 *Henry V*　41, 42, 59-61, 74, 103, 117, 219, 234, 244
　『ヘンリー４世・第１部』 *Henry IV・Part 1*　48, 59, 234, 244
　『ヘンリー４世・第２部』 *Henry IV・Part 2*　210, 234
　『マクベス』 *Macbeth*　44
　『リチャード２世』 *Richard II*　22, 24, 33, 79, 234, 239, 240
ジェイミー　Jamy　60, 61
ジェイムズ, エヴァン　James, Evan　225
ジェイムズ，ジェイムズ　James, James　225
ジェイムズ１世　James I　7, 43, 45-51, 55, 60, 63-68, 72, 77, 78, 82, 170, 239, 247
ジェイムズ５世（スコットランド王） James V　45
ジェイムズ７世（スコットランド王） James VII　76
ジェイムズ２世　James II　76, 81, 86
ジェイムズ４世（スコットランド王） James IV　43, 48
ジェイムズ６世（スコットランド王） James VI　7, 43, 45, 49, 51, 60, 62, 63, 77, 239
『ジェネラル・アドヴァータイザー』 *General Advertiser*　87
ジェフリー・オヴ・モンマス　Geoffrey of Monmouth　19, 21, 23
　『ブリテン国王史』 *Historia Regum Britanniae*　19-21, 23
ジェラルド　Jerold, Douglas　180
シェリダン　Sheridan, Richard Brinsley　133, 173
　『悪口学校』 *The School for Scandal*

133
ジェンキンズ　Jenkins, Robert　119
ジェンキンソン　Jenkinson, Robert Banks（リヴァプール伯爵　2nd Earl of Liverpool）　134
ジェントリー階層　the gentry　68, 69
『ジェントルマンズ・マガジン』 *Gentleman's Magazine*　88
自国意識　nationality, national identity　2, 5-9, 11, 12, 20-22, 24, 25, 28, 29, 31, 37, 38, 49, 60, 63, 64, 67, 68, 73, 74, 76, 78, 80, 87, 107, 108, 113-115, 128-130, 135, 139, 145, 153, 154, 174, 183, 184, 196, 198, 208, 211, 217, 224, 226, 229-232, 235, 239, 242, 244, 245, 254　愛国心，ナショナリズム参照
『シティー・リミッツ』 *City Limits*　232
ジャコバイト　Jacobites　76, 86, 87, 89-91, 96, 100, 103, 113, 123, 133, 149, 151, 154, 159, 160, 195
ジャポニスム　japonisme　250
シャムロック　shamrock　188
『シャリヴァリ』 *Charivaria*　179
シャルル5世（フランス王）　Charles V　169
シャルル6世（フランス王）　Charles VI　170
十字軍　Crusades　36, 38, 39, 40
自由党　Liberal Party　198, 199
自由の女神　Liberty　131，リバティー参照
『自由民の誓い』 *Freeman's Oath*　152
『主教聖書』 *Bishops' Bible*　29
ショー，バイアム　Shaw, Byam　211
「兵役忌避者」 'The Shirker'　211
ショー，バーナード　Shaw, George Bernard　54
『ジョン・ブルのもう一つの島』 *John Bull's Other Island*　54
小イングランド主義　Little Englandism　190, 204
ジョージ（フレデリック3世の次男）　George　83
ジョージ1世　George I　83, 89, 136, 137, 171, 240
ジョージ3世　George III　78, 89, 92, 102, 121, 128, 137, 151, 171, 173, 174, 242
ジョージ2世　George II　86, 88-91, 135, 137, 138, 146, 155
ジョージ4世　George IV　174, 175, 178
商業主義　commercialism　156, 208, 209
肖像，肖像画　figure, portrait　8, 9, 13, 16, 19, 27-30, 38, 63, 65, 72, 73, 80, 90, 101, 131, 183, 206, 235
商品名・商品広告
「『イングランドの栄光』マッチを買って，外国との競争に打ち勝とう」 'Strike Out Foreign Competition by buying England's Glory Matches'　208
「この兵士の力の秘密，ジョン・ブルの精神的支え」 'The Secret of His Strength, John Bull's Moral

Support'　207
「世界中で」 'All Over the World'　207
「全イギリス購買促進週間」 'All British Shopping Week'　209
「ボリックス・ベイキング・パウダー」 'Borwick's Baking Powder'　206
植民地主義　colonialism　8, 156, 158, 180, 199, 216
ジョン王　John, King　4, 36, 55, 58
ジョンソン, サミュエル　Johnson, Samuel　113, 114
『英語辞典』 *A Dictionary of the English Language*　114
ジョンソン, ベン　Jonson, Ben　85
『錬金術師』 *The Alchemist*　85
ジョン・ブル　John Bull　10, 18, 107-113, 115-118, 125, 127, 128, 131, 177, 187, 192, 195-204, 206, 207-209, 220, 240, 241, 244, 252, 253
『ジョン・ブル』（フック創刊） *John Bull*　196
『ジョン・ブル』（ボトムリー創刊） *John Bull*　198
「ジョン・ブルの缶詰工場」 "John Bull's "Canned" Factory'　198
シール　seal　36, 40
シールド　shield　51
ジンゴイズム　jingoism　212
ジンゴ・ソング　jingo song　190, 211-213, 216-218, 227
『シンデレラ物語』 *Cinderella*　185
水晶宮　Crystal Palace　181, 249
スウィフト　Swift, Jonathan　161
『ガリヴァー旅行記』 *Guilliver's Travels*　161
「貧民児童利用策私案」 'A Modest Proposal for preventing the Children of Poor People from being a Burden to Their Parents or the Country'　161
「スコットランドの花」 'Flower of Scotland'　223
スコティア　Scotia　238
スタンダード　standard　40, 48, 73, 76
スティーヴン王（ノルマン王） Stephen　34, 57
「すてきなチャールズ殿下」 'Bonnie Prince Charles'　89
ステュアート, ウォルター　Stewart, Walter（ブランタイア卿　Lord Blantyre）　14
ステュアート, ジョン　Stuart, John（ビュート伯爵　3rd Earl of Bute）　102
ステュアート, チャールズ　Stuart, Charles（リッチモンド公爵そしてレノックス公爵　4th Duke of Richmond and 6th Duke of Lennox）　15
ステュアート, フランシス　Stuart, Frances　14, 18, 75
「スチュアートの佳人」 'La Belle Stuart'　14
ステレオタイプ　stereotype　102, 107, 116, 117
ストリーマー　streamer　38, 185
ストロングボウ（リチャード・ド・クレ

アの通称） Strongbow (Clare, Richard de)　54
スパージン　Spurgin, Fred　210
「イギリス人よ，目覚めよ」 'Britons Awake'　210
スピード　Speed, John　29, 64
『グレイト・ブリテン帝国の劇場』 *The Theatre of the Empire of Great Britain*　29, 64
スペイン無敵艦隊　Spanish Armada　6, 24, 38, 157
スペンサー　Spenser, Edmund　31, 41
『妖精の女王』 *The Faerie Queene*　31, 41
スミス　Smith, Adam　104, 161
『道徳感情論』 *The Theory of the Moral Sentiments*　161
スモレット　Smollett, Tobias George　104, 105
スローガン　slogan　2, 3, 11, 185, 190, 206, 209, 232
聖アンドルー　St. Andrew　47, 48, 166
聖アンドルー旗，聖アンドルー十字　St. Andrew Cross　8, 16, 37, 47-49, 69, 70, 166, 184, 228
聖ジョージ　St. George　39-42, 47, 166
聖ジョージ旗，聖ジョージ十字　St. George Cross　8, 16, 37-42, 47, 49, 69, 70, 106, 138, 166, 183, 184
聖パトリック　St. Patrick　54, 165, 166
聖パトリック旗，聖パトリック十字　St. Patrick Cross　8, 37, 165, 166, 184, 228
聖母マリア　the Blessed Virgin Mary, Saint Mary　23, 32, 76-79
セシル　Cecil, Thomas　41
『「真実」が女王に槍を差し出す』 *Truth Presents the Queen with a Lance*　41
ゼノフォウビア　xenophobia　130, 135-137, 144, 145, 241
セポイの反乱　Sepoy Mutiny　203
セーリス　Saris, John　46, 247
象　elephant　118
『ソーニー・スコットとジョン・ブル』 *Sawney Scot and John Bull*　115
『その一味』 *Its Companion*　141
ゾフィア（ジョージ1世の母） Sophia　83
ソールズベリー伯爵　Earl of Salisbury　35　ロンゲイペイ参照

タ　行

第一次世界大戦　World War I　197, 210-212, 215, 226
第二次世界大戦　World War II　220, 227, 253
「大英帝国地図」 'Map of the British Empire'　184
大英博物館　British Museum　154
『タイム』 *Time*　2, 11
『タイムズ』 *Times*　222
大紋章　achievement　27, 51, 65,

172, 229　アチーヴメント参照
ダグラス　Douglas, James　48
竹内保徳下野守　249
ダービー伯爵　14th Earl of Derby　203
ダンカン　Duncan　44, 45
ダーンリー卿　Darnley, Lord　45
チャージ　*charge*　37
チャタム伯爵　1st Earl of Chatham　144, 148　ピット（大ピット）参照
『チャドウィック＝ヒーリー英文学データベース』 *Chadwyck-Healey's English Literature Full-Text Database*　129
チャールズ１世　Charles I　68, 69, 71, 72, 81, 83
チャールズ（小僭称者） Charles, the Young Pretender　86, 88, 90, 149
チャールズ２世　Charles II　13-18, 72, 73, 75-77, 101
チョーサー　Chaucer, Geoffrey　30
　『カンタベリー物語』 *The Canterbury Tales*　30
ツック　Tooke, John Horne　242
　『あるイングランド人の請願』 *Petition of an Englishman*　242
ディー　Dee, John　25, 66
　『完全なる航海術全般に関する貴重なる覚え書き』 *General and Rare Memorials pertayning to the Perfect Arte of Navigation*　25, 66
ディクソン　Dixon, John　238, 239
　『神託――ブリタニア，ヒベルニア，スコティア，アメリカを表す』 *The Oracle. Representing Britannia, Hibernia, Scotia and America*　238
帝国主義　imperialism　181, 182, 189, 190, 193, 204, 205, 207, 208, 215, 216, 248
ディファレンス　difference　36
「ティペラリーへの長い，長い道」 'It's a Long, Long Way to Tipperary'　215, 226, 227
『デイリー・ニューズ』 *Daily News*　204
ディルク　Dilke, Charles　243
　『大英国』 *Greater Britain*　243
デヴォンの太守　Earl of Devon　97, 98
デカー　Dekker, Thomas　78
　『ブリタニアの名誉』 *Britannia's Honour*　78
『撤退，あるいは古きイングランドの栄光を吐き出させる薬』 *The Evacuations. or An Emetic for Old England Glorys*　104
テニエル　Tenniel, John　183
テニソン　Tennyson, Alfred　175, 176
デフォー　Defoe, Daniel　240
デント　Dent, William　109, 196
　『自由の民ブリテン人，あるいは重税の展望』 *The Free-Born Briton. or A Perspective of Taxation*　109, 196
『天秤』 *The Ballance*　149
テンプル　Temple, Henry John（パーマ

ストン子爵　3rd Viscount of Palmerston）　148, 202
『テンプルとピット』 *The Temple and Pitt*　148
同君連合　personal union　7, 43, 50–53, 55, 56, 70, 81, 96, 100, 103, 136
『動物たちの会議』 *The Congress of the Brutes*　118, 122
徳川家康　46, 247
トムソン　Thomson, James　97, 100, 104, 113, 136, 219
　『アルフレッド』 Alfred　96, 97, 99
　『四季』 *The Seasons*　99, 219
　『ブリタニア』 *Britannia*　136
「ともに血を流せしスコットランド人」 'Scots Wha Hae'　224
トラ　tiger　11, 32, 118, 184, 191
ドラゴン　dragon　27, 29, 30, 39, 59, 118, 228, 235
トラファルガーの戦い　Battle of Trafalgar　135
『奴隷であること』 *Slavery*　159
トーリー党　Tory Party　75, 112, 151
ドルアリ・レイン劇場　the Drury Lane Theatre　85, 87, 88, 91, 96, 121, 133, 172
ドレイトン　Drayton, Michael　65, 77, 153
　『多幸の国』 *Poly-Olbion*　65, 77

ナ　行

ナショナリズム　nationalism　73, 74, 101, 130, 152, 154, 227, 233, 234, 237　愛国心，自国意識参照
七年戦争　Seven Years' War　120, 139, 154, 155
ナポレオン　Napoléon Bonaparte　7, 127, 131, 134–135, 147, 151, 152, 174, 200
ナポレオン戦争　Napoleonic Wars　146, 196
南北戦争　Civil War　177
ニーヴェルヌワ公爵（フランス） Duke of Nivernois　107
『二兄弟の行状』 *The Conduct, of the Two B*****rs*　136
日英修好通商条約（江戸条約） Treaty of Edo　247
日英同盟　Anglo-Japanese Alliance　251, 253
日露戦争　the Russo-Japanese War　251, 252
日清戦争　the Sino-Japanese War　250, 251
ニューカースル公爵　1st Duke of Newcastle　120, 137, 138, 145　ペラム・ホリス参照
猫　cat　18, 62, 100
ネズミ　mouse　62, 100
ネプチューン　Neptune　150, 193
ネルソン　Nelson, Horatio, Viscount Nelson　78
ノース　North, Frederick（ノース男爵 8th Baron of North）　142, 144, 150, 151
ノース男爵（のち伯爵） 8th Baron (Earl)

of North　142　ノース参照
『ノース・ブリトン』 *North Briton*　103, 108
ノックス　Knox, John　44
ノルマン征服　Norman Conquest　4, 19, 239

ハ　行

バイエルン皇太子　Prince of Bavaria　244
ハイデガー　Heidegger, John James　91, 92
ハインリヒ6世(神聖ローマ皇帝)　Henry VI　36
バーク　Burke, Edmund　156
バクスター　Baxter, Nathaniel　129
覇権　hegemony　22, 53, 56, 59, 70, 76, 100, 139, 152, 161, 189, 197, 213, 216, 222, 223, 228, 233, 237, 239, 240, 243, 248　ヘゲモニー参照
馬上槍試合　tournament　31, 33
パーセル　Purcell, Henry　88
パックス・ブリタニカ　Pax Britannica　253
パックスマン　Paxman, Jeremy　221, 222, 234
　『イングランド人――ある国民の肖像』 *The English; A Portrait of a People*　234
ハドリアヌス　Hadrianus, Publius Aelius　17
パーネル　Parnell, Charles Stewart　168, 226
バノックバーンの戦い　Battle of Bannockburn　223, 224
『母と子』 *The Mother and Child*　78
ハープ　harp　29, 51, 55, 56, 69, 70, 82, 168, 170, 188, 225
パーマストン子爵　3rd Viscount of Palmerston　202, 203　テンプル参照
バラ　rose　11, 26, 72, 101, 115, 235
バラ戦争　Wars of the Roses　5, 20
ハーリー　Harley, Robert　112
パリ条約　Treaty of Paris　107, 139
バーンズ　Burns, Robert　223
『パンチ，あるいはロンドンのシャリヴァリ』 *Punch, or the London Charivari*　2, 79, 179-181, 184-189, 192-194, 200, 203, 204, 206, 238, 244, 248-252
　「愛国主義の教訓」 'A Lesson in Patriotism'　252
　「アイルランドに正義を」 'Justice to Ireland'　187
　「エリンの小さな困難」 'Erin's Little Difficulty'　185
　「巨人殺しのジャップ」 'Jap the Giant-Killer'　251
　「くどくど言う」 'Rubbing It In'　251
　「ゴッド・セイヴ・ザ・クイーン」 'God Save the Queen'　183
　「十の勝利――旧年の分列行進」 '10 Triumphe!―March Past of the Old Year'　190
　「ジョン・ブル，プディングを守る」

'John Bull Guards His Pudding' 201
「侵略だって，本当に」 'Invasion, Indeed!' 203
「シンデレラのアイルランドと傲慢な姉のブリタニアとカレドニア」 'The Irish Cinderella and Her Haughty Sisters, Britannia and Caledonia' 185
「1851年のメイ・デイ」 'May Day, Eighteen Hundred and Fifty-One' 181, 182, 244, 248
「1883年用パンチ暦」 'Punch's Almanack for 1883' 190
「備えはできている」 'Ready!' 191
「中国人の店の日本人」 'The Jap in the China Chop' 251
「働き者の少年——どうか万国博覧会をよろしく」 'The Industrious Boy. 'Please to Remember the Exposition.' 181
「反抗して痛い目にあった」 'Rebellion Had Bad Luck' 187
「パンチ氏の一八五〇年度産業博覧会展示見本」 'Specimens from Mr. Punch's Industrial Exhibition of 1850' 180
「不正に対する正義」 'Right against Wrong' 189
「二つの勢力」 'Two Forces' 186, 238
「平易な英語」 'Plain English' 204
「北京へ」 'To Pekin!' 251
「望遠鏡的博愛」 'Telescopic Philanthropy' 192
「ホリデイのとき」 'Holiday Time' 188
「見てください，父なるネプチューン。もう我慢できません」 'Look Here, Father Nep! I Can't Stand It Much Longer' 193
「盟友」 'Sworn Friends' 251
「ライヴァル」 'The Rivals' 187
「ライオンの正当なる分け前」 'The Lion's Just Share' 190
「腕白ジョナサン」 'Naughty Jonathan' 194
パンチ氏 Mr. Punch 180, 188, 249, 251
パンチとジュディ Punch and Judy 180
ハンウェイ Hanway, Jonas 154
万国博覧会 Great Exhibition 180-182, 244, 248
ハント Hunt, Henry 147
ピウス Pius, Antoninus 16
東インド会社 East India Company 46, 155, 247
ピータールーの虐殺 Peterloo Massacre 147
ピーチャム Peacham, Henry 18, 66
　『ブリタニアのミネルヴァ』 *Minerva Britannia* 18, 66
ピット（小ピット） Pitt, William (the Younger) 135, 200
ピット（大ピット） Pitt, William (the

Elder) 144, 148
ビード Bede 20
『イングランド教会史』 *Historia Ecclesiastica Gentis Anglorum* 20
ヒヒ（バブーン） baboon 106, 111
ピープス Pepys, Samuel 14, 15
ヒベルニア Hibernia 186-188, 238
百年戦争 Hundred Years' War 5, 20, 124, 168
ビューイック Bewick, Thomas 179
ビュート伯爵 3rd Earl of Bute 102-105, 108, 141-143, 242 ステュアート，ジョン参照
ヒュドラ hydra 41
ヒューム Hume, David 104
ピューリタン Puritans 68-70, 139
ヒョウ leopard 118
平等派 Levellers 71
フィニアニズム fenianism 186
フィニアン Fenian 186
フィリッパ（エドワード三世の王妃） Philippa 98
フィリップ四世（フランス王） Philippe IV 168
フォークランド戦争 Falkland Islands War 231
フォックス，ジョン Foxe, John 68
『殉教者の書』 *Book of Martyrs* 68
フォックス，チャールズ・ジェイムズ Fox, Charles James 110, 131, 133-135, 144, 150, 151
フォックス，ヘンリー Fox, Henry 105, 107, 110, 146
フォールスタッフ Falstaff 219
『不幸を背負った貧しき男，あるいはジョン・ブルとその妹ペグ』 *A Poor Man Loaded with Mischief. or John Bull and His Sister Peg* 107
フジヤマ Fujiyama 254
「父祖の地」 'Land of my Fathers' 224
フック Hook, Theodore 196
プディング，プラム・プディング pudding, plum-pudding 127, 199-201
フラ・ダ・リー fleur-de-lis 50, 51, 82, 149, 168-171
ブラック・プリンス Black Prince 98
フランクリン Franklin, Benjamin 140
フランス・エンシェント France ancient 169
「フランスおよびイングランドの国王，そしてアイルランド卿およびアキテーヌ侯爵」 'King of France and England, and Lord of Ireland and Duke of Aquitaine' 169
フランス革命 French Revolution 110, 132, 167
『フランスの雄鶏とイングランドのライオン，あるいは時代の一筆』 *The Gallic Cock and English Lyon or A Touch of the Times* 118
フランソア２世（フランス王，メアリー・ステュアートの最初の夫） Francis II 45
ブランタイア卿 Lord Blantyre 14 ステュアート，ウォルター参照
フリジア帽 Phrygian cap 18, 110,

130, 150
ブリタニア　Britannia　1-3, 5-11, 13-21, 23, 25, 27, 32, 37, 41, 44, 54, 57, 59, 63-67, 71-80, 95, 97-102, 104-107, 117, 119-121, 128-138, 140, 141, 143-157, 159, 160, 162, 179, 181-198, 201, 204, 206-211, 214, 220, 230-232, 237-240, 249, 251, 253, 254
『ブリタニカ百科事典』　*Encyclopedia Britannica*　154
ブリティッシュネス　Britishness　238
ブリティッシュ・ライオン　British Lion　117, 120, 122, 144
「ブリテン王」　'the King of Britain'　45
ブリテン旗　British Flag　49
「古きイングランド」　'Old England'　104-106, 125-128, 136, 199
「古きよきイングランド」　'Good Old England'　125, 136
ブル　Bull, John　88
フルーエリン　Fluellen　59-61, 244
ブルース（スコットランド王ロバート1世）　Bruce, Robert　45
ブール（ボーア）戦争　Boer War　204, 216, 217, 252
ブルドッグ　bulldog　18, 74, 112, 117, 118, 121, 128, 184, 192, 201, 203, 208, 241
ブレア　Blair, Tony　2, 3, 11, 232
ブレイク　Blake, William　218
ブレダ宣言　Declaration of Breda　71
フレデリック（プロシアの皇太子）　Frederick　175
フレデリック3世（デンマーク王）　Frederick III　83
プロテスタント　Protestant　8, 55, 68, 70, 76, 90, 96, 159, 167, 218, 227
プロパガンダ　propaganda　74, 113, 120, 129-131, 144, 149, 152, 198, 210
ブワタード　Boitard, Louis　120
『イギリスの憤り，あるいはルイスバーグで敗北したフランス軍』 *British Resentment, or the French fairly Coopt at Louisbourg*（『守られたイギリスの諸権利，あるいはくじかれたフランスの野望』 *Britain's Rights maintain'd; or French Ambition dismantled*）　120
文明化の使命　Civilizing Mission　163, 186, 188, 190, 253
兵役忌避者　shirker　211
「兵士の歌」　'A Soldier's Song'　225
ペイン　Paine, Thomas　132
『人間の権利』　*The Rights of Man*　132
ペグ　Peg　107, 113, 196
ヘゲモニー　hegemony　11, 12, 234, 238, 242　覇権参照
ベッドフォード公爵　4th Duke of Bedford　105　ラッセル，ジョン参照
ペラム，ヘンリー　Pelham, Henry　137
ペラム・ホリス，トマス　Pelham-Holles, Thomas（ニューカースル公爵　1st Duke of Newcastle）　120, 137
ヘラルド　herald　32, 33　紋章官参

照
ベル　Bell, Steve　232
「マギーの農場」 'Maggie's Farm' 232
辺境領　Marches　7, 57
ベンティンク　Bentinck, William Henry Cavendish（ポートランド公爵 3rd Duke of Portland）　150
ベンボウ　Benbow, William　196
ヘンリー1世　Henry I　34, 35
ヘンリエッタ・アン（フランス王弟オルレアン公爵夫人） Henrietta Anne 14
ヘンリー5世　Henry V　41, 42, 59, 60, 170, 219
ヘンリー3世　Henry III　34, 36, 58
ヘンリー7世　Henry VII　5, 7, 20, 43, 45, 58, 59, 139
ヘンリー2世　Henry II　35, 54-57, 167
ヘンリー8世　Henry VIII　6, 20, 24, 37, 41, 43, 45, 54-56, 59, 68, 85, 172, 247
ヘンリー4世　Henry IV　33, 169
ホイッグ党　Whig Party　75, 133, 137, 150, 151, 196
ホイットニー　Whitney, Geffrey　18
『エンブレム選集』 *A Choice of Emblemes*　18
ホガース　Hogarth, William　89, 90, 122-124, 125, 162
『カレイの門』 *The Gate of Calais* 122
『ビール街』 *Beer Street*　124
『フィンチリーへの行進』 *The March to Finchley*　89, 122
『放蕩者一代記』 *The Rake's Progress* 162
保守党　Conservative Party　199, 231
ボズウェル　Boswell, James　113, 114
『ヘブリディーズ紀行』 *Journal of a Tour to the Hebrides*　13
ボストン茶会事件　Boston Tea Party 142, 143
ポセイドン　Poseidon　64
ホットスパー（ヘンリー・パーシー） Hotspur (Henry Percy)　48, 244
ボトムリー　Bottomley, Horatio　198
ポートランド公爵　3rd Duke of Portland　150　ベンティンク参照
ボナーデル　Bonnardel, Hyppolite　182
ホリンシェッド　Holinshed, Raphael 21, 24
『イングランド，スコットランドおよびアイルランド年代記』 *The Chronicles of Englande, Scotlande and Irelande*　21, 24
ボリンブルック　Bolingbroke　33, 79, 240　ヘンリー4世参照

マ　行

マーガレット（スコットランド王マルコムの王妃） Margaret　44
マーガレット（ヘンリー八世の姉，スコットランド王ジェイムズ四世の王妃） Margaret Tudor　43

マーキュリー　Mercury　182
マククール（アイルランド王）　MacCool, Finn　186
マグナ・カルタ　Magna Carta　68, 130, 132, 149
『マグナ・ブリタニア――減少した植民地』　*Magna Britannia—Her Colonies Reduced*　140
マクベス　Macbeth　44
マクモリス　Macmorris　60, 61
「マザー・グースの唄」　Mother Goose's Melody　52
マスティフ　mastiff　74, 117, 241
マッギル　Mcgill, Donald　214, 215
「たくさんの戦いがこの偉大なる，由緒正しき旗の元に戦われた」　'Many a battle has been fought under this grand old flag'　214
「われわれは，所有しているものを保持する」　'What we have we hold'　214
マティルダ（ヘンリー１世の娘）　Matilda　35
マリー　Murray, William（マンスフィールド伯爵　1st Earl of Mansfield）　142
マリアンヌ　Marianne　1, 121
マルコム　Malcolm　44, 45
マルス　Mars　22, 150, 210
マレット　Mallet, David　97, 100, 113
マンスフィールド伯爵　1st Earl of Mansfield　142, 144, 242,　マリー参照
『ミカド』　*The Mikado*　250
ミケシュ　Mikes, George　245
『外国人になる方法』　*How to Be an Alien*　245
ミネルヴァ　Minerva　77, 153
『むち打ちの柱』　*The Whipping Post*　102
メアリー（スコットランド女王）　Mary, Queen of Scots　43-45
メアリー１世　Mary I　68
メアリー２世　Mary II　76, 81, 170
名誉革命　Glorious Revolution　76, 81, 86, 96, 170
メルバーン子爵　2nd Viscount of Melbourne　202　ラム参照
モーブレー　Mowbray　33, 79, 240
紋章　coat of arms　8, 9, 11, 27, 29-38, 40, 50-53, 55, , 59, 69, 72, 76, 82, 83, 105, 116, 124, 168-171, 184, 229　コート・オヴ・アームズ参照
紋章院　College of Arms　34
紋章官　herald　33, 34　ヘラルド参照
モンタギュー，ジョン　Montagu, John（サンドウィッチ伯爵　4th Earl of Sandwich）　142
モンタギュー，ジョン　Montagu, John（モンタギュー公爵　2nd Duke of Montagu）　91
モンタギュー公爵　2nd Duke of Montagu　91, 92　モンタギュー，ジョン参照

ヤ 行

矢 arrow 18, 116
ヤシ palm 18
『やっかいな荷物で揺らぐ骨組みの下で苦悩するブリタニア』 *Britannia in Distress under a Tott'ring Fabrick with a Cumberous Load* 145
ヤマアラシ porcupine 32
「勇敢なるや，スコットランド」 'Scotland the Brave' 223, 224
『有能な医者，あるいは苦い薬を飲まされるアメリカ』 *The Able Doctor, or America Swallowing the Bitter Draught* 142, 143
ユニオン・フラッグ（ユニオン・ジャック） Union Flag (Union Jack) 1, 2, 8, 13, 32, 37, 49, 50, 53, 56, 72, 82, 97, 99, 101, 106, 132, 141, 165, 166, 179, 194, 195, 201, 207-209, 212-216, 220, 221, 228, 229, 231, 237 連合旗参照
ユニコーン unicorn 51-53, 116, 172, 229, 230
ユリ lily 11, 168
ヨーク公爵 Duke of York 121
45年反乱 Forty-Five Rebellion 149

ラ 行

ライオン lion 10, 13, 18, 27, 29, 30, 34-37, 50-53, 69, 70, 74, 116-122, 128, 130, 138, 148, 150, 152, 153, 159, 168-170, 172, 181, 184, 190-192, 208, 209, 229-231, 235, 249
ラッセル，ジョン Russell, John（ベッドフォード公爵 4th Duke of Bedford） 105
ラッセル，ジョン Russell, John（ラッセル伯爵 1st Earl Russell） 195, 203
ラム Lamb, William（メルバーン子爵 2nd Viscount of Melbourne） 202
ランカスター伯爵エドマンド（エドワード１世の弟） Earl of Lancaster, Edmund 40
リー Lee, Henry 27
『リアル・ジョン・ブル』 *Real John Bull* 196
リヴァプール伯爵 2nd Earl of Liverpool 134, 147 ジェンキンソン参照
リーク leek 11, 235
リチャード（クロムウェルの３男） Richard 71
リチャード１世 Richard I 35, 36
リチャード３世 Richard III 5, 34, 58
リチャード２世 Richard II 34, 40, 55
リッチモンド公爵 4th Duke of Richmond 14, 15 ステュアート，チャールズ参照
リーパ Ripa, Cesare 18, 19, 32, 41
『イコノロギア』 *Iconologia* 18, 32
リバティー Liberty 18, 19, 41, 77, 153, 182, 249 自由の女神参照

リンネ　Linné, Carl von　158
リンネ学会　Linnean Society　158
ルイ15世（フランス王）　Louis XV　141
ルイ18世（フランス王）　Louis VVIII　174
ルイ14世（フランス王）　Louis XIV　106, 111
ルイ16世（フランス王）　Louis XVI　93
ルウェリン・アプ・グリフィズ　Llywelyn ap Gruffydd　58
ルーテルブール　Loutherbourg, Philippe de　120, 121
　『イギリスのライオンとフランスの雄鶏』 *The British Lion and the French Cock*　120
ルーモア　Rumour　210
「ルール・ブリタニア」　'Rule Britannia'　1-3, 9, 11, 95, 97-99, 113, 125, 134, 157, 158, 160, 161, 163, 172, 212, 216-219, 221-223, 228, 232
レイヴァンズクロフト　Ravenscroft, Thomas　88
レイクウェル　Rakewell, Tom　162, 163
レヴァリッジ　Leveridge, Richard　125
　「古きイングランドのロースト・ビーフ」 'The Roast Beef of Old England'　125
レギュラス　Regulus St.　48
レノックス公爵　6th Duke of Lennox　15　ステュアート，チャールズ参照
レモン　Lemon, Mark　180, 193
連合旗　Union Flag　8, 49, 52, 70, 165, 213　ユニオン・フラッグ参照
レンスター王（アイルランド王）　Leinster　54
労働党　Labour Party　2, 11
ロシア会社　Russia Company　154, 155
ロースト・ビーフ，牛肉　roast beef　122-128, 199
『露呈した反乱』 *The Rebellion Displayed*　149
ロードリ王（ウェイルズ王）　Rhodri　57
ロバ　donkey　190
ロバート1世（スコットランド王）　Robert I　45, 223
ロバート2世（スコットランド王）　Robert II　45
ロマ　Roma, Spiridione　156
　『東洋の財宝を受け取るブリタニア』 *Britannia receiving the riches of the East*　156
ローマ教会　Roman Catholic Church　6, 68, 247
ローマ教皇　the Pope　41, 149
ローマ皇帝　the Roman Emperor　16, 17, 39
ローランドソン　Rowlandson, Thomas　130, 150, 179
　『立ち上がるブリタニア，あるいは退治される連合の悪漢』 *Britannia Roused, or the Coalition Monsters Destroyed*　150
　『比較』 *The Contrast*　130
ロレンス，Lawrence, D. H.　219

ロンゲイペイ　Longespée, William de（ソールズベリー伯爵　Earl of Salisbury）　35
ロンドン動物園　London Zoo　158
『ロンドン・マガジン』 *London Magazine*　88

ワ　行

ワイオン　Wyon, Leonard Charles　182
ワーグマン　Wirgman, Charles　249
ワシ　eagle　11, 37, 62, 116, 118, 190
ワーテルロー（ウォータールー）の戦い　Battle of Waterloo　147, 151
ワニ　crocodile　190
「われらは皆一つの旗の元に」 'We're All under the Same Old Flag'　211, 216
「われわれは誇り高きアイルランド人」 'We're Irish and Proud of It Too'　227

参考文献

英語文献（アルファベット順）

（1） 著 書

Ackroyd, Peter. *Albion: The Origins of the English Imagination.* Chatto & Windus, 2002.

Alexander, M. S. and Others, eds. *Shakespeare and Race.* Cambridge Univ. Press, 2000.

Almon, J. *A Review of Lord Bute's Administration.* 1763.

Anderson, Benedict. *Imagined Communities.* 1983; rpt. Verso, 1991.（白石さや・白石隆訳『想像の共同体』NTT 出版 1997）

Arbuthnot, John. *The History of John Bull.* 1712; rpt. Indy Publish Com, 2002.（岩崎泰男訳『ジョン・ブル物語――裁判は底なしの奈落』あぼろん社 1978）

Arlott, John, ed. *John Speed's England* (A Facsimile Edition). 1611.

Armitage, David. *The Ideological Origins of the British Empire.* Cambridge Univ. Press, 2000.

Aslet, Clive. *Anyone for England?: A Search for British Identity.* Little, Brown and Company, 1997.

Atherton, Herbert M. *Political Prints in the Age of Hogarth.* Oxford Univ. Press, 1974.

Bach, Ann Rebecca. *Colonial Transformations: The Cultural Production of the New Atlantic World, 1580–1640.* Palgrave, 2000.

Baker, David J. *Between Nations: Shakespeare, Spenser, Marvell, and the Question of Britain.* Stanford Univ. Press, 1997.

Baker, David J. and Willy Maley, eds. *British Identities and English Renaissance Literature.* Cambridge Univ. Press, 2002.

Banerji, Christiane and Diana Donald, eds. *Gilray Observed: The Earliest Account of His Caricatures in "London und Paris".* Cambridge Univ. Press,

1999.

Barker, Ernest, ed. *The Character of England.* Oxford Univ. Press, 1947.

Barroll, Leeds. *Anna of Denmark, Queen of England: A Cultural Biography.* Univ. of Pennsylvania Press, 2001.

Bayly, C. A. *Imperial Meridian: The British Empire and the World 1780-1830.* Longman Group UK Limited, 1989.

Bell, Steve. *Maggie's Farm.* Penguin Books, 1981.

———. *Maggie's Farm: The Last Roundup.* Methuen, 1987.

Birley, Derek. *Sport and the Making of Britain.* Manchester Univ. Press, 1993.

Bloom, Harold, ed. *Introduction to William Shakespeare's "Henry V".* Chelsea House, 1988.

Boehrer, Bruce. *Shakespeare among the Animals: Nature and Society in the Drama of Early Modern England.* Palgrave, 2002.

Boerner, Peter, ed. *Concepts of National Identity: An Interdisciplinary Dialogue.* Nomos Verlagsgesellschaft, 1986.

Boswell, James. *The Life of Samuel Johnson* ed. by Edward Malone. J. Murray, 1884.

Bouchier, T. *Sir John Froissart's Chronicles of England,* 2 vols. 1812.

Bowle, John. *The English Experience: A Survey of English History from Earliest Times to the End of Empire.* 1971; rpt. Phoenix Press, 2000.

Bradbrook, M. C. *Shakespeare: The Poet in His World.* Weidenfeld and Nicolson, 1978.

Brannigan, John. *Orwell to the Present: Literature in England, 1945-2000.* Palgrave Macmillan, 2003.

Briggs, Susan and Asa. *Cap and Bell: Punch's Chronicle of English History in the Making, 1841-61.* Macdonald, 1972.

Brooks, Douglas A. *From Playhouse to Printing House: Drama and Authorship in Early Modern England.* Cambridge Univ. Press, 2000.

Bryson, Bill. *Notes from a Small Island.* 1995; rpt. Avon Books, 1996.

Buckland, Elfreda. *The World of Donald Mcgill.* Blandford Press, 1984.

Bullough, Geoffrey. *Narrative and Dramatic Sources of Shakespeare,* Vol. 3. Routledge and Kegan Paul, 1960.

———. *Narrative and Dramatic Sources of Shakespeare*, Vol. 4. Routledge and Kegan Paul, 1962.

Cairns, David and Shaun Richards, *Writing Ireland: Colonialism, Nationalism, and Culture.* Manchester Univ. Press, 1988.

Camden, William. *Britannia* (1586) published by Edmund Gibson, 1695.

———. *Remains, Concerning Britaine.* 1605 and 1614.

Campbell, Lily B. *Shakespeare's "Histories": Mirrors of Elizabethan Policy.* Huntington Library, 1947.

Carrier, Irene. *James VI and I: King of Great Britain.* Cambridge Univ. Press, 1998.

Clegg, Cyndia Susan. *Press Censorship in Elizabethan England.* Cambridge Univ. Press, 1997.

Colley, Linda. *Britons: Forging the Nation 1707-1837.* Yale Univ. Press, 1992.（川北稔監訳『イギリス国民の誕生』名古屋大学出版会　2000）

Colls, Robert. *Identity of England.* Oxford Univ. Press, 2002.

Colls, Robert and Philip Dodd, eds. *Englishness: Politics and Culture 1880-1920.* Croom Helm, 1986.

Corbett, Margery and R. W. Lightbown. *The Comely Frontispiece: The Emblematic Title-Page in England 1550-1660.* Routledge and Kegan Paul, 1979.（篠崎実・中野春男・松井みどり訳『寓意の扉——マニエリスム装飾表題頁の図像学』平凡社　1991）

Corbin, Peter and Douglas Sedge, eds. *Thomas of Woodstock.* Manchester Univ. Press, 2002.

Croker, J. W. *The Croker Papers.* 1884.

Davies, Norman. *The Isles: A History.* Macmillan, 1999.

Davies, R. R. *Domination and Conquest: The Experience of Ireland, Scotland and Wales 1100-1300.* Cambridge Univ. Press, 1990.

Dee, John. *General and Rare Memorials pertayning to the Perfect Arte of Navigation.* 1577.

Defoe, Daniel. "The True-Born Englishman," in *The Shorter Way with the Dissenters and Other Pamphlets.* Basil Blackwell, 1927.

Delano-Smith, Catherine and Roger J. P. Kain. *English Maps: A History.* The

British Library. 1999.

Dilke, Charles Wentworth. *Greater Britain : A Record of Travel in English-Speaking Countries during 1866 and 1867.* 1869 ; rpt. Macmillan, 1880.

Dobson, Michael and Nicola J. Watson. *England's Elizabeth.* Oxford Univ. Press, 2002.

Dodd, A. H. *Life in Elizabethan England.* 1962 ; rpt. John Jones, 1998.

Donald, Diana. *The Age of Caricature : Satirical Prints in the Reign of George III.* Yale Univ. Press, 1996.

Doyle, Brian. *English and Englishness.* Routledge, 1989.

Drakakis, John. *Alternative Shakespeares.* Routledge, 1985.

Drayton, Michael. *Poly-Olbion* ed. by J William Hebel. Basil Blackwell, 1961.

Edelen, Georges, ed. *The Description of England by William Harrison.* Cornell Univ. Press, 1968.

Elton, Geoffrey. *The English.* 1992 ; rpt. Blackwell, 1994.

Erickson, Peter and Clark Hulse, eds. *Early Modern Visual Culture : Representation, Race, and Empire in Renaissance England.* Univ. of Pennsylvania Press, 2000.

Evett, David. *Literature and the Visual Arts in Tudor England.* The Univ. of Georgia Press, 1990.

Ferrell, Lori Amnne. *Government by Polemic: James I, the King's Preachers, and the Rhetorics of Conformity, 1603-1625.* Stanford Univ. Press, 1998.

Flectcher, Anthony. *Gender, Sex, and Subordination in England 1500-1800.* Yale Univ. Press, 1995.

Foulkes, Richard. *Performing Shakespeare in the Age of Empire.* Cambridge Univ. Press, 2002.

Frere, Sheppard. *Britannia : A History of Roman Britain.* 1967 ; rpt. Routledge and Kegan Paul, 1987.

Friar, Stephen and John Ferguson. *Basic Heraldry.* The Herbert Press, 1999.

Froissart, Jean. *Chronicles of Englande.* 1523.

Gascoigne, Bamber. *Encyclopedia of Britain.* Macmillan, 1994.

Gay, John. *The Beggar's Opera* ed. by J. V. Guerinot and Rodney D. Jilg. Archon Books, 1976.（海保真夫訳『乞食オペラ』法政大学出版局　1993）

Geoffrey of Monmouth. *Britanie.* 1507-08.

George, M. Dorothy. *English Political Caricature,* 2 vols. Oxford Univ. Press, 1959.

Gervais, David. *Literary Englands : Versions of "Englishness" in Modern Writing.* Cambridge Univ. Press, 1993.

Giles, Judy and Tim Middleton, eds. *Writing Englishness 1900-1950.* Routledge, 1992.

Gillespie, Stuart. *Shakespeare's Books : A Dictionary of Shakespeare Sources.* The Athlone Press, 2001.

Godfrey, Richard. *James Gillray : The Art of Caricature.* Tate Publishing, 2001.

Goldberg, Jonathan. *James I and the Politics of Literature : Jonson, Shakespeare, Donne, and Their Contemporaries.* 1983 ; rpt. Stanford Univ. Press, 1989.

Gordon, Andrew and Bernhard Klein. *Literature, Mapping and the Politics of Space in Early Modern Britain.* Cambridge Univ. Press, 2001.

Gould, Ann, ed. *Masters of Caricature from Hogarth and Gillray to Scarfe and Levine.* Weidenfeld and Nicolson, 1981.

Greenblatt, Stephen. *Shakespearean Negotiations.* 1988 ; rpt. Oxford Univ. Press, 1992.（酒井正志訳『シェイクスピアにおける交渉』法政大学出版局 1995）

Grene, Nicholas. *Shakespeare's Serial History Plays.* Cambridge Univ. Press, 2002.

Gupta, S. C. Sen. *Shakespeare's Historical Plays.* Oxford Univ. Press, 1964.

Gurr, Andrew. *The First Quarto of King Henry V.* Cambridge Univ. Press, 2000.

Hadfield, Andrew. *Spenser's Irish Experience: Wilde Fruit and Salvage Soyl.* 1997 ; rpt. Clarendon Press, 2001.

———, ed. *Literature and Censorship in Renaissance England.* Palgrave, 2001.

Hadfield, Andrew and Willy Maley, eds. *Edmund Spenser: A View of the State of Ireland.* 1997 ; rpt. Blackwell, 2000.

Hakluyt, Richard. *The Principall Navigations Voiages and Discoveries of the English Nation* (A Facsimile Edition). Cambridge Univ. Press, 1965.

Hallett, Mark. *Hogarth.* Phaidon Press, 2000.

Halliday, F. E. *England : A Concise History.* 1964 ; rpt. Thames and Hudson,

1999.

Harris, Tim, ed. *Popular Culture in England, c. 1500–1850.* St. Martin's Press, 1995.

Harrison, G. B. *Elizabethan and Jacobean Journals 1591–1610,* 5 vols. Routledge, 1999.

Harrison, William. *Elizabethan England.* 1890.

Hart-Davis, Adam. *What the Tudors & Stuarts Did For Us.* Boxtree, 2002.

Hathaway, Baxter, introd. *The Arte of English Poesie* (A Facsimile Edition). The Kent State Univ. Press, 1970.

Hawkes, David. *Idols of the Marketplace : Idolatry and Commondity Fetishism in English Literature, 1580–1680.* Palgrave, 2001.

Hawkins, Alun. *Reshaping Rural England : A Social History 1850–1925.* 1991 ; rpt. Routledge, 1992.

Hechter, Michael. *Internal Colonialism : The Celtic Fringe in British National Development.* 1975 ; rpt. Transaction Publishers, 1999.

Helgerson, Richard. *Forms of Nationhood : The Elizabethan Writing of England.* The Univ. of Chicago Press, 1992.

———. *Adulterous Alliances : Home, State, and History in Early Modern European Drama and Painting.* The Univ. of Chicago Press, 2000.

Heywood, Thomas. *An Apology for Actors.* 1612 ; rpt. Reprinted Edition for the Shakespeare Society, 1841.

Hibbert, Christopher. *The Story of England.* 1992 ; rpt. Phaidon Press, 1999.（小池滋監訳　植松靖夫訳『イギリス物語』東洋書林　1998）

Highet, Gilbert. *The Anatomy of Satire.* Princeton Univ. Press, 1962.

Hill, Draper. *The Satirical Etchings of James Gillray.* Dover Publications, 1976.

Hinde, Thomas, ed. *The Domesday Book.* Hutchinson, 1985.

Hobsbawn, E. J. *Nations and Nationalism since 1780.* Cambridge Univ. Press, 1990.

Hobsbawn, E. J. and Terence Ranger, eds. *The Invention of Tradition.* Cambridge Univ. Press, 1983.

Holinshed, Raphael. *The Chronicles.* 1807–08 ; rpt. AMS Press, 1965.

Howe, Stephen. *Ireland and Empire : Colonial Legacies in Irish History and*

Culture. 2000 ; rpt. Oxford Univ. Press, 2002.

Hunt, Tamara L. *Defining John Bull : Political Caricature and National Identity in Late Georgian England.* Ashgate, 2003.

Hyam, Ronald. *Empire and Sexuality : The British Experience.* 1990 ; rpt. Manchester Univ. Press, 1992.

Ingrams, Richard. *England : An Anthology.* Fontana, 1990.

Irving, Washington. *The Sketch Book,* Vol. 2. G. P. Putman's Sons, 1894.

Jarrett, Derek. *England in the Age of Hogarth.* Yale Univ. Press, 1974.

Johnson, Samuel. *A Dictionary of the English Language.* 1755.

———. *Johnson's Journey to the Western Islands of Scotland and Boswell's Journal of a Tour to the Hebrides with Samuel Johnson, LL. D.* ed. by R. W. Chapman. Oxford Univ. Press, 1970.

Jones, Barbara and Bill Howell, eds. *Popular Arts of the First World War.* Studio Vista, 1972.

Jones, Edwin. *The English Nation : The Great Myth.* 1998 ; rpt. Sutton Publishing, 2000.

Jones, Michael Wynn. *The Cartoon History of Britain.* Tom Stacey, 1971.

Jones, R. Brinley. *The Old British Tongue.* Avalon Books, 1970.

Kaul, Suvir. *Poems of Nation, Anthems of Empire : English Verse in the Long Eighteenth Century.* Univ. Press of Virginia, 2000.

Kearney, Hugh. *The British Isles : A History of Four Nations.* 1989 ; rpt. Cambridge Univ. Press, 2000.

Kedourie, Elie. *Nationalism.* 1990 ; rpt. Blackwell, 1993.

Kenny, Virginia C. *The Country House Ethos in English Literature 1688-1750.* Harvester, 1984.

Kidd, Colin. *British Identities before Nationalism : Ethnicity and Nationhood in the Atlantic World 1600-1800.* 1999 ; rpt. Cambridge Univ. Press, 2000.

Klein, Bernhard. *Maps and The Writing of Space in Early Modern England and Ireland.* Palgrave : 2001.

Knapp, Jeffrey. *Shakespeare's Tribe : Church, Nation, and Theater in Renaissance England.* The Univ. of Chicago Press, 2002.

Lapidge, Michael and Others, eds. *Anglo-Saxon England.* Cambridge Univ.

Press, 2000.

Larkin, James F. and Paul L. Hughes, eds. *Stuart Royal Proclamations*, Vol. 1 : *Royal Proclamations of King James I 1603-1625.* Oxford Univ. Press, 1973.

Latham, Robert and William Matthews, eds. *The Diary of Samuel Pepys*, Vol. 8. Univ. of California Press, 2000.

Lawrence, D. H. *Phoenix : The Posthumous Papers of D. H. Lawrence* ed. by E. D. Mcdonald. Heinemonn, 1936.

Lindesay, Vane. *The Inked-in Image.* Hutchinson Group, 1979.

Linsell, Tony. *Our Englishness.* Anglo-Saxon Books, 2000.

Lloyd, Trevor. *Empire : The History of the British Empire.* Hambledon and London, 2001.

Lockyer, Roger. *James VI & I.* Addison Wesley Longman Limited, 1998.

Louis, Wm. Roger. *Still More Adventures with Britannia : Personalities, Politics and Culture in Britain.* I. B. Tauris, 2003.

Low, David. *British Cartoonists : Caricaturists and Comic Artists.* William Collins, 1942.

Lucas, John. *England and Englishness : Ideas of Nationhood in English Poetry 1688-1900.* The Hogarth Press, 1990.

Luckyj, Christina. *'A Moving Rhetoricke' : Gender and Silence in Early Modern England.* Manchester Univ. Press, 2002.

Lynam, Edward. *British Maps and Map-Makers.* Collins, 1967.

MacCaffrey, Wallace T. *The History of the Most Renowned and Victorious Princess Elizabeth : Late Queen of Elizabeth by William Camden.* The Univ. of Chicago Press, 1970.

Mackenzie, John M, ed. *Imperialism and Popular Culture.* Manchester Univ. Press, 1986.

Marcus, Leah S. and Others, eds. *Elizabeth I : Collected Works.* 2000 ; rpt. The Univ. of Chicago Press, 2002.

Marr, Andrew. *Ruling Britannia : The Failure and Future of British Democracy.* Michael Joseph, 1995.

Marshall, Tristan. *Theatre and Empire : Great Britain on London Stages under James VI and I.* Manchester Univ. Press, 2000.

Maser, Edward A., ed. *Cesare Ripa Baroque and Rococo Pictorial Imagery.* Dover Publications, 1971.

McAlindon, Tom. *Shakespeare's Tudor History : A Study of Henry IV, Parts 1 and 2.* Ashgate Publishing Company, 2001.

McCalman, Ian. *Radical Underworld: Prophets, Revolutionaries and Pornographers in London, 1795-1840.* Cambridge Univ. Press, 1988.

McIlwain, Charles H., ed. *The Political Works of James I.* Harvard Univ. Press, 1918.

McKillop, A. D., ed. *James Thomson (1700-1748) : Letters and Documents.* Univ. of Kansas Press, 1958.

Meacham, Standish, ed. *England and the English.* The Univ. of Chicago Press, 1970.

Mikes, George. *How to Be an Alian.* 1946 ; rpt. Kenkyusha, 1970.

Moreland, Carl and David Bannister. *Antique Maps.* 1983 ; rpt. Phaidon, 1989.

Morgan, Kenneth O. *Rebirth of a Nation: Wales 1880-1980.* Oxford Univ. Press, 1981.

———. *Rebirth of a Nation : A History of Modern Wales.* 1981 ; rpt. Oxford Univ. Press, 1998.

———. *The Oxford Illustrated History of Britain.* 1984 ; rpt. Oxford Univ. Press, 2000.

Morrill, John, ed. *The Oxford Illustrated History of Tudor & Stuart Britain.* Oxford Univ. Press, 1996.

Morrison, Jennifer Klein and Matthew Greenfield. *Edmund Spenser: Essays on Culture and Allegory.* Ashgate, 2000.

Murray, James A. and Others, eds. *The Oxford English Dictionary.* Oxford Univ. Press, 1933.

Newman, Gerald. *The Rise of English Nationalism : A Cultural History 1740-1830.* Macmillan, 1997.

Nicolson, Nigel, ed. *The Counties of Britain : A Tudor Atlas by John Speed.* Pavilion, 1995.

Oakland, John. *British Civilization : An Introduction.* 1989; rpt. Routledge, 1998.

Ogilvie, John. *Britannia, Vol. 1 : or an Illustration of the Kingdom of England*

and Dominion of Wales ed. by J. B. Harley. Theatrum Orbis Terrarum, 1970.

Onions, C. T., ed. *Shakespeare's England.* 1916 ; rpt. Oxford Univ. Press, 1970.

Opie, Iona and Peter. *The Oxford Dictionary of Nursery Rhymes.* Oxford Univ. Press, 1951.

Opie, Robert. *Rule Britannia : Trading on the British Image.* Viking, 1985.

———. *The 1910s Scrapbook : The Decade of the Great War.* New Cavendish Books, 2000.

O'rell, Max. *John Bull and His Island.* Charles Scribner's Sons, 1893.

Orr, Bridget. *Empire on the English Stage 1660-1714.* Cambridge Univ. Press, 2001.

Orwell, George. 'The Lion and the Unicorn' in *The Collected Essays, Journalism and Letters,* Vol. 2. Penguin Books, 1970.（川端康雄編『ライオンと一角獣』平凡社　1995）

Ousby, Ian. *The Englishman's England : Taste, Travel and the Rise of Tourism.* Cambridge Univ. Press, 1990.

Palmer, Patricia. *Language and Conquest in Early Modern Ireland : English Renaissance Literature and Elizabethan Imperial Expansion.* Cambridge Univ. Press, 2001.

Patterson, Annabel. *Shakespeare and the Popular Voice.* Basil Blackwell, 1989.

———. *Reading Holinshed's Chronicles.* The Univ. of Chicago Press, 1994.

Paulson, Ronald. *Popular and Polite Art in the Age of Hogarth and Fielding.* Univ of Notre Dame Press, 1979.

———, ed. *Hogarth's Graphic Works,* Vol. 2. Yale Univ. Press, 1965.

Paxman, Jeremy. *The English: A Portrait of a People.* Penguin Books, 1998.（小林章夫訳『前代未聞のイングランド』筑摩書房　2001）

Peacham, Henry. *Minerva Britannia.* 1612 ; rpt. De Capo Press, 1971.

Pearson, Kenneth, ed. *Drawn and Quartered : The World of the British Newspaper Cartoon 1720-1970.* Times Newspapers, 1970.

Peck, G. Wilson. *English Copper, Tin and Bronze Coins in the British Museum 1558-1958.* The Trustees of the British Museum, 1960.

Perrin, W. G. *British Flags : Their Early History, and Their Development at Sea ; with an Account of the Origin of the Flag as a National Device.* Cambridge

Univ. Press, 1922.

Pickering, Michael. *Stereotyping : The Politics of Representation.* Palgrave, 2001.

Piggott, Stuart, introd. *Camden's Britannia 1695* (A Facsimile Edition). Times Newspapers Limited, 1965.

Plowden, Alison. *The Young Elizabeth.* 1971 ; rpt. Sutton Publishing, 2001.

Porter, Joseph A. *The Drama of Speech Acts: Shakespeare's Lancastrian Tetralogy.* Univ. of California Press, 1961.

Porter, Roy, ed. *Myths of the English.* Cambridge Univ. Press, 1992.

Price, R. G. G. *A History of Punch.* Collins, 1957.

Proud, Linda. *Consider England.* Shepheard-Walwyn, 1994.

Rabkin, Norman. *Shakespeare and the Problem of Meaning.* The Univ. of Chicago Press, 1981.

Rackin, Phyllis. *Stages of History : Shakespeare's English Chronicles.* Cornell Univ. Press, 1990.

Rainsford, Dominic. *Literature, Identity and the English Channel : Narrow Seas Expanded.* Palgrave, 2002.

Ralegh, Sir Walter. *The Historie of the World.* 1614.

Raynor, David R., ed. *Sister Peg : A Pamphlet Hitherto Unknown by David Hume.* Cambridge Univ. Press, 1982.

Reese, M. M. *The Cease of Majesty.* Edward Arnold, 1961.

Rhyes Ernest, ed. *Jean Froissart : The Chronicles of England.* Dent, 1906.

Richards, Thomas. *The Commodity Culture of Victorian England : Advertising and Spectacle, 1851-1914.* Stanford Univ. Press, 1990.

Robberds, J. W. *A Memoir of the Life and Writings of the Late William Taylor of Norwich.* 1843.

Robbins, Keith. *Great Britain : Identities, Institutions and the Idea of Britishness.* Longman, 1998.

Rogers, Ben. *Beef and Liberty : Roast Beef, John Bull and the English Nation.* Vintage, 2004.

Romani, Roberto. *National Character and Public Spirit in Britain and France, 1750-1914.* Cambridge Univ. Press, 2002.

Rowse, A. L. *The English Spirit : Essays in History and Literature.* Macmillan,

1945.

———. *The England of Elizabeth.* 1950 ; rpt. Palgrave, 2003.

Russell, Leonard and Nicolas Bentley, eds. *The English Comic Album: A Century of Pictorial Wit and Humour.* Michael Joseph, 1948.

Rye, William Brenchley. *England as Seen by Foreigners in the Days of Elizabeth and James the First.* John Russell, 1865.

Said, Edward W. *Orientalism : Western Conceptions of the Orient.* 1978 ; rpt. Penguin Books, 1991.（板垣雄三・杉田英明監修　今沢紀子訳『オリエンタリズム』上／下　平凡社　1993）

Samuel, Raphael, ed. *Patriotism : The Making and Unmaking of British National Identity.* Routledge, 1989.

Sanford, Rhonda Lemke. *Maps and Memory in Early Modern England : A Sense of Place.* Palgrave, 2002.

Saxton, Christopher. *Atlas of the Countries of England and Wales.* 1583.

Schama, Simon. *A History of Britain.* BBC Worldwide, 2000.

Schmidt, Alexander. *Shakespeare-Lexicon.* Walter de Gruyter, 1962.

Scoles, Percy. "*God Save the King*" *: Its History and Its Romance.* Oxford Univ. Press, 1942.

Shakespeare, William. *King John* ed. by John Dover Wilson. 1936 ; rpt. Cambridge Univ. Press, 1969.

———. *King Richard II* ed. by John Dover Wilson. 1939 ; rpt. Cambridge Univ. Press, 1968.

———. *The First Part of the History of Henry IV* ed. by John Dover Wilson. 1946 ; rpt. Cambridge Univ. Press, 1968.

———. *The Second Part of the History of Henry IV* ed. by John Dover Wilson. 1946 ; rpt. Cambridge Univ. Press, 1968.

———. *King Henry V* ed. by John Dover Wilson. 1947 ; rpt. Cambridge Univ. Press, 1968.

Shannon, Richard. *The Crisis of Imperialism 1865-1915.* Hart-Davis, 1975.

Sherman, William H. *John Dee : The Politics of Reading and Writing in the English Renaissance.* Univ. of Massachusetts Press, 1995.

Skellington, Richard. '*Race*' *in Britain Today.* 1992 ; rpt. Sage Publications, 1996.

Slights, William W. E. *Managing Readers: Printed Marginalia in English Renaissance Books.* The Univ. of Michigan Press, 2001.

Smidt, Kristian. *Unconformities in Shakespeare's History Plays.* Macmillan, 1982.

Smith, Anthony D. *National Identity.* Penguin Books, 1991.

Speed, John. *The Theatre of the Empire of Great Britain.* 1611.

Spenser, Edmund. *Faerie Queene* ed. by Frederick Morgan Padelford. The Johns Hopkins Press, 1932.

Spiering, M. *Englishness : Foreigner and Images of National Identity in Postwar Literature.* Rodopi, 1992.

Stow, John. *The Chronicles of England, from Brute unto This Present Yeare of Christ 1580,* 1580.

Strong, Roy. *The English Icon : Elizabethan & Jacobean Portraiture.* The Paul Mellon Foundation for British Art, 1969.

———. *Gloriana : The Portraits of Queen Elizabeth I.* Thames and Hudson, 1987.

———. *The Story of Britain.* Fromm International, 1997.

———. *The Cult of Elizabeth : Elizabethan Portraiture and Pageantry.* 1977 ; rpt. Pimlico, 1999.

———. *The Spirit of Britain : A Narrative History of the Arts.* Pimlico, 2000.

Sudan, Rajani. *Fair Exotics : Xenophobic Subjects in English Literature, 1720–1850.* Univ. of Pennsylvania Press, 2002.

Sullivan, Garnett A. Jr. *The Dream of Landscape : Land, Property, and Social Relations on the Early Modern Stage.* Stanford Univ. Press, 1998.

Sumption, Jonathan. *The Hundred Years War II : Trial by Fire.* Univ. of Pennsylvania Press, 1999.

Swann, Marjorie. *Curiosites and Texts.* Univ. of Pennsylvania Press, 2001.

Swift, Jonathan. *Gulliver's Travels* ed. by Robert Demaria, Jr. Penguin Books, 2001.

Thompson, Aaron. trans. *Geoffrey of Monmouth : The British History.* 1842.

Thomson, James. *The Complete Poetical Works of James Thomson* ed. by J. Logie Robertson. Oxford Univ. Press, 1908.

Thorpe, Lewis, ed. *Geoffrey of Monmouth : The History of the Kings of Britain.*

Penguin Books, 1966.
Tillyard, E. M. W. *Shakespeare's History Plays.* 1944 ; rpt. Penguin Books, 1991.
Trevelyan, George Macaulay. *A Shortened History of England.* 1942 ; rpt. Penguin Books, 1967.
Turville-Petre, Thorlic. *England the Nation : Language, Literature, and National Identity, 1290-1340.* Oxford Univ. Press, 1996.
Tyacke, Sarah and John Huddy. *Christopher Saxton and the Tudor Map-Making.* The British Library, 1980.
Underdown, David. *Revel, Riot & Rebellion : Popular Politics and Culture in England 1603-1660.* 1985 ; rpt. Oxford Univ. Press, 1987.
Vickers, Brian ed. *Francis Bacon : A Critical Edition of the Major Works.* Oxford Univ. Press, 1966.
Walker, Julia M. *The Elizabeth Icon 1603-2003.* Palgrave Macmillan, 2004.
Walter, John H. ed. *King Henry V.* 1954 ; rpt. Methuen, 1965.
Ward, Paul. *Red Flag and Union Jack : Englishness, Patriotism and the British Left, 1881-1924.* The Royal Histrical Society, 1998.
Warner, William. *Albions England.* 1589.
Watkins, John. *Representing Elizabeth in Stuart England : Literature, History, Sovereignty.* Cambridge Univ. Press, 2002.
Welsh, Frank. *The Four Nations : A History of the United Kingdom.* Harper Collins, 2002.
Whitney, Geoffrey. *A Choice of Emblemes.* 1586 ; rpt. Scholar Press, 1989.
Willcock, Gladys Doidge and Alice Walker, eds. *An Apology for English Poesie by George Puttenham.* 1936 ; rpt. Cambridge Univ. Press, 1970.
Williams, Neville. *The Life and Times of Elizabeth I.* Doubleday & Company, 1972.
Wilson, Kathleen. *The Island Race : Englishness, Empire and Gender in the Eighteenth Century.* Routledge, 2003.
Wilson, Simon. *British Art : From Holbein to the Present Day.* The Tate Gallery & Bodley Head, 1979.
Wright, Neil. *The Historia Regum Britannie of Geoffrey of Monmouth.* D. S. Brewer, 1991.

（2） データ・ベース，議会資料，その他

Chadwyck-Healey's English Literature Full-Text Database. Chadwyck-Healey, 1995.

Cobbett's Parliamentary History of England. London, 1806.

The First Folio of Shakespeare : The Norton Facsimile prepared by Charlton Hinman. W. W. Norton & Company, 1968.

The Large Scale Country Maps of the British Isles 1596-1850 : A Union List. Bodleian Library, 1972.

The Map of Great Britain Known as the Gough Map. Bodleian Library, 1958.

Punch, or the London Charivari, Vol. 1 (1851)-Vol. 301(1992)（直接言及した図版、記事に関しては「図版出典一覧」および「索引」参照）

RSC Pamphlets. *Richard II, Henry IV, Parts 1 and 2* and *Henry V.* Royal Shakespeare Company, 2000.

（3） 論　文

Abrams, Richard. 'Rumor's Reign in *2 Henry IV :* The Scope of a Personification,' *English Literary Renaissance,* 16, No. 3 (1986), 467-95.

Blanpied, John W. '"Unfathered heirs and loathly births of nature" : Bring History to Crisis in *2 Henry IV,*' *English Literary Renaissance,* 5 (1975), 212-31.

Brewer, John. 'The Misfortune of Lord Bute : A Case Study in Eighteenth-Century Political Argument and Public Opinion.' *Historical Journal,* 16 (1973), 3-43.

Claeys, Gregory. 'The French Revolution Debate and British Political Thought.' *History of Political Thought,* 11, No. 2 (1990), 59-80.

Colley, Linda. 'Britishness and Otherness : An Argument.' *Journal of British Studies,* 31, No. 4 (1992), 309-329.（川本真浩・水野祥子訳「『イギリス的なるもの』と『非イギリス的なるもの』――ひとつの議論」『思想』884 (1998)，76-98）

Conrad, Peter. 'The Englishness of English Literature.' *Daedalus,* 112, No.1 (1983), 157-73.

Cunningham, Hugh. 'Jingoism in 1877-78.' *Victorian Studies,* 19 (1971), 429-53.

———. 'The Language of Patriotism, 1750-1914.' *History Workshop Journal*, 12 (1981), 8-33.

Dover Wilson, John. 'The Origins and Development of Shakespeare's *Henry IV*.' *Library*, 26 (1945), 2-16.

Dresser, Madge. 'Britannia.' in *Patriotism* ed. by Raphael Samuel. Routledge, 1989.

Hayman, John G. 'Notions on National Characters in the Eighteenth Century.' *Huntington Library Quarterly*, 35 (1971), 1-17.

Hole, Robert. 'British Counter-Revolutionary Popular Propaganda in the 1970's' in *Britain and Revolutionary France* ed. by Colin Jones, Exeter, 1983.

Homberger, E. 'Ford's English: Englishness and Its Discontent.' *Agenda*, 28, No. 1 (1990), 61-66.

Jacobson, Jessica. 'Perceptions of Britishness.' *Nations and Nationalism*, 3, No. 2 (1997), 181-99.

Knowles, Richard. 'Unquiet and the Double Plot of 2 Henry IV.' *Shakespeare Studies*, 2 (1966), 133-40.

Kohn, Hans. 'The Genesis and Character of English Nationalism.' *Journal of the History of Ideas*, 1 (1940), 69-94.

Langlands, Rebecca. 'Britishness or Englishness? The Historical Problem of National Identity in Britain.' *Nations and Nationalism*, 5, No. 1 (1999), 53-69.

Lanquer, Thomas W. 'The Queen Caroline Affair : Politics as Art in the Reign of George IV.' *Journal of Modern History*, 54, No. 3 (1982), 417-66.

Matthews, Roy T. 'Britannia and John Bull : From Birth to Maturity.' *Historian* 62, No. 4 (2000), 799-820.

Matthews, Roy T. and Peter Mellini. 'From Britannia to Maggie : The Fall and Rise of John Bull's Descendants.' *History Today*, 38 (1988), 17-23.

McCrome, David. 'Unmasking Britannia : The Rise and Fall of British National Identity.' *Nations and Nationalism*, 3, No. 4 (1997), 579-96.

McEachern, Claire, '*Henry V* and the Paradox of the Body Politic.' *Shakespeare Quarterly*, 45, No. 1 (1994), 33-56.

Mellini, Peter and Roy T. Matthews. 'John Bull's Family Arises.' *History Today*, 37 (1987), 17-23.

Montrose, Louis A. 'Idols of the Queen : Policy, Gender, and the Picturing of Elizabeth I.' *Representations*, 68 (1999), 108-61.

Neil, Michael. 'Broken English and Broken Irish : Nation, Language, and the Optic of Power in Shakespeare's Histories.' *Shakespeare Quarterly*, 45, No. 1 (1994), 1-32.

Pocock, J. G. A. 'British History : A Plea for a New Subject.' *Journal of Modern History*, 47, No. 4 (1975), 601-28.

Porter, Roy. 'Review Article : Seeing the Past.' *Past & Present*, 118 (1988), 186-205.

Reach, Angus B. 'John Bull and His Bullocks.' *Douglas Jerrold's Shilling Magazine*, 5 (1845), 119-23.

Rich, Paul. 'The Quest for Englishness.' *History Today*, 37 (1987), 24-30.

Sillars, Stuart. 'Icons of Englishness : Tradition and Development in the Arts of Great War.' *Critical Quarterly*, 23, No. 2 (1981), 51-59.

Stead, M. 'The Core-Periphery Dimention of British Politics.' *Political Geography Quarterly*, 5, No. 4 (1986), 1-103.

Surel, Jeannie. 'John Bull' in *Patriotism* ed. by Raphael Samuel. Routledge, 1989.

Taylor, Miles. 'John Bull and the Iconography of Public Opinion in England c. 1712-1929.' *Past & Present*, 134 (1992), 93-128.

Taylor, Peter J. 'The English and Their Englishness : A Curiously Mysterious, Elusive and Little Understood People.' *Scottish Geographical Magazine*, 107, No. 3 (1991), 144-61.

（4） 雑誌新聞記事

'A Slave to Opinions.' *Daily Chronicle*, 9 September 1904.

'Cases in Which the Doctor Has Been Called In.' *Test*, 8 January 1957.

'For Beauteous Liberty.' *North Briton*, 2 April 1763.

'Honour and Glory for John Bull.' in *Cleave's Penny Gazette*, 3 February 1838.

'John Bull. London, Feb. 4.' *John Bull*, 4 February 1821.

'John Bull an Imperialist.' *Daily News*, 3 January 1899.

'John Bull in a Warlike Attitude.' in *Cleave's Penny Gazette*, 19 September 1840.

'Maggie's Farm' by Steve Bell. *City Limits*, 8 April 1982.

'Smollett's Complaining of North Briton's Appreciation of John Bull.' *Briton*, 11 September 1762.
'The Case of Mr. John Bull.' *Monitor*, 3 April 1756.
'The Future Chronicle.' *North Briton*, 17 July 1762.
'The Grosvenor Exhibition.' *Athenaeum*, 19 January 1884.
'To the Printer from John Bull.' *Gazetteer and London Daily Advertiser*, 23 July 1762.
'Vote for Maggie.' *Sun*, 9 June 1983.
'Will the Real John Bull Stand Up, Please.' *Times Higher Educational Supplement*, 19 February 1982.

日本語文献（50音順）

（1） 著 書

アギュロン，モーリス著　阿河雄二郎ほか訳『フランス共和国の肖像――戦うマリアンヌ　1789〜1880』ミネルヴァ書房　1989
井野瀬久美恵『大英帝国はミュージック・ホールから』朝日新聞社　1990
猪瀬直樹『ミカドの肖像』小学館　2002
今井宏『イギリス』山川出版社　1993
大野真弓編『イギリス史』山川出版社　1965
川北稔『ヨーロッパと近代世界』放送大学教育振興会　2001
――編『イギリス史』山川出版社　1998
川北稔・木畑洋一編『イギリスの歴史――帝国＝コモンウェルスのあゆみ』有斐閣　2000
木畑洋一編著『大英帝国と帝国意識――支配の深層を探る』ミネルヴァ書房　1998
キャナダイン，D. 著　平田雅博・細川道久訳『虚飾の帝国――オリエンタリズムからオーナメンタリズムへ』日本経済評論社　2004
蔵持不三也『シャリヴァリ――民衆文化の修辞学』同文舘　1991
多木浩二『天皇の肖像』岩波書店　2002
竹内幸雄『イギリス人の帝国――商業，金融そして博愛』ミネルヴァ書房　2000
谷田博幸『ヴィクトリア朝挿絵画家列伝――ディケンズと『パンチ』誌の周

辺』図書出版社　1993
角山榮・川北稔編『路地裏の大英帝国』平凡社　1982
デイヴィッド・ダビディーン著　松村高夫・市橋秀夫訳『大英帝国の階級・人種・性』同文舘出版　1992
ドイル，リチャード著　富山太佳夫編訳『挿絵のなかのイギリス』弘文堂　1993
東田雅博『大英帝国のアジア・イメージ』ミネルヴァ書房　1996
――――『図像のなかの中国と日本――ヴィクトリア朝のオリエント幻想』山川出版社　1998
中島文雄『英語の常識』研究社　1965
フェイバー，リチャード著　北條文緒・大島真木訳『フランス人とイギリス人』法政大学出版局　1987
ベンヤミン，ヴェルター著　佐々木基一編集解説『複製技術時代の芸術』晶文社　1999
松村赳・富田虎男編『英米史辞典』研究社　2000
松村昌家『水晶宮物語――ロンドン万国博覧会1851』リブロポート　1986
――――編『「パンチ」素描集――19世紀のロンドン』岩波書店　1994
宮永孝『日本とイギリス――日英交流の400年』山川出版社　2000
森護『英国紋章物語』河出書房新社　1996
――――『ユニオン・ジャック物語』中央公論社　1992
――――『ヨーロッパの紋章』河出書房新社　1996
森洋子編『ホガースの銅版画』岩崎美術社　1981
若桑みどり『イメージの歴史』放送大学教育振興会　2000
――――『皇后の肖像』筑摩書房　2001

(2) 図　録

国立西洋美術館主催「ヴィクトリア・アンド・アルバート美術館所蔵　イギリスのカリカチュア」展（1987年10月24日～12月13日，国立西洋美術館開催）図録

(3) 論　文

井野瀬久美恵「ジョン・ブル像の読み方――メディアとしての風刺画」『甲南

大学紀要（文学編）』85（1993），pp. 19-54．

――――「イギリス的なるもの（Englishness）の捏造」田村克己編『文化の生産』ドメス出版　1999　pp. 119-37．

岡照雄「『ジョン・ブル物語』とその周辺(1)」　『英語青年』132，No. 9 (1986)，pp. 24-26．

――――「『ジョン・ブル物語』とその周辺(2)」『英語青年』132，No. 10 (1987)，pp. 34-36．

――――「『ジョン・ブル物語』とその周辺(3)」『英語青年』132，No. 11 (1987)，pp. 33-35．

――――「『ジョン・ブル物語』とその周辺(4)」『英語青年』132，No. 12 (1987)，pp. 24-26．

（4）新聞記事

「ブリティッシュか，イングリッシュか。『私はどっち？』揺れる英国人」朝日新聞　2001年4月6日号

図版出典一覧

図 1　Current 50 Pence Coin

図 2　Harrods' Advertisement. Robert Opie. *Rule Britannia: Trading on the British Image*. p. 36.

図 3　Coin in 1672. 'Britannia on British Coins' at www.24 carat. co. uk.

図 4　Coin in 1665. G. Wilson Peck. *English Copper, Tin and Bronze Coins in the British Museum 1558-1958*. Plate 6.

図 5　Roman Coins relating to Britannia. Sheppard Frere. *Britannia : A History of Roman Britain*. Plate 31.

図 6　'Liberty' in Ripa's *Iconologia*. Edward A. Maser, ed. *Cesare Ripa Baroque and Rococo Pictorial Imagery*. p. 62.

図 7　Title-Page from *General and Rare Memorials pertayning to the Perfect Arte of Navigation*. Margery Corbett and R. W. Lightbown. *The Comely Frontispiece : The Emblematic Title-Page in England 1550-1660*. p. 48.

図 8　Frontispiece to Saxton's *Atlas of England and Wales*. Roy Strong. *Gloriana : The Portraits of Queen Elizabeth I*. Plate 82.

図 9　*Ditchley Portrait*. Strong. Plate 141.

図 10　*Armada Portrait* Strong. Plate 138.

図 11　Title-Page from *Bishops' Bible*. David Evett. *Literature and the Visual Arts in Tudor England*. Plate 39.

図 12　*Truth Presents the Queen with a Lance*. Strong. Plate 185.

図 13　St. George's Flag, St. Andrew's Flag and Union Flag in 1707. Norman Davies. *The Isles : A History*. Plate, 2, Plate 3 and Plate 12.

図 14　Royal Arms of Stuart. Stephen Friar & John Ferguson. *Basic Heraldry*. p. 106.

図 15　Frontispiece to Camden's *Britannia* (1607). Richard Helgerson. *Forms of Nationhood : The Elizabethan Writing of England*. Plate 9.

図 16　Title-Page from *The Theatre of the Empire of Great Britain*. Helgerson.

Plate 10.

図 17 Frontispiece to Michael Drayton's *Poly-Olbion* (*The Works of Michael Drayton*, Vol. 4) ed. by J. William Habel.

図 18 'Ad Britannium.' Henry Peacham. *Minerva Britannia.* (1612 ; rpt. De Capo Press, 1971). p. 108.

図 19 'Britannia' in a Dutch medallion. Keith Robbins. *Great Britain.* p. 84.

図 20 Frontispiece to John Ogilvie's *Britannia, Vol. 1 : or an Illustration of the Kingdom of England and Dominion of Wales* (Facsimile Edition) ed. by J. B. Harley.

図 21 'Britannia' in a Dutch print. M. Dorothy George. *English Political Caricature to 1792.* Plate 13.

図 22 Anti-Catholic 'Britania.' Raphael Samuel, ed. *Patriotism : The Making and Unmaking of British National Identity.* Plate 5.

図 23 *The March to Finchley.* Mark Hallett. *Hogarth.* Plate 174.

図 24 Coins in Queen Ann's Age. Peck. Plate 12.

図 25 *The Whipping Post.* Herbert M. Atherton. *Political Prints in the Age of Hogarth.* Plate 113.

図 26 *The Evacuations. or An Emetic for Old England Glorys.* Atherton. Plate. 112.

図 27 *A Poor Man Loaded with Mischief. or John Bull and His Sister Peg.* Atherton. Plate 110.

図 28 *The Free-Born Briton. or A Perspective of Taxation.* George. *English Political Caricature to 1792.* Plate 76.

図 29 *The Tree of Liverty, -with, the Devil tempting John Bull.* Richard Godfrey. *James Gillray : The Art of Caricature.* Plate 124.

図 30 *The Congress of the Brutes.* Atherton. Plate 64.

図 31 *The Gallic Cock and English Lyon or A Touch of the Times.* Atherton. Plate 26.

図 32 *The British Lion and the French Cock.* Linda Colley. *Britons : Forging the Nation 1707-1837.* Plate 2.

図 33 *The Gate of Calais.* Hallett. Plate 146.

図 34 *Beer Street.* Hallett. Plate 137 and Michael Wynn Jones. *The Cartoon*

History of Britain. p. 41.

図 35 *Buonaparte 48 Hours after Landing!* Colley. Plate 65.

図 36 *The French Invasion ; or John Bull, bombarding the Bum-Boats.* Godfrey. Plate 80.

図 37 *The Contrast.* George. *English Political Caricature 1793-1832.* Plate 1.

図 38 *Fashion before Ease. A Good Constitution Sacrificed for a Fantastick Form.* Jones. p. 86.

図 39 *The Genius of France Triumphant, -or- Britannia petitioning for Peace.* George. *English Political Caricature 1793-1832.* Plate 5.

図 40 *The Nursery ; with Britannia reposing in Peace.* George. *English Political Caricature 1793-1832.* Plate 24.

図 41 *A List of Foreign Soldiers in Daily Pay for England.* Atherton. Plate 52.

図 42 *The Court Fright.* Atherton. Plate 53.

図 43 *The Colonies Reduced* and *Its Companion.* George. *English Political Caricature to 1792.* Plate 40.

図 44 *The Parricide, A Sketch of Modern Patriotism.* George. *English Political Caricature to 1792.* Plate 47.

図 45 *Britannia in Distress under a Tott'ring Fabrick with a Cumberous Load.* George. *English Political Caricature to 1792.* Plate 30.

図 46 *Death or Liverty! or Britannia & the Virtues of the Constitution in Danger.* George. *English Political Caricature 1793-1832.* Plate 72.

図 47 *The Temple and Pitt.* Atherton. Plate 98.

図 48 *Britannia Roused, or the Coalition Monsters Destroyed.* George. *English Political Caricature to 1792.* Plate 69.

図 49 Frontispiece to *Motives for the Encouragement of the Marine Society.* Colley. Plate 18.

図 50 *Britannia receiving the riches of the East.* Colley. Plate 12.

図 51 *The Rake's Progress.* Ronald Paulson, ed. *Hogarth's Graphic Works,* Vol. 2. Plate 150.

図 52 St. Patrick's Flag and Union Flag in 1801. Davies. Plate 4 and Plate 13.

図 53 Edward III's Standard and George III's Standard. Davies, Plate 22 and Plate 28.

図 54 'May Day, Eighteen Hundred and Fifty-One.' *Punch*, Vol. 20 (1851)

図 55 'God Save the Queen.' *Punch*, 25 June 1887.

図 56 'Map of the British Empire.' Bamber Gascoigne. *Encyclopedia of Britain.* p. 90.

図 57 'The Irish Cinderella and Her Haughty Sisters, Britannia and Caledonia.' *Punch*, Vol. 10 (1846)

図 58 'Erin's Little Difficulty.' *Punch*, 30 Sepember 1865.

図 59 'Rebellion Had Bad Luck.' *Punch*, 16 December 1865.

図 60 'Holiday Time.' *Punch*, 13 September 1873.

図 61 'Right against Wrong.' *Punch*, 8 April 1854.

図 62 'Ready !' *Punch*, 18 January 1896.

図 63 'Telescopic Philanthropy.' *Punch*, 4 March 1865.

図 64 'Naughty Jonathan.' *Punch*, 6 July 1861.

図 65 *The British Atlas, or John Bull supporting the Peace Establishment.* George. *English Political Caricature 1793-1832.* Plate 67.

図 66 *The Liliput Levy on John Bull Gulliver.* Jones. p. 183.

図 67 'The Political Plum Pudding.' *Cleave's Penny Gazette*, 26 December 1840.

図 68 'John Bull Guards His Pudding.' *Punch*, 31 December 1859.

図 69 'John Bull in a Warlike Attitude.' *Cleave's Penny Gazette*, 19 September 1840.

図 70 'Invasion, Indeed!' *Punch*, 12 November 1859.

図 71 'A Fancy Portrait : John Bull in His New Walking Dress.' Samuel. Plate 3.

図 72 'Borwick's Baking Powder.' Opie. p. 34.

図 73 'The Secret of His Strength : John Bull's Moral Support.' Opie. p. 33.

図 74 'Strike Out Foreign Competition by buying England's Glory Matches.' Opie. p. 16.

図 75 'All British Shopping Week.' Opie. p. 17.

図 76 'Britons Awake.' Postal Card by Fred Spurgin.

図 77 'Many a battle has been fought under this grand old flag.' Postal Card by Donald McGill.

図 78 'Vote for Maggie.' *Sun*, 9 June 1983.

図 79 'Maggie's Farm.' *City Limits*, 8 April 1982.

図 80 *The Oracle. Representing Britannia, Hibernia, Scotia and America.* Colley. Plate 27.

図 81 'Sworn Friends.' *Punch*, 19 February 1902.

図 82 'A Lesson in Patriotism.' *Punch*, 6 June 1904.

図 83 *Britannia Pacificatrix.* Copyright by kind permission of Mrs Marina Rainey.